从工程师到经理

——掌握转变

（第二版）

From Engineer to Manager

Mastering the Transition

Second Edition

[美] B. 迈克尔·奥科因（B. Michael Aucoin）著

王春民　译

中国宇航出版社

·北京·

著作权合同登记号：图字：01－2023－0406 号

图书在版编目（CIP）数据

从工程师到经理 ：掌握转变 ：第二版 /（美）B.迈克尔・奥科因（B. Michael Aucoin）著 ；王春民译 . -- 北京 ：中国宇航出版社，2023.6

书名原文：From Engineer to Manager：Mastering the Transition，Second Edition

ISBN 978－7－5159－2207－2

Ⅰ.①从… Ⅱ.①B… ②王… Ⅲ.①企业领导学 Ⅳ.①F272.91

中国国家版本馆 CIP 数据核字(2023)第 036397 号

责任编辑　张丹丹　　　**封面设计**　王晓武

出版发行	中国宇航出版社		
社　址	北京市阜成路 8 号　**邮　编**　100830 (010)68768548	**版　次**	2023 年 6 月第 1 版 2023 年 6 月第 1 次印刷
网　址	www.caphbook.com	**规　格**	787×1092
经　销	新华书店	**开　本**	1/16
发行部	(010)68767386　(010)68371900 (010)68767382　(010)88100613（传真）	**印　张**	17.5
		字　数	426 千字
零售店	读者服务部　(010)68371105	**书　号**	ISBN 978－7－5159－2207－2
承　印	北京中科印刷有限公司	**定　价**	138.00 元

本书如有印装质量问题，可与发行部联系调换

前　言

在《从工程师到经理》的第一版中，我写道，距离这本书的开始创作已经有 20 多年了。自第一版出版也已经过去了一段时间，算下来第二版的写作时间超过了 35 年。但我并不是一个低效的作家。相反，大约 35 年前，在我从事工程界的第一份专业工作时，我便意识到需要这样一本书，以及在开始写作之前我还要学很多东西。

这是一本关于从工程师到管理领导者角色转变的书。在我自己的成长过程中，我发现我对此毫无准备。我需要了解很多关于职场的知识，但这些知识在学校没有学过。对大多数工程师来说，职业生涯的大部分时间都身处管理职位，但又经常感到自己准备不足，导致在从工程师到管理者的转变过程中充满挫败感。其实，不是非要这样的，管理和领导角色可以是精彩而有价值的。事实上，我发现管理和领导能力的实现过程其实也是一个工程性的过程。

一个人可以通过亲身经历和实践来学习，也可以从别人的经验中学习。在本书中，我想与读者分享我的体会，以帮助他们平稳过渡到管理角色，以承担更大责任来促进和加快成功。回想起来，我所写的有些事情，是我希望自己做过而实际上却没有做成的事情。

与任何其他专业学科一样，工程管理和领导力的实践也在不断发展，但大部分内容保持不变。第二版建立在第一版的坚实基础之上，对第一版的所有章节都进行了更新和精简。增加的 11 章涵盖的重要主题包括：团队合作、会议管理和个人品牌，书中相关部分强调了领导力的主题。

本书许多读者是将要进入管理领域的工程师，但它也适用于其他人，它对入门级工程师、经验丰富的工程经理和学生都很有价值，可以用作大学课程或专业短期课程的教材。本书中涉及部分专业性技术资料，因此其他领域的专业人士在过渡到专业管理岗位时，也大有可借鉴之处。

本书采用实用性的撰写风格，将重要的基本概念与可立即应用的措施相结合。大量使用示例和比喻，这也是因为受到了甲壳虫乐队、古代太平洋航海者的各种影响。

许多管理类书籍的写作方式像系列食谱或医生开出的处方，这种风格在短期内可能会为特定情况提供有价值的方向，但它也可能是一个陷阱，而本书不是这种风格。在许多情况下，规定性方法可能是无效的，甚至是鲁莽的。管理和领导工作是在模棱两可的背景下进行的，人们只有理解原理，才能在行动中达成目标。本书介绍了许多工程师可以掌握的此类原理。与学习工程一样，本书旨在帮助读者学习如何以工程经理/领导者的角度思考。

任何经理，无论是工程经理还是其他经理，都可能需要数年时间才能真正胜任责任越来越大的职位。本书旨在帮助读者获取通常需要了解的80%内容，有广度但不一定有深度。它不涉及管理任务的深度解析，主要是因为这些内容每个组织都不同，读者可以根据自己的具体需求调整和补充相关内容。撰写本书时采用独立章节形式，便于对具体主题进行快速研究，因为构成管理实践的各种要素实际上都是整合和协同的，按顺序阅读本书的内容对读者更为有利。本书两个版本的写作得到了许多人的帮助。感谢阿戴克·豪斯（Artech House）出版商团队，特别是大卫·迈克尔逊（David Michelson）和艾玛·霍巴特（Emma Hobart），感谢他们对本书内容感兴趣以及在出版过程中付出的耐心。还要感谢埃林·K. 凯西（Erin K. Casey）对本书的编辑工作。

我要感谢我的妻子米歇尔（Michel）一直以来的爱和支持——没有她的耐心和鼓励，我永远不会完成这本书的写作。我还要感谢我们的孩子马丁（Martin）、卡米尔（Camille）和塞莱斯特（Celeste），感谢他们的爱和鼓励，感谢他们与我一起庆祝每一个里程碑。

我还要感谢我的父母和祖父母，以及米歇尔的父母和祖父母，他们给了我们如此多的帮助。

感谢在我的职业生涯中共事的所有人，他们为我所拥有的有益经历做出了或大或小的贡献。特别感谢德州农工大学的B. 唐·罗素（B. Don Russell）博士和冈萨加大学的丹尼斯·亚瑟·康纳斯（Dennis Arthur Conners）博士，他们一直是我的良师益友。

最后，感谢那些仍然在世和已经过世的家人和朋友，无论远近。你们所有人对我都很重要，你们永远在我心中，在我的工作中。

补充本书内容的材料可从 http：//www. engr2mgr. com 获得。欢迎访问该站点，获取工作表、模板和其他资源。

目 录

原则 2：纵观全局

原则 3：把事情做好

原则 4：有效沟通

原则 5：明智地使用资产

引　言

人们常说，与其说辞职是辞了工作，不如说是辞了经理。我在工程界从事第一份全职专业工作时，差点因为第一个经理而永远离开工程行业。我目睹了组织协同工作的无能，感到非常失望。自从那次经历之后，我意识到，面对现实中的许多组织性工作，工程师的资历是不够的，这让我感到震惊。我留在了工程领域，随着时间的推移，开始致力于寻找职场中更好的协同方式。工程经理这个重要角色是我感兴趣的核心，因为它在大多数工程师的职业生涯中是决定性的角色。

本书首先介绍从工程师到经理/领导者的转变以及它给工程师带来的挑战。这些章节围绕六项原则来编排，这些原则促进了转型以及管理和领导实践的成功。六项原则如下：

- 掌握关系；
- 纵观全局；
- 把事情做好；
- 有效沟通；
- 明智地使用资产；
- 更上一层楼。

接下来对这六项原则进行一个概述。

掌握关系

工程经理的最高优先级工作是成功地管理关系，这也是该角色最重要的部分。在很大程度上，你能否完成工作取决于职场中互动的状况。因此，我们说企业的一切都取决于人。在组织中完成的一切都是个体为服务他人而进行的合作。只有当客户得到服务并满意时，组织才能继续存在。

然而，挑战还是有的，因为有些人总是难以令人满意，或是难以沟通。也可能会发生冲突，或存在令人反感的组织政治活动。尽管如此，工程经理仍然可以掌握关系并在组织中完成很多工作。管理者可以通过以下方式理顺职场的关系：

- 专注于涉及人的问题，因为这些对成功至关重要；
- 适应人们不同的个性和特质；
- 允许员工得到对其工作的控制权和自决权，从而提高员工积极性并使工作成果更佳；
- 组织活动以重视和服务客户；
- 学习如何有效地领导员工；

- 重视良性的冲突并解决破坏性的冲突；
- 发现团队中对工作有良好作用的流程和工具；
- 认识到政治的重要性，玩好政治游戏；
- 通过上级和同级的互补领导来加强团队的工作。

纵观全局

工程师可以专注于一个狭窄的技术工作领域，但经理必须看到更广阔的层面并采取行动。为了打造一个成功的组织，许多部分必须整合在一起并共同努力，所有这些都旨在确保组织的财务状况良好。

在不确定的商业世界中，制订计划和执行具体的行动都是具有挑战性的。获得成功需要工程经理将组织系统的现状可视化并指明应该去做什么。即使现状很模糊，也必须帮助团队成员将现状的各个碎片拼接起来。工程经理应以大局观对待工作：

- 认识到每个组织的目标都是财务健康，因此，工作必须实现收入或利润目标；
- 了解组织中的系统；
- 即使在不确定的环境中也能制订有效的计划；
- 学会在解决问题和实现目标时融入不同支持者的需求；
- 识别和利用机会。

把事情做好

简单地说，一个组织通过完成任务来完成其使命——更具体地说，是完成正确的事情。工程经理必须通过其领导的团队完成工作，而且通常是在项目的背景下完成。健康的流程，包括良好的会议管理和决策实践，使团队和组织能够完成很多工作。经理通过以下方式完成工作：

- 专注于实施良好的流程，以实现预期的结果；
- 通过练习有效的项目管理技能使项目取得成功；
- 通过有效的授权完成更多工作；
- 在会议上达成目标，同时让目标变得有意义，过程愉快；
- 遵循良好的团队决策流程；
- 通过有效的风险管理实践避免和战胜逆境。

有效沟通

经理的大部分时间都花在了沟通上。更重要的是，经理工作的成功很大程度上取决于沟通的程度和有效性。沟通能力可能是最重要的管理能力，经理促进和支持其下属之间的良好沟通也同样重要。为了有效沟通，经理必须做到：

- 努力促进相互理解、达成共识并付诸行动；
- 成为团队成员之间有效的信息交换平台；
- 提升人际沟通能力，尤其是使信息简单明了的能力。

明智地使用资产

一个组织通过利用资源或资产为其成员服务。当资产得到有效利用时，组织就会蓬勃发展。管理者可以通过以下方式明智地使用资产：

- 以产生收入并符合其核心理念的方式使用组织的资源；
- 有效管理优先事项，从而有效管理时间；
- 认识到员工的才能是组织最宝贵的资源；
- 培养员工的热情和动力；
- 意识到自己的个人品牌并确保其与经理的角色相一致；
- 关心自己的幸福和动力。

更上一层楼

组织不能故步自封。不断改进和创新是人们所期望的，因此，工程经理必须不断提高管理和领导能力，更要提高在团队中激发卓越潜能的能力。管理人员可以通过以下方式将工作提升到一个新的水平：

- 通过寻找制约成功的因素，遵循审慎的创新方法；
- 促成团队成员的非凡成就和伟大业绩；
- 经常回归到管理的基本面。

工程管理和工程领导的有效实践对组织和世界都很重要。从工程师到管理者/领导者的转变是有价值的，值得工程师关注。

第1章　开始旅程

我们祈求一棵树，得到一颗种子。

——潘明牧师（Reverend Minh Phan）

要点

- 大多数工程师的大部分职业生涯都在管理和领导岗位上度过。
- 遵循“易于掌握”的基本原则来掌握这些角色所需的技能。
- 与刻板印象相反，工程师具有成为杰出管理者和领导者的独特资质。

我与上司的交流很快就偏离了轨道。在我担任工程师的第一个专业职位三周后——在一家大型跨国公司工作——没错，我在我们的私人交流的开场白中说：“我们的沟通出现了问题。”这次交流中，我试图纠正他的一些做法，但他否决我的建议，提出不切实际的功能和计划目标。

对我的开场白，他回答说：“不，我们没有。”虽然一时被他的荒谬反应吓了一跳，但我反驳道：“是的，我们确实失败了！”

在他的下一个“不，我们没有”之后，我叫道：“你证明了我的观点！”但他没有让步，声称沟通没有失败。在他看来，这一切只是因为我的软弱、不成熟、懒惰。这次互动没有任何希望了，所以我快速退出。

在接下来的几周里，我在工作小组的其他地方看到了类似的奇怪做法。上级将神奇的功能和进度目标宣布为客观现实，而工程师和程序员则在一个陌生的平行宇宙中变成了被殴打的僵尸。直到十年后，我才知道这种疯狂的由来。一位招聘人员告诉该部门的经理，他们获得晋升的依据是对项目乐观和大胆的预测。由于晋升周期相当短，无论多么大胆，经理们都不必为未能实现目标而负责。

我的任期持续了九个月，或者说是在混乱和无作为的状况下坚持了九个月。我感到士气低落，面临着严重且远远早于预期到来的职业危机。我在一地鸡毛中得出了两个观点：1）工程师对此毫无准备；2）工程的成功更多地取决于人们如何协作，而不是技术或科研实力。令人不快的经历在我心中播下了好奇的种子，想去了解如何有效地协作，以及工程师如何进入并能够以积极方式驾驭角色。你正在阅读的就是其中一颗种子成长起来的大树。

参加团队运动

工程师受益于正规的高等教育，所有这些都是实践该学科所必需的；然而，新入职的技术人员却在组织中遭遇挫折，因为他们通常在如何进行良好协作方面没有受过多少教育，也缺乏经验。这不是批评，也不是说工程师不善与人相处。有效的协作是一种技能，有效的协作组织也是如此。如果没有适当的知识、实践、工具和支持，组织获得成果就只能靠运气。正如在组织中实践的那样，工程绝对是一项团队运动。

然而，进行工程实践的在校生很少接触到团队工作。当课程确实需要团队合作时，学生很少或根本没有关于有效团队行为的指导。大多数学生害怕小组作业，因为缺乏有效流程的小组普遍存在着功能障碍。凤凰城大学最近的一项调查表明，这种恐惧会延续到职场，95%的人认为团队对其组织的成功很重要，但 76%的人更喜欢独自工作[1]。

工程师接受过的训练是，通过技术视角来看待问题及其解决方案。这一视角非常重要也非常有力，但它仍然只是全局的一部分。有时，技术部分是全局中最不重要或排序最靠后的一个。这绝不是贬低工程师或他们的工作，这只是看问题的一个视角。工程项目和技术成败的基础与技术问题甚至任务管理关系不大。结果绝大多数取决于“人的问题”：互动的好坏、沟通的好坏、如何达成行动目标、如何采取行动，以及如何协商冲突。

工程师在“人的问题”方面几乎没有准备，这对他们不利。问题就在这里，正如霍舍特（Hoschette）在《工程师职业指南》中所描述的，大多数工程师的大部分职业生涯都会在某些监督或管理职位上度过[2]，这些角色需要处理好人的问题。图 1－1 提供了工程师职业所需的技能分布示例，随着时间的推移，一般职业发展脉络为技术专家、上司、经理和执行官。图中引人注目的是，不同职位所需技能类型的重大转变。虽然对技术专业知识的需求永远不会消失，但随着职位晋升，它在工作中所占的比例减小了很多。人们还可以将这种职业发展描述为，工作重点从个人贡献转移到对他人工作所负的责任越来越大。

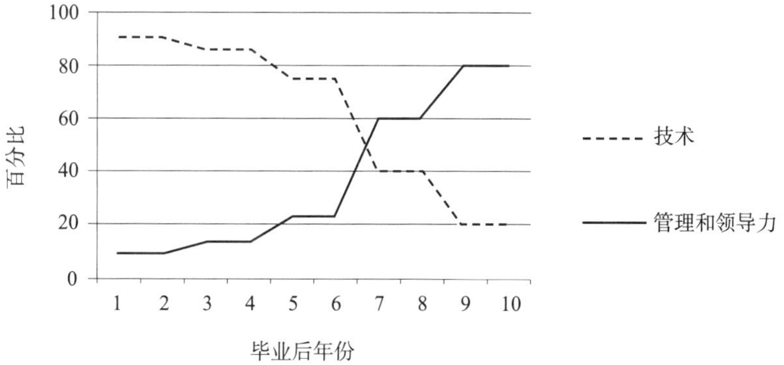

图 1－1　工程师职业所需的技能分布示例

人际交往能力的不足可能不会立即给入门级工程师带来问题，因为问题通常集中在技术问题上。此类技术型工作通常是在团队的背景下完成的，因而雇主希望工程师毕业后能在团队中很好地工作。

工程师的第一次晋升一般发生在毕业后的 3～5 年，通常是担任具有监督职责的团队负责人职位。此时，对良好人际交往能力的需求开始变得非常重要。许多组织针对这一点，同时提供适当的管理和领导方面的培训及指导，但有的组织没有。一个不够幸运的工程师可能会有被抛弃后的自生自灭之感。一般来说，毕业后 10～15 年，所需的技能绝大多数都以管理和领导为导向。

可以说工程师是因其技术技能以及潜在的管理和领导技能而被雇主雇佣的。重申一下，技术能力是进入技术领导岗位的入场券。这主要基于三个原因：1）显然，雇主需要具有良好的项目、产品开发、运营或其他应用技术技能的工程师；2）技术知识很快就会过时（因此需要大量的持续努力来保持其在当下是有价值的），而管理和领导能力贬值较慢；3）通常只有工程师有领导其他工程师工作的专业知识并有能力赢得他们的尊重。从这方面来说，工程师的职业发展非常有意义，缺少的是支持他们过渡到管理和领导职位的可靠方法。

浅谈“过渡”

抛开管理和领导力单独谈工程不现实，三者缺一不可。当作为技术专家时，我们确需专注于一些事情；作为管理者时，需要关注任务和资源；作为领导者时，需要利用影响力来实现想要的改变。技术组织的经理/领导者应在三个领域内具有相应的协同能力：技术、行政和人际交往。技术能力对工程师来说是最为基础的，但作为经理，必须对技术工作全盘有更广阔的视野，并且必须允许下属对技术工作享有更多的控制权和决策权。管理的行政要素包括对工作进行组织并制订计划，它们涉及组织中各种需求和约束的整合。工程师掌握管理技能也相对简单，但这里有一个陷阱：管理者可能会将工作视为一系列要完成的任务，因而将对他人的监督局限在对任务的计划和管理层面。人际交往能力对工程师来说往往是最棘手的，但它是过渡中最关键的方面，是从对事物和任务的管理到对人的领导的转变。

这三个领域的技能不同，它们互为补充，并且都在工程师的能力范围内。可以通过加拿大班夫中心领导力发展学院科林·芬克（Colin Funk）的以下观察进行深入思考。科林观察到，在所有参加过以艺术为基础的领导力课程的人中，“获得”领导力最多的是工程师！虽然科林是戏剧出身，但他阐明了关键观点：当工程师将组织视为系统时，他们深厚的系统知识突然让管理和领导工作变得驾轻就熟。为了进一步强调工程师可以管理和领导他们中最优秀的人这一事实，让我们参考《哈佛商业评论》，它发布了全球前 100 位 CEO 的年度排名。在最近的一份清单[3]中，这些顶级 CEO 中有 29 位拥有 MBA 学位（这并不奇怪）。但是更多的人——32 人，拥有工程学位！

可以说，工程师具有成为杰出管理者和领导者的独特资质，这是有充分理由的。

变得更会社交

那么，工程师被讽刺为社交无能的书呆子，我们该如何理解这一刻板印象呢？这种讽刺的说法之所以流行是有原因的，而且确实有许多工程师符合这种刻板印象。物理和工程系统通常是确定性的，可以通过明确的方程或可靠的关系简化为解决方案。习惯于寻求明确解决方案的工程师常常被同事的行为弄糊涂。关系问题通常是模糊的，取决于视角和解释说法。作为工程师，我们可能常常无知无畏，没有意识到自己糟糕的社交技能，而被忽略的往往正是改变困境所需要的。在大学里，我曾短暂地与一位年轻女子约会过，她感觉我总是希望她的行为不要那么情绪化，而要更加理性。但正如她强调的那样，她不是一台电脑。

回到我在本章开头描述的那项工作中，我与一个行业咨询小组举行了一次重要会议。我穿着我唯一的一套西装，是一件亮色细条纹的西装。一位同事温和地嘲笑我，然后教我在重要的商务会议上要着装得体。接下来的周末我买了一套纯色的深海军服。当然，我本可以争辩说，我的同事和客户应该专注于我的观念，而不是对我的外表大惊小怪。但这种态度忽略了人类行为的一个不可否认的事实：人们确实常常以貌取人。

因此，过渡的一个重要部分是让工程师变得更具社交能力和社会意识。转变中最关键的方面是，从一名出色的事物管理者转变为成为一名出色的人际关系管理者。

软技能其实是硬技能

“人际交往能力”通常被归为“软技能”，以区别于科学中的“硬”关系。虽然这是真的，但这并不意味着职场的互动是完全不可预测或模糊的。有效的协作模式有章可循，我们将在本书中介绍它们。虽然软技能最初可能看起来很困难，但它们很容易掌握。我所说的软技能实际上是“硬”关系，是指在获得对协作的定量理解方面不断发展。如果你对此持怀疑态度，请参考一下《谷歌如何出售其管理工程师》[4]这篇文章，其副标题道出了关键：“一切都和数据相关。”谷歌处理了大量的内部数据来识别有益的管理行为。如果你想要通过硬数据来识别管理，请关注分析领域。

拥抱新规则和新角色

过渡的另一个重要因素是，工程师必须愿意学习并遵守管理者所要求的规则。最终，管理人员的评判标准是他们对企业财务状况或利润的贡献度，这是组织的生存目标。组织的执行管理层将这一总体战略转化为对实现战略很重要的具体项目和运营。然后，他们期望工程经理能够满足这些项目和运营的成功标准。

虽然成功标准通常包含技术目标，但衡量成功的主要标准，通常是满足财务和进度目标。工程师和其他专业技术人员常常会因为项目延迟或超出预算而使名声受损，他们给出的原因是为了寻求产品额外的技术功能或使其更加精致，但是工程经理不会接受这样的借口。

作为个人来说，驾驭这种优先事项的转变可能很有挑战性，但工程经理负责借助他人努力完成工作。必须能够激励下属和同级，同时在技术功能、进度和成本之间进行权衡，以达到组织及其客户的目标。新规则要求工程经理带领其他人共同努力，使企业在财务上取得成功。

工程师通常拒绝管理和领导的角色，认为这与工程身份相悖，甚至可能害怕因此失去“灵魂”。这种阻力在很大程度上源于对管理和领导角色的误解。我们将更详细地讨论这个话题，但现在我只想说，这种误解是由一个过时的经理/领导者心智模型助长的，该模型认为经理/领导者会告诉别人该做什么，具有超凡魅力并很果断。由于许多工程师个性内向、崇尚平等，对新角色的抵制是可以理解的。好消息是，有效的管理和领导与这种过时的模式有很大不同，优秀的管理者和领导者有多种风格，包括非常符合工程身份特质的风格。

过渡的成功原则

在本书中，我们重点关注六项基本原则，如果遵循这些原则，将大幅度提高你向管理层过渡的成功率和满意度。这些原则如下：

- 掌握关系；
- 纵观全局；
- 把事情做好；
- 有效沟通；
- 明智地使用资产；
- 更上一层楼。

我们在本书中努力帮助你快速获得从工程师到经理/领导者成功过渡所需的洞察力和技能。虽然经常令人沮丧，但经理/领导者的角色还是非常令人惬意的。带领专业团队完成一个有价值的目标——对组织及其客户有价值的目标——会带来丰厚的回报。也许最大的回报是当人们在职场中聚在一起并高效地协作时，克服了通往成功之路的许多障碍所带来的满足感。

掌握这些原则并成功应用它们是一个很容易实现的目标，这是普通工程师力所能及的。人类渴望有效地合作以完成伟大的事情。从工程师到经理的有效过渡将帮助你体验梦想成真时所带来的丰厚回报。

管理之旅即将在你面前展开。作为工程师，为了充分利用好这段旅程，我要鼓励你使用一个强大的工具来推动发展：你的好奇心。即对人们保持好奇，以及如何帮助他们更好地参与工作和协作。我想你会发现好奇心将贯穿工作的全程，并时时起到关键作用。

参 考 文 献

[1] UNIVERSITY OF RHOENIX. UOPX："University of Phoenix survey reveals nearly seven - in - ten workers have been part of dysfunctional teams [D/OL]. http：//www. phoenix. edu/news/releases/2013/01/university - of - phoenix - survey - reveals - nearly - seven - in - ten - workers - have - been - part - of - dysfunctional - teams. html.

[2] HOSECHETTE J A. The engineer's career guide，Hoboken [M]. NJ：Wiley，2010.

[3] MCGINN D. The best - performing ceos in the world 2017 [J]. Harvard business review，2017，11，95 (6)：66 - 77.

[4] GARVIN D. How google sold its engineers on management [J]. Harvard business review，2013，12，91 (12)：74 - 82.

推 荐 书 目

BERSON B R，D E BENNER. Career success in engineering：a guide for students and new professionals [M]. Chicago：Kaplan，2007.

FASANO A. Engineer your own success：7 key elements to creating an extraordinary engineering career [M]. [S. L.]：Wiley - IEEE，2011.

MADHAVAN G. Applied minds：how engineers think [M]. New York：W. W. Norton & Company，2015.

原则 1：掌握关系

企业的一切都取决于人。工作是由组织里的员工完成的，只有当客户对企业的产品或服务感到满意时才能获得利润。成功管理好关系是工程经理的最高优先级事项，因为互动的良好状况将在很大程度上影响任务的完成情况。

但人是形形色色的，有时是难以相互理解的，甚至可能会与他人产生冲突。玩好政治游戏的前景看起来可能令人厌恶并心生畏惧，然而，通过正确的态度和手段，工程经理可以精通管理关系，从而在组织中取得很多成就。在第 2～11 章中，我们将看到管理者通过以下方式掌握关系：

- 专注于涉及人的问题，因为这些对成功至关重要；
- 适应人们不同的个性和特质；
- 允许员工得到对其工作的控制权和自决权，从而提高员工积极性并使工作成果更佳；
- 组织活动以重视和服务客户；
- 学习如何有效地领导员工；
- 重视良性的冲突并解决破坏性的冲突；
- 发现团队中对工作有良好作用的流程和工具；
- 认识到政治的重要性，玩好政治游戏；
- 通过上级和同级的互补领导来加强团队的合作。

第 2 章　业务是关于人的

成功之道中最重要的一个因素是知道如何与人相处。

——西奥多·罗斯福（Theodore Roosevelt）

要点

- 工程经理必须从关注技术转向关注关系。
- 我们每个人都有一个重要的关系网络。
- 过渡能否成功取决于在这个网络中是否培育了关系。

关于人对企业的重要性，你可能听说过各种口号或名言，例如上面的那些。你会很容易地认同，然后就不记得了。但它们是实话——非常真实。

对于工程师来说，核心似乎就是拥有最好的技术。对 MBA 而言，核心似乎与产品、市场或金融有关。对于计算机程序员来说，业务就是编写出色的应用软件。尽管这些很重要，但都是次要的，因为基本事实是，无论是什么企业，无论是企业内部还是企业外部，必须使人们对企业的任何方面取得的成功感到满意。遗憾的是，工程师常常会错过这个商业的基本真理，这对他们不利。对于工程经理来说，错过这个事实危害更甚。不要让这种情况发生在你身上！

成为经理之前，在团队中工作虽不是必要条件，但却是有益的。在团队中工作有助于理解与他人相互依赖的关系，这种品质是有效管理的主要基础。真正幸运的工程师是遇到一位能认识到人才对企业核心重要性的上司或导师。在学习成为成功管理者所需的技能并付诸实践时，大多数工程师都很挣扎；然而，许多工程师确实成功地完成了过渡。他们利用自己的技术专长，也学会并精通与同事互动的技巧。已成为组织 CEO 的工程师包括 IBM 的弗吉尼亚·罗梅蒂（Virginia Rometty）、谷歌的桑达尔·皮查伊（Sundar Pachai）、亚马逊的杰夫·贝佐斯（Jeff Bezos）和通用汽车的玛丽·巴拉（Mary Barra）。

有许多管理职位需要技术技能，而且技术技能确实也很关键。但即使在这些情况下，与掌握各种人际交往的技能相比，对技术技能的需要也往往处于次要位置。

不妨以第二次世界大战期间的曼哈顿计划——原子弹的研制为例。著名物理学家罗伯特·奥本海默（Robert Oppenheimer）是该项目的领导者之一，他的技术专长对项目的成功当然很重要，但他有效领导和激励科学巨星团队的能力被认为是项目成功的关键因素。

一个看似微不足道的观点表明了奥本海默在工作中对人的作用抱有极大赞赏，特别是人的能力在这绝无仅有的项目中所发挥的作用。奥本海默将项目团队落户在新墨西哥州洛斯阿拉莫斯发挥了重要作用，这是他多年来一直访问的地区。虽然物理上的与世隔绝对于项目的安全尤为重要，但他也认识到开发大规模杀伤性武器给科学家的精神带来了沉重的负担。有机会凝视远方、观赏美丽而宽广的新墨西哥州景观，将有助于团队成员知晓他们工作的道德意义。

请记住这一点：工程师向管理层过渡的成功，主要取决于与人成功合作的能力。把它牢记在心，它几乎能在所有情况下为你解惑。

在转型中遇到新挑战

假设你是一名机械工程师，在一家为汽车制造商设计发动机组件的公司工作。在过去的几年里，你在设计这些组件方面做得很好，你的主要关注点是材料、尺寸和可制造性等问题。你可能大部分时间都在埋头解决技术性能和制造问题。最近，你被提升为设计组的经理。

现在你的关注点大不相同了：让你的团队按照紧迫的时间表完成发动机组件的最后设计工作，说服你的上司投资购买昂贵的新计算机辅助设计包，以提高工作效率，并打破日产汽车公司的 IT 团队和你自己的 IT 团队之间设计文件无法共享的僵局。许多工程师转为管理人员后，仍然仅从技术角度看待这些问题。然而，这些问题往往包含更多深层主题：沟通、领导力、动力、专注、组织、决策、影响和解决方案。这些问题主要与人有关——人们如何完成事情以及如何相处，并在一个共同的议程上一起工作。但所有这些问题及更多类似这样的问题，在你的成功、生计和幸福中扮演着重要的角色。

这与技术无关

拉尔夫·沃尔多·爱默生（Ralph Waldo Emerson）曾经说过："制作一种更好的捕鼠器，世界就会把路修到你家门口。"他的话精确概括了工程界存在的关于技术的精英主义，他们相信成功取决于是否拥有最好的技术。然而，市场上伟大的技术比比皆是，这些技术却从未获得与其技术品质相匹配的市场份额。技术固然很重要，但这里要强调的是，决定技术的是人。此前，我曾大量参与电力领域的突破性技术。作为工程师，我们的团队成员认为我们会成功，因为我们开发了领先的技术。经过四年的研发并获得一家大型制造和营销公司的生产许可证后，我们的技术似乎已经为取得成功做好准备了。但事实上，该产品市场上的客户还远远没有做好接受这项技术的心理准备，甚至完全抵制了它。又过了几年时间，这一次有大量的客户参与，最终开发出了客户接受的产品。

读到这里，你可能会觉得工程技能突然变得过时了。事实是，它们仍然很有价值，也将被继续应用，你需要的是获得新的技能来增强和指导技术技能。好消息是，你现有的工程技能组合使你具有了快速开发新技能的独特能力。

做一个高度重视技术的工程师是正确的，也是好的，因为好的技术是重要的资产。但是也请认识到人的重要性，并寻找满足他们需求和兴趣的方法。不要忘记技术，但一定要以人为本。

关系决定业务

每一种产品、每一种技术、每一种应用都源于人们的思想、决策和努力——他们是控制技术、金钱和其他一切的人。或许你现在还没有注意到，做出这些决定的人都不是工程师——他们不一定重视工程师所做的事情。这些人是购买（或不购买）你所销售产品的客户；是做或不做这项工作的团队成员；是给你荣誉或让你悲伤的老板。他们是可以让你的生活更轻松或更艰难的人，是可以成就伟大或铸成失败的人。相似的人走上不同的人生道路，也是生活中的一件趣事。你与这些人的关系的强度将在很大程度上决定他们是会给你带来快乐还是让你头疼。

顺便说一句，审视下自己，因为就像你周围的人在你的人生戏剧中扮演他们的角色一样，你在他们的生活中也扮演着一个角色。欣赏并珍惜这种相互依存的关系——这正是完成工作的方式和原因。

冗长的职员列表

环顾你接触的每一件产品——它是无数人无数小时付出汗水和思考的结果。想想星巴克的咖啡，想想需要多少人才能带来令你满意的咖啡因冲击。

你的拿铁咖啡由勤奋的咖啡师提供，他为你和其他数十位像你一样的人准备了一系列饮品。某个地方的农民挤奶，为你的咖啡提供奶油。也许糖产自路易斯安那州南部的甘蔗地，就像我祖父曾经拥有的。电力公司给店里供电，还给你开灯让你看菜单。你想要一个松饼配你的咖啡吗？有人早早起床为你混合面糊并烘烤美味佳肴。还有将咖啡豆从仓库运送到商店的司机，以及制作在星巴克出售的精美杯子的人，甚至跨越半个地球运送咖啡豆的人。请不要忘记生活在贫困边缘的肯尼亚农民，他们的生存依赖于出售咖啡豆。

如果你的一杯咖啡是一部好莱坞大片，它会有一个一英里[①]长的职员列表！

当你闭上眼睛，对着热气腾腾的杯子深呼吸的那一刻，所有这些人都想到了你，因为他们想出了一种互动和合作的方式来开始你的一天，这当然是件好事。其中的每一个人原来可以选择专注于某些事情，而不是你那充满香气的满足感，哪怕是自私的。

接受你的订单并完成订单的咖啡师，是你的交易圆满完成的一系列过程中所有个人和系统的代表。其中一两个人在你获得满意的过程中扮演着非常重要的角色，不是吗？无论供应系统的其他环节进行得多么顺利，一个脾气暴躁、压力大或不称职的咖啡师都会破坏

① 1 英里＝1609.344 米

这种体验。同样，以解决问题为导向的员工不仅可以挽救糟糕的局面，还可以提高你对品牌的忠诚度。

现在看看你的生活和工作。你能看到所有参与你工作的人吗？他们都与你的努力息息相关。他们都会影响你的努力，无论好坏，其中许多人可以赞成或不赞成你的工作。而且，就像咖啡师一样，我们每个人在周围人的生活中，都扮演着重要角色。更好地了解他们，并提升每个人的真诚度和服务质量是明智之举。

你的关系网

谁是你身边的人？大多数工程师经理与担任以下角色的个人之间都存在关系网络。

你管理的人

你依靠你的团队成员来完成所负责的工作。关心他们并花大量时间与他们在一起，与他们交流适当的相关信息，这一点至关重要。除了指导他们的工作之外，你还将对他们的专业发展和成长产生很大的影响。请牢记这份责任，并将其视为一种荣誉。员工辞职与其说是辞去工作，不如说辞去的是老板。那么具体到你的团队，员工辞职意味着辞去你！永远不要错过表扬你的团队成员，永远不要错过让你的上司和管理层了解你的优秀团队的机会。为他们辩护，并尽可能地保护他们不受琐碎的职场闹剧的影响。请确保你所管理的人知道你了解他们在其人际网络中的重要性。

你的上司

你的直接上司可能是对你的个人成功和组织进步影响最大的人。尽管你与你的上司相处的时间也许并不长，但你需要投入相当大的精力去维系这种关系，如果你有幸拥有一位优秀的上司，请尽情享受这段经历并从中学到更多东西。追随这样一个人的脚步是提升你管理生涯成绩的好方法。另一方面，如果你的上司领导你的效率不高，那么你要学会成为领导的领导，这是很重要的；否则，你将很难有进益，你的职业发展可能会停滞不前。我们将在第 11 章讨论向上管理的重要主题。

管理层和高管

此类别包括职位高于你顶头上司，直至处于组织中的最高职位的人员。归根结底，你的工作必须遵循你组织的业务目标和战略，因此你和你的上司在将这些目标应用于工作时，正确认识这些目标非常重要。要能做到直接将你和你的团队的行动和决策与组织的战略联系起来。以积极的方式，让管理层看到并了解你，对你的职业生涯也非常有价值。请确保这样做时，你的上司也参与了该过程。就像对待团队成员一样，向管理层的负责人称赞你的上司。

发起人

组织中的发起人拥有产品、项目或计划的所有权。此人可能是也可能不是你的上司，可能与你在组织中的上司有横向关系。如果你是发起人工作对象的一分子，你还需要关注该人的需求。

职能经理

人力资源的负责人对你很重要吗？市场总监呢？根据组织的结构和你的职责，你可能非常需要与管理组织职能的个人进行互动。通常，这些人做出的决策会极大地影响你的工作或团队。

顾客/客户

最终，你的工作必须得到客户的认可和重视。尽你所能并尽早开始与客户建立积极和开放的关系。你越了解组织内部和外部客户的需求，与他们互动越密切，你的烦恼就越少。

供应商和承包商

我们中的许多人依赖于公司以外但直接影响我们工作的那些人。供应商交付产品或服务通常会影响或突破最后期限。许多承包商如此深入地参与我们的项目，以至于他们通常比公司员工更重要。不要仅仅因为他们与我们是为不同的雇主工作而随意忽视一些人。

其他利益相关者

“利益相关者”一词适用于可能影响或与你的工作成果有利益关系的人。有时，你可能需要不一定属于上述任何类别的其他个人的帮助或批准。例如，与你有良好关系的供应商可能能够加快关键测试设备的交付，以满足你的关键的最后期限。

社区

正如约翰·唐纳（John Donne）所写的“没有人是一座孤岛”，组织也是如此。尽管完成工作责任似乎会占用你所有的时间，但在办公室之外参与社区活动总是有帮助和有益的，哪怕只是很浅程度的参与。这里的社区一词可以有多种解释，包括当地的公民团体或专业组织。投入时间建立网络，将使你的工作受益，取得的收益完全出乎意料。例如，如果你自愿参加一项活动以促进女孩从事 STEM 职业，你可以与另一位恰好是组织高管的志愿者一起工作，与她的简短交谈可能会为你带来一次会议发言邀请。

亲人

当你在工作中发展你的管理技能并完成伟大的事情时，不要忘记那些让这一切变得有价值的人。

如你所见，有很多人会影响你的工作和幸福，他们可以使你的生活愉快或痛苦。了解他们的需求、看法和价值观，这样做会对你的工作和生活产生巨大的影响。当你身在其中的时候，鼓励你的团队成员认识到他们自己人际网络的重要性。

作为一名工程师，你向管理层过渡能否成功很大程度上取决于与员工广泛且不断深入的巧妙互动。如此，你已经越过了过渡中的一个重大障碍。

现在你知道在组织中有效工作的基本事实是业务与人有关。它甚至可能开始看起来有点简单——只要与我关系网中的这些重要人物相处，事情就会顺利进行，那么还会出什么问题吗？

好吧，有很多事情可能会出错并且确实会出错！但是你可以通过准备和利用技巧来避免很多创伤。

推荐书目

BIEDERMAN P W，W G BENNIS. Organizing genius：the secrets of creative collaboration [M]. Cambridge，MA：Perseus Publishing，1997.

PFEFFER J. The human equation：building profits by putting people first [M]. Cambridge，MA：Harvard Business School Press，1998.

UMLAS J. The power of acknowledgement [M]. New York：International Institute for Learning，2006.

WILLINGHAM R. The people principle [M]. New York：St. Martin's Press，1997.

第3章　人为什么这么难？

如果政治不是为（此处脏话删除）的人服务，那么其会是一个非常好的职业。

——理查德·尼克松（Richard Nixon）

要点

- 我们遇到的人都有能力成为伟人，但他们也会让我们恼怒。
- 了解人们有不同的个性类型，让我们能够欣赏和适应彼此的差异。
- 理解和欣赏人类的个性，以及人类的弱点和特质，有助于工程经理避免对自己和他人不切实际的期望。

作为一名工程师，你很可能熟悉编写计算机程序的挫败感。尽管C++可能令人烦恼，但至少该语言有明确遵循的规则。然而，人类并非如此。

毫无疑问，到了你生命中的这个时候，那些没有达到你期望的人让你遭遇挫败感——也许他们没有履行承诺，也许他们破坏了信任或做了一些非常邪恶的事情。尽管你尽了最大的努力，一段有价值的关系还是破裂了。

在第2章中，我们说过业务是关于人的。但如果是这样的话，为什么有时人们似乎让事情变得困难？

人类有着令人难以置信的天赋、慷慨、深思熟虑，并且能够做出惊人的壮举。另一方面，人们可能是小气的、烦人的、不可靠的，并且有能力毁掉你的一天。通常是同一个人设法同时展示两张脸，具体取决于当下的情形。这种两面性是使人类格外迷人并最终变得美妙的部分原因。照照镜子，你会看到这样的人。虽然人类有时是不可预测的和复杂的，但有一些共同的行为线索。

本章并不是对人类可能表现出的所有错误进行愤世嫉俗的片面阐述；相反，是试图清楚地说明人类的一些特质，以及这些特质如何成为从工程师过渡到管理角色之路上的陷阱。当然，我们也想提供一些建议来帮助你避免掉入这些陷阱。

我们人类在哪些方面容易产生误解？一个具有挑战性的领域是人与人之间的个性差异。我们将首先研究一种描述思维模式和互动方式的有用方法，以及它们如何在组织中产生冲突和力量。然后，我们将讨论一些难以相处的行为模式，最后将提出保持有效和健康关系的指导原则。

个性和个性类型

虽然每个人都是独特的个体，但行为主义者根据相似的人格模式将个体集合成小组——这种集合有助于理解自己和理解他人。

个性类型应该被认为是一个人的偏好或优势。拥有一种特定的人格类型并不意味着只表现出这种类型人格的行为，也不意味着这种人格类型永远不会改变。许多人由于他们所处的环境不同，表现出不同的个性类型。随着时间的推移，我们的个性类型可能会发生变化，或者可能有意识地选择不同的行为方式。我们喜欢的个性类型并不预先决定我们做任何事情。

人们都拥有一种主要的个性类型，有点像我们书写的习惯用手。我们可以用非惯用手书写，但这可能会很尴尬，我们非常清楚这种尴尬。通过练习，我们可以更习惯用非惯用手书写。类似地，我们可以在个性的非主导领域体验以及展示思维和行为。

个性类型是中性的：没有好类型，也没有坏类型。每种类型都具有某些优点和缺点，这些优点和缺点主要依据情境而定。因此，有能力根据情况，以不同的行为模式进行操作是有益的。这是一个很好的理由，令你能够开始重视团队中的各种个性天赋和才能。

理解和欣赏人际关系中的个性类型是非常有帮助的，无论是在私人关系还是在业务关系中。欣赏下属的观念和行为并安排适应它们能力的工作，大大提高了作为工程经理获得成功的机会。很多时候，人与人之间的冲突源于他们通过不同的角度看世界并与世界互动。通过重视人与人之间的差异，你将大大避免不必要的冲突，并且能够更容易地达成协议、共识，取得团结。

个性风格系统

有几种不同的流行系统或框架可用于理解个性类型。一个被广泛接受的行为框架是DiSC模型，它的起源可以追溯到近一个世纪前。在职场应用该模型的常见版本是Everything DiSC1。基本模型由四种人格风格组成：支配型、影响型、稳重型和尽责型(不同的风格，某些首字母缩略词会提供略微不同的含义)。虽然每个人都是这些风格的混合体，但通常有一种、两种或三种风格会在这四种风格中占主导地位。表 3-1 总结了四种 DiSC 风格[1]。

表 3-1　DiSC 的风格①

支配型——一种积极的质疑风格；这种风格的人直接、有力、直言不讳。
影响型——一种积极和接受的风格；这种风格的人外向、热情、活泼。
稳重型——一种深思熟虑和接受的风格；这种风格的人温柔、随和、有耐心。
尽责型——一种深思熟虑和质疑的风格；这种风格的人善于分析、有所保留和处事周密。

① DiSC 和 Everything DiSC 是约翰·威利父子公司的注册商标。

表 3－2 为根据行为的两个维度划分的 DiSC 风格，因为它可能以象限形式出现。该表还展示出风格的组合如何共享行为两个维度的某些特征：活跃度和接受度。上半部分的风格是积极的风格，他们的特点是自信、大胆的行动和快节奏。相比之下，下半部分风格体贴入微，节奏适中，有条不紊、细心。左半部分和右半部分对应于接受度。左半边是质疑：它是怀疑的，具有挑战性，并且专注于逻辑。右半边是接受：关注他人、感同身受和认同。

表 3－2　根据行为的两个维度划分的 DiSC 风格[1]

		接受度	
		质疑	接受
活跃度	活跃	支配	影响
	深思熟虑	尽责	稳重

当人们互动时，个性评估的真正意义就变得显而易见，因为个性差异可能是人际关系中冲突的根源，也可能带来富有成效的合作。要开始看到这些影响，有必要考虑一个已应用于领导风格的 DiSC 变体。表 3－3 列出八种领导风格，这些风格已映射到相应的 DiSC 风格组合中[2]。正如我们将在第 7 章中介绍的那样，有效的领导风格有很多种，这张表展示出这种观点。如果承认此表中的风格适用于日常互动，那么我们与他人的互动中观察他们是可能的。

表 3－3　领导模型八个维度的 DiSC 风格[2]

领导风格	对应的 DiSC 风格
开创型	支配、影响
激发型	影响
肯定型	影响、稳重
包容型	稳重
谦逊型	稳重、尽责
商榷型	尽责
坚决型	尽责、支配
统治型	支配

在我和妻子一起度过的第一个假期中，我安排了旅行。我更喜欢随遇而安——在这方面我可能被认为具有开创型风格。我很喜欢到达目的地后去找住宿的地方，因为我坚持认为只有实地看过才知道这里能否为旅途提供舒适的落脚点——那时还没有互联网提供住宿评论供参考。不幸的是，当我们到达时，所有的汽车旅馆都订完了。我们浪费了很多时间寻找汽车旅馆房间，最终在离目的地很远的地方找到一家不那么满意的旅馆。如果我的妻子也与我有相同的想法，那可能还不错；但是恰恰相反，她更喜欢提前制订明确的计划(她可能更倾向深思熟虑的风格)。因此，我们不仅花了很多时间寻找汽车旅馆，还为此发生冲突，占去了更多时间。

几年后，我们互相了解了个性风格，我发现她习惯先制订一个固定的计划，她发现我更乐意灵活处事。我们现在互相理解和欣赏，我们的假期也因此而更加快乐了。

让我们看一个在业务低迷时期，考虑裁员以削减成本时个性差异的例子。可以想象讨论裁员的管理会议，表现出支配型风格的人认为，裁员对于确保组织的长期生存能力是必要的。那些表现出包容型风格的人表达出裁员对员工及其家人的破坏性影响的担忧。这两种都是有道理的。

我们将在第 8 章详细讨论冲突。现在，我们认识到，由于个性差异，冲突有时是不可避免的。冲突不一定是坏事，领导一群不同个性的人达成共识，这种决策和计划能力是一项需要培养的重要管理技能。团队中拥有不同的个性类型具有很大价值。具有开创型技能的人在创造性的头脑风暴会议上表现出色，但他们很难了解具体的事实。如果有一个敏感问题困扰着你的团队，你会很高兴能向一个当机立断的人寻求帮助。涉及安全的工作，需要审慎风格的同伴提供程序和细节。

团队工作环境中，可以招募在个性偏好的工作维度上提供评估、资源和指导的顾问。正如我在前文假期的故事中所表明的那样，当我们不了解个性差异如何影响互动，或者我们不知道如何有效地适应它们时，就会出现问题。当具有统治型个性的团队成员以重视他人的谦虚风格的方式调整自身而参与问题的讨论时，团队合作就会大不相同。当这两个人在整合不同观点时发现共同点并开始协同作用时，这确实是美好的一天。

由于任何组织都必须解决问题，那么拥有涵盖整个 DiSC 风格的人员，有益于解决各种类型的问题。话虽如此，特定业务的环境可能需要特定的风格。例如，受监管的公用事业公司许多情况下应表现出稳重，因为这是其业务所需。

你能开始看到、理解、欣赏人与人之间个性差异的价值吗？捕捉这种价值首先要了解和尊重差异的存在，接受它们是自然和中性的，然后有意识地以有益的方式使用它们。除了 DiSC 之外，还有其他个性类型系统。其中包括迈尔斯·布里格斯型指示器（Myers Briggs Type Indicator，MBTI）或 MBTI2[3]、优势发现者（Strengths finder）或克利夫顿优势（Clifton Strengths）[4]、赫尔曼脑支配仪（Hermann Brain Dominance Instrument，HBDI）或 HBDI3[5]、凯尔西气质分类器（Keirsey Temperament Sorter）[6]、九型个性[7]和科尔伯（Kolbe）[8]。研究多个系统通常有助于更好地了解个性类型的完整行为范围。

个性分类是一门引人入胜的学科，它可以极大地促进你的个人成长和人际关系的有效运行。除了了解自己及个性风格之外，获得一些技能来识别他人的风格并相应地使其适应你的互动也是有帮助的。例如，参考文献［9］描述了一种为 DiSC 执行此操作的方法。

人类特质

虽然了解个性类型会在很多方面帮助你提高人际关系运行的有效性，但注意其他几种行为可以进一步帮助你互动。这些行为（或特质）并不适用于所有人、所有情况，但它们确实足以给组织带来机遇。我不会大胆地暗示可以用几页纸来概括人性，然而，一些在工作中具有挑战性的行为模式可以追溯到以下六个主要来源。

人们都专注于自己

大多数人的每一天都专注于他们想要完成的事情以及观念和感受。通常，人们也会关注他人的需求和兴趣。这种对自我的关注是完全正常的，但如果期待一些不同的东西，这似乎是个问题。如果人们打算将时间或金钱投入到某件事上，很自然地希望从中获得一些好处。他们可能有意识或无意识地问一个熟悉的问题——“这对我有什么好处?”这并不是出于愤世嫉俗或自私。当你向同事请求某事时，如果他或她能看到个人利益，你的请求更有可能被允许。重要的任务或决策通常只有在相关各方都取得了一些利益之后才能完成——这就是事情的完成方式。

倾听人们的心声并品读——当你可以从当事人的角度看待事物并调整自己的兴趣以适应他们时，这将在实现你的目标方面大有帮助。

人们想避免给人印象不佳

职场中更强大的动力之一是避免给人印象不佳的期望。管理层或客户通常会隐瞒有关项目延迟等坏消息，因为没有人愿意因传递坏消息而令人不快。高管们可能想让属下对正在形成的麻烦一无所知。事实上，员工有一种不可思议的感知麻烦的能力，关于麻烦的谣言，传播起来会像野火一样蔓延开。

神经科学的最新发展解释了我们之所以不愿意看起来很糟糕，是因为进化。人类通过适应潜在的危险而幸存下来，我们的大脑偏向于关注危险。几千年前，威胁会引发剑齿猫战斗或逃跑的反应。然而，几千年后的人类大脑也无法区分身体威胁和社交威胁。社会地位对人类来说很重要，当我们意识到社会生存可能受到威胁时，我们可能会自动以自我保护的方式做出反应。

人们可以通过识别和访问大脑的高阶思维区域来克服这种本能反应。这个过程让我们认识到，从长远来看，以实事求是为基础对每个人都有好处。

数字给人安慰

组织中的人经常随波逐流，即使这样做在客观上是愚蠢的。这种现象称为小组思维，当我们的直觉与小组的立场不同时，我们往往会轻视自己的直觉——当然，小组必须知道什么是最好的。在最坏的情况下，组织会完全压制与其路线不同的观点。最令人毛骨悚然的事例就是挑战者号航天飞机失事，这是一个组织拒绝倾听个人的理性声音而导致的悲剧。寻求真相和倾听非正式对话总是有帮助的，通常，人们会在饮水机周围一对一地讲真话，而不是和整个团队在会议室里一起讲真话。

沟通具有挑战性

我们被信息和数据所包围，但很难做到相互理解。人们并不明确地知道彼此想要什么或需要什么。他们无法读懂我的心思，我也无法理解他们的真实所想。

人们可能没有听到我说的话，或者他们可能误解了它。也许当我本意是给出一条充满趣味的评论时，接收者感受到的是冒犯。在我的认知中，一个善意的短语或手势，对于来自不同文化的人来说可能是粗俗的。

有效的沟通是通过同理心、专心倾听以及给予和接受反馈来促进的。我们将在第 23～25 章研究良好的沟通技巧。

我们扮演着角色

1971 年，在斯坦福大学的一个研究项目中[10]，大学生被随机分配到临时监狱中扮演囚犯或看守。令人不安的是，许多受试者完全将自己融入了角色，以至于表现出不健康的行为：“囚犯”变得被动、任人摆布，“看守”变成了虐待狂。由于这些令人不安的事态，预设为期两周的实验，仅在进行六天就中止了。

许多人倾向于假设他们所担任的角色的典型特征。企业发言人从不在公开场合对企业发表任何负面言论，他们的作用是展示自己最好的一面。当一位同事表达的观点与其个性不一致时，他可能只是在扮演角色。

我们并不完美

尽管我们希望能做到最好，但总是会犯错误，我们有时无法发挥潜力。在快节奏的业务中，我们可能会过度关注失误和错误。期待自己或同事做到完美是天真的，甚至是愚蠢的。健康的组织会认为其员工的期望是有现实性的，他们以宽容的态度接受人类的局限性。不要因为期望完美而让自己和同事失败。

虽然宽容是有正面意义的，但对不良行为过于宽容是危险的。有些人反复做明知是错误的事情，并试图为自己辩护或保护自己。人群中包含一定比例的害群之马——完全无能、不值得信赖、报复性强或消极的人。相信你的直觉，知道哪些人会惹麻烦。如果可以，请避免雇佣他们；如果不能，请消除他们对你的影响。

更重要的一点是，个性差异和人类弱点导致积攒的压力会对人格产生显著的负面影响。当精力过度消耗后，原本可以控制的缺点可能会变得有害并且无法忍受。要尝试保持观点并找出问题的根源，而不要把别人变成替罪羊。

世界上信众广泛的宗教都是以一个公理的某种变体作为其信仰的基石，这可能并非偶然。在基督教教义中，这句话被称为黄金法则——“你希望他人如何对待你，你就要如何对待他人。”人们可以在伊斯兰教、犹太教和其他主要宗教中找到类似的教义。

我们都希望自己具有强大而宝贵的才能、独创性，且因观点与众不同而被欣赏。人不是机器，尽管具有挑战性，但每个人都为职场带来了有效的视角，这使工作和生活变得有趣。如果你认识到这些真理并欣赏它们，即使你没有完全成功，你也会遥遥领先。实现这一点有助于保持对彼此的期望。关键是要尊重人，他们会因其独特、异质、有时容易犯错和有自己的步调而放慢脚步——就像你希望他们会因为同样的原因为你放慢脚步一样。做到这一点，你就可以成为一名优秀的工程经理。

参考文献

[1] JOHN WILEY & SONS. DiSC® Theory Everything Disc [EB/OL]. (2018). http://www.everythingdisc.com/DiSC-Theory.aspx.

[2] SUGERMAN J, M SCULLARD, E WILHELM. The 8 dimensions of leadership: DiSC® strategies for becoming a better leader [M]. San Francisco: Berrett-Koehler, 2011.

[3] MYERS I B, P B MYERS. Gifts differing: understanding personality types [M]. Mountain View, CA: Davies-Black, 1995.

[4] RATH T. Strengths finder 2.0 [M]. New York: Gallup Press, 2007.

[5] HERMANN N, A HERMANN-NEHDI. The whole brain business book: unlocking the power of whole brain thinking in organizations, teams, and individuals, second edition [M]. New York: McGraw-Hill, 2015.

[6] KEIRSEY D. Please understand me II: temperament, character, intelligence, Del Mar [M]. CA: Prometheus Nemesis, 1998.

[7] BERGHOEF K, M BELL. The modern enneagram: discover who you are and who you can be [M]. Berkeley, CA: Althea Press, 2017.

[8] KOLBE K. Conative connection: uncovering the link between who you are and how you perform [M]. Beverly, MA: Kolbe, 1997.

[9] ROSENBERG M, D SILVERT. Taking flight!: master the DISC styles to transform your career, your Relationships… Your Life, Upper Saddle River [M]. NJ: Pearson, 2012.

[10] ZIMBARDO P G. The stanford prison experiment: a simulation study on the psychology of imprisonment [EB/OL]. (2018). http://www.prisonexp.org.

推荐书目

BRINKMAN R, R KIRSCHNER. Dealing with people you can't stand: how to bring out the best in people at their worst [M]. New York: McGraw Hill, 2012.

HALVORSON H G, E T HIGGINS. Focus: use different ways of seeing the world for success and influence [M]. New York: Penguin, 2013.

KROEGER O, J M THUESEN, H RUTLEDGE. Type talk at work: how the 16 personality types determine your success on the job [M]. New York: Dell, 2002.

ROSENBERG M. The chameleon: life-changing wisdom for anyone who has a personality or knows someone who does. Take Flight Media, 2017.

第4章　获得动力！

如果你想造一艘船，不要鼓动人们去收集木材，不要给他们分配任务和工作，而要教他们向往无边无际的大海。

——安东尼·德·圣艾修佰里（Antoine de Saint - Exupéry）

要　点

- 动力是管理者的一个重要话题，心智模型帮助我们理解它。
- 促进健康的内在因素将提高我们自己和团队成员的动力。
- 努力促进五种内在动力：意义感、选择感、能力感、进步感和创新能力。

是什么让你早上从床上爬起来开始工作或学习？

是工资单吗？是可望又难以获取的学位，还是可能获得A等级分数的机会？更重要的是，这就是激励你的全部吗？事实上，你可以通过多种工作获得报酬。如果你是一名工科学生，可能有更简单的方法来获得学位或A等级分数。你选择的道路可能有更实质性的原因驱使你离开舒适的床，迎接一天的挑战。现在想想你认识的其他人和许多职场中的人——你相信他们也有比薪水或成绩更重要的事情吗？

让我们一起探索动力的源头。作为一名工程经理，你的效率将大部分取决于你对激励自身和他人的信念。你对动力的了解和态度将推动你的言行，你的团队也会做出相应的反应。当以扎实的知识和技能来提高动力时，就会创造伟大的事情；相反，对动力的理解不足或对良好知识的应用乏力通常会导致平庸。了解动力首先要了解我们对自己和他人的基本信念，而起点是我们的整体方法。当一个人探索动力时，最好问“是什么激励了人们”，而不是问“我怎样才能激励别人”。后一个问题是大多数经理常掉入的陷阱，因为它暗示着控制他人的愿望。在激励方面，尊重他人的自主性会更好。

动力建模

我们使用术语“心智模型”来描述思想，解释我们的经历和周围的世界。心智模型反映了我们的信念，它们确定我们认为是真实的。工程师经常使用模型来表示各种系统，并且可以以类似的方式考虑心智。心智模型在管理和领导方面很强大，因为它们有助于检查和反思我们的信念，使我们能够考虑各种方式来解释人类的行为并选择最有效的模型。

关于激励你和他人的因素，你的心智模型是什么？在探索这个主题时，有必要确定在动力理解的演变过程中的一些接触点。对个人动力的理解通常与这种演变相对应。我们的探索将帮助你确定自己的模型。

霍桑研究

20 世纪初，我们见证了现代工厂及其生产线的发展。科学管理很流行，随之而来的是一种非常简化的动力概念。工厂本质的核心是这样一种信念，即管理者在组织中进行思考，而工人只执行他们的指令。对于这种心智模型，工人被认为只是生产线的组成部分。关于工人动力的考虑仅限于确定的因果关系——可以调整哪些环境因素去激励提高生产力的效果。

20 世纪 20 年代初期，西部电气霍桑（Western Electric Hawthorne）工厂进行了一项课题研究，证明提高工厂生产线上的照明水平将直接提高生产力。但结果令人费解，无论在合理的照明水平（增加、减少或保持不变）范围内做什么，生产力都会提高。研究人员最终得出了一个惊人的结论。

促使工人提高生产力的原因是有人对他们的工作和改善他们的工作条件感兴趣！这个意想不到的结果被称为霍桑效应（Hawthorne effect）：意识到自己正在被关注或观察时，会刻意改变一些行为。

动力的心智模型演变可以帮助认识人类动力的复杂性，现实远比工厂希望通过照明提高生产力要精彩得多。时至今日，对于许多管理者和组织来说，掌握霍桑研究的影响并采取行动仍然具有挑战性。组织渴望可预测性，经理们焦急地寻找控制员工生产力之门的确定性钥匙。霍桑研究是现代对动力细微差别的第一个洞察，但未来这样的研究还会更多。

马斯洛的需求层次

马斯洛需求中的最高层次是人类寻找生活意义的需求：取得成就并获得同龄人和上级的认可，做出贡献、有所作为和实现自己的愿望。虽然有很多方法，但很多人都是通过工作来寻求意义和表达自己的。如果你曾经经历过一个具有挑战性的、高强度的工程项目，并最终获得回报时，你就会知道马斯洛在说什么。

马斯洛的需求层次（图 4－1）结构并没有捕捉到人类动力的全部，但它足够简单，可以提供一个有用的框架来理解许多情况。

X、Y 和 Z

让我们更加关注工作中的动力。基于对工作中人的因素日益增长的认识，道格拉斯·麦格雷戈（Douglas McGregor）提出了两种截然不同的人员监督模型，即 X 理论和 Y 理

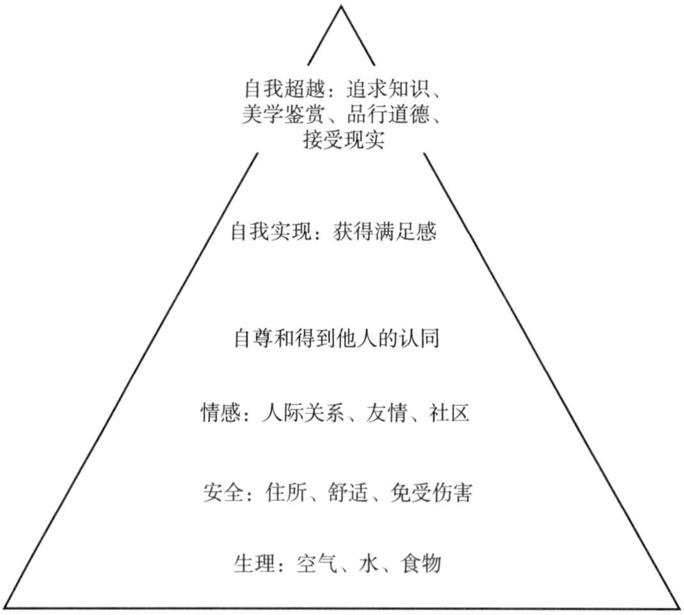

图 4－1　马斯洛的需求层次

论，它们反映了对工作态度的基本信念（见表 4－1）。X 理论模型的监督是建立在人们天生不喜欢工作的前提下，他们必须被迫工作。进一步，X 模型认为人们想要逃避责任，所以他们在监督中寻求明确的方向。这些认知使得指挥和控制系统成型，即传统的等级监督方法。X 理论主要是以惩罚作为威胁，以确保员工遵守上司的指示。

表 4－1　X 理论和 Y 理论的监督模型

	X 理论	Y 理论
总体假设	如果可能，人们不喜欢并逃避工作	人们将工作视为生活中自然的一部分
动力	人们只有在受到威胁或贿赂（大棒和胡萝卜）时才工作	有动力时，人们就会工作
愿望	人们寻求安全，并不渴望太多	人们主动学习和提高能力
导向程度	人们希望被引导	人们能够以符合组织目标的方式进行自我引导和自我控制
责任	人们逃避责任	在适当的条件下，人们自然会寻求责任
解决问题的技能	工人依靠上级解决问题	人是有创造力的，有创新和解决问题的能力
应用	车间或生产工人	知识工作者
和……有关	大规模运营以提高效率和标准化	专业人士管理
监管方式	威权主义	参与式

虽然 X 理论模型在某些情况下是合理的，但在更多情况下会适得其反，而且它不能准确地描述大多数人的行为方式。我们最终不仅会讨厌信奉 X 理论的上司命令，而且当知道有人在努力为我们提供实现更高目标需求的工具时，我们的核心动力正是工作。Y

理论管理风格假定，对于大多数人来说，工作是生存和自我实现的重要组成部分，它就像玩耍一样自然。当团队有能力和积极性时，上司的角色就是促进者。上司根据团队成员的个人目标制订组织目标，帮助下属实现组织的目标。不需要强制，只需要引导。

在许多情况下，X 理论是最好的方法——军事战斗和相关训练就是明显的例子。当子弹飞来飞去时，没有时间让士兵质疑或拒绝指挥官的命令；即便如此，军队现在也接受了 Y 理论管理在适当环境中的价值。

X 理论和 Y 理论都有针对目标的实现。它们的不同之处在于，Y 理论包含这样一个前提，即团队中的每个人都对实现目标所需的动力、创造力和努力负责。X 理论团队往往只做他们被告知的事情，有时试图少做事。Y 理论团队倾向于不惜一切代价实现目标，并且团队成员所做的经常不止于职责范围内的工作。

阅读本书的绝大多数人处于需要 Y 理论管理风格的工作环境中。不幸的是，周围仍然有许多 X 理论类型的支持者和践行者，有人有意如此，有人不知道更好的模式。作为一名高效的工程经理，必须避免 X 理论经理的倾向，培养 Y 理论的思维模式。

当然，你可能也听说过 Z 理论。这个理论是由威廉·大内（William Ouchi）提出的，它使日本公司的管理特点适应了美国文化。Z 理论支持终身雇佣、对成果的共同所有权和责任，以及员工体验的多样性。Z 理论并没有像 Y 理论那样得到广泛认可，这可能是因为它在实践中实施起来具有挑战性，尤其是强调终身雇佣；尽管如此，它的许多功能都与 Y 理论的概念兼容。

内在和外在动力

在对动力的研究中，弗雷德里克·赫茨伯格（Frederick Herzberg）区分了外在和内在的动力。如果动力是工作本身的一部分，它就是内在的；如果它与工作相关但不是工作的一部分，则它是外在的，比如奖金、免费工作餐和托儿中心。对于生物医学工程师来说，内在的动力可能是为配带假肢的患者提供更先进的活动能力。赫茨伯格发现内在因素提供了最强的动力。最近，脑成像证实了内在动力激活了大脑的奖励区域。

外在动力充其量只是微弱的激励因素。更重要的是，当人们对外在动力求而不得时，便会成为工作的强大阻力。将薪水视为外在的激励，获得数百万美元报酬的职业运动员在谈判更有利可图的合同时，并没有更好的表现。但得知另一家公司的同级比我挣得多，可能会大大降低我工作的动力。然而，当存在内在动力时，内在动力便可以克服令人反感的外在因素。

内在和外在动力的话题既有趣又复杂。例如，一项研究发现，人们通常认为自己受到内在因素的激励，但通常认为其他人会对外在因素做出反应。[1]换句话说，我想在我的工作中找到意义，但相信你只是因为奖励和威胁才工作的。这个结论值得即将或想要成为经理的工程师仔细思考关于“你”认为的其他人的激励因素，并建立和遵循一个适当的心智模型。

无论对于经理或是对于任何职场的人来说，在工作中寻找内在动力是努力的一个重要方面。幸运的是，内在动力近在咫尺。

五种内在动力

为了完成对动力模型的探索，我们现在确定具体的内在动力。丹·平克（Dan Pink）在他的优秀著作《驱动力——激励我们的惊人真相》中评论说，行为科学家已经很好地总结了有益的动力，但企业在很大程度上仍然将动力理解为命令和控制。平克将自主、掌握和目的[2]这三个因素确定为支持性内在动力。而我们将他的三个因素扩展为更具指导和实践意义的五个方面——意义感、选择感、能力感、进步感和创新能力[3-4]。当缺少这些因素中的一个或多个时，员工会对工作感到非常沮丧。当所有五个都有时，工作就变成了一种乐趣。在团队中工作时，这五个动力因素尤为重要。作为管理者，我们需要在自己的工作中尽力感受这五个因素，并帮助我们的团队成员做到这一点。在整本书中，我们将探讨以促进这些内在动力的方式处理工作的主题和技巧。现在，让我们介绍和总结这五个动力因素。对于其中的每一个，我们将强调即将对它们进行的处理，同时理解整本书的主旨。

在我们的工作中寻找意义本身很重要，因为外在因素永远无法弥补意义的缺失。“意义”与你的关联可以很深，也可以不那么深。让我们来看看电视节目《肮脏工作秀》的长驻主持人迈克·罗伊的这句名言：

> 永远不要追随你的激情，但一定要拥有激情。“追随激情”是你能给别人最糟糕的建议。我们的节目探访过200份肮脏的工作，事实证明无论是那位清洗鱼槽的人，还是那个用牛粪做花盆的家伙，一旦找到了可以谋生的东西，他们就知道如何做得更好，如何热爱它。如果拥有激情，你可以把它用在任何有意义的事情上。如果你跟着激情走，你会很痛苦，直到值得你激情停留的更多事情发生，但这些可能永远不会发生[5]。

简而言之，意义几乎可以在任何情况下找到。当我们选择对手头上的任务充满热情时，意义通常就出现在我们的眼皮底下，这种热情是会感染的。我们将在本书很多章节讨论动力和意义，尤其是在第30章和第34章。

一般来说，当人们感觉别无选择或被迫走上一条路时，他们会感到愤怒。对员工一举一动都要进行指挥和管理的上级工作是令人窒息的。人总能找到另一个选择，哪怕只是选择做出何种反应。最好还是以双方都有选择的方式进行互动，选择是自主性的一个关键组成部分，在第5、21和26章中将涉及。让我们假设你和你周围的每个人都具备适合组织的技能，与我们讨论最相关的能力是团队协作的技能。可悲的是，在这方面表现出色的团队相对较少——大多数是平均水平或平庸。好消息是，团队技能的胜任能力并不难达到，我们将在第9章回到这个话题。

作为一名顾问，曾与改善功能失调的团队合作，让我感到震惊的是，当人们陷入困境并且没有朝着目标取得进展时他们所表现出的压力和沮丧。与能力一样，我们在这里的相关观点是合作的进展。原则 3 及其相关章节侧重于完成任务。

创新能力，包括我们如何合作是很重要的，因为我们渴望提高、取得成就和成长。如果你和你的团队经历过长时间的挫折，这通常表明预期的进展受到阻碍。请参阅第 16 章，了解如何利用创造性思维让团队摆脱困境，那里有一个很好的例子。而有关创新的更多信息，请参阅第 33～34 章。

这五个内在动力因素为我们探索做事动力的心智模型提供了一个很好的总结。请记住，心智模型不是现实，而是对促进反思、理解、洞察和行动的现实的表征。还要记住，对任何人来说，健康的动力不是由上级"给予"的。正如霍桑研究中首次表明的那样，人类的动力可以是复杂的、有趣的和美妙的。最重要的是，注意你自己的动力。当你真正对自己的工作充满动力和热情时，这种效果是具有感染力的。这通常意味着即使我们不喜欢它也要采取行动。有用的动力模型提供了简单的框架，我们可以作为管理者来激励自己并帮助周围的人找到自己的动力，甚至激情。

参考文献

[1] HEATH C. On the social psychology of agency relationships: lay theories of motivation overemphasize extrinsic incentives [J]. Organizational Behavior and Human Decision Processes, 1999, 78: 25 - 62.

[2] PINK D H. Drive: the surprising truth about what motivates us [M]. New York: Riverhead Books, 2009.

[3] THOMAS K. Intrinsic motivation at work: what really drives employee engagement [M]. San Francisco: Berrett - Koehler, 2009.

[4] KELLER S, M Meaney. High - Performing teams: A timeless leadership topic [J]. McKinsey Quarterly, 2017, 3: 8 - 87.

[5] BRADLEY J. Mike rowe, working - class hero. Outside. (2009). https://www.outsideonline.com/1870701/mike - rowe - working - class - hero.

推荐书目

DECI E L, R FLASTE. Why we do what we do: understanding self - motivation [M]. New York: Penguin, 1995.

ELLIOT A J, C S DWECK, D S YEAGER (eds.). Handbook of competence and motivation: theory and application, second edition [M]. New York: Guilford Press, 2017.

FOWLER S. Why motivating people doesn't work… and what does [M]. San Francisco: Berrett - Koehler, 2014.

KRECH G. The art of taking action: lessons from Japanese psychology [M]. Monkton, VT: To Do Institute, 2014.

MAXWELL J C. How successful people think [M]. New York: Center Street, 2009.

第 5 章　控制的悖论

创造未来需要放弃控制。没有人知道，一个令人信服的目标和远大愿景是如何实现的。一个人必须愿意走一条未知的路，让这条路把你带到该去的地方。在通往未来的道路上，惊喜、意外收获、不确定性和意料之外的事情是不可避免的。

——乔治·兰德（George Land）

要点

- 管理者只有放开控制权才能达到预期的结果。
- “控制”的概念从指导活动改变为允许解决方案出现。
- 通过建立促进健康的内在动力蓬勃发展的条件，来“控制”人类系统。

在第 2 章和第 3 章中，我们研究了依赖人际网络的一些方式，并提出了团队中那些你认为难以合作的人，仅仅是因为他们是独特的和人性化的观点。现在我要请你信任他们，因为你的成功取决于此。如果你不信任他们，你就会把自己和组织中的其他人逼疯。

作为一名新经理，你将承担更多的责任。你最终将承担比你独自能够完成的更多的工作。如果你尝试自己做所有事情，或者尝试将其全部掌控在自己之手，那么你将惨败。因此，你必须依靠他人，尤其是你的下属，来实现你的目标。

管理和协作有一个关键方面，那就是控制。你可以尝试保留对你委派的工作的直接控制权，但请不要这样做；事实上，只有放手，你才会保住控制权。

请不要认为你已经被一本关于如何与整个宇宙实现统一的新时代书籍所吸引。释放控制可能是实现这种结果的途径，如果你尝试并实现它，你就会拥有更多的力量。但就本次讨论而言，放弃控制权具有更具体的好处。

工程师们知道他们可以开发确定的解决方案来直接控制物理和机械系统。然而，控制人员和组织系统的过程是脆弱的，这一过程充满不确定性，有时失败只是运气不佳。

正如我们已经看到的，人们的动力和行为可能是复杂且不可预测的，所以不要认为你能通过直接的命令和控制方法来控制你的组织。你将不得不通过放弃控制来控制它，因为只有以这种方式才会最终得到你想要的结果。通过这种方式，你才可以保住控制权。

是不是还是有点晕？

以下是实现你想要的结果的关键点：

- 共享所有权。
- 有效委派。
- 锻炼影响力。
- 利用系统。
- 保持自控。

要开始理解控制的悖论，请回想第 4 章中的五个内在动力：意义感、选择感、能力感、进步感和创新能力。保持对他人工作的严格控制——尤其是微观管理——确实会损害他们的内在动力。严格的控制剥夺了你的下属选择的能力，从某种意义上来说，这等同于你认为他或她是不称职的，而由此也就导致指派的工作失去意义。

然而，你不能放弃对团队所做工作的责任。保持控制权而避免无效指派的方法是共享所有权。

共享所有权

作为一名崭露头角的工程经理，你必须学会依靠团队来完成工作。作为开明的经理，不要随意给团队发号施令，但可以构建工作和任务环境以实现预期结果。必须采取措施使团队成员能够理解、内化并相信满足组织需求的目标。当团队成员理解并就目标达成一致时，他们可以制定出如何实现这些目标的细节。

为此，你需要让团队成员对目标和工作拥有知情权和归属感。显而易见，这种举措意味着，作为一名经理，通过构建任务和工作环境，能够得到一个有凝聚力的团队，与组织的需求保持一致。最重要的是，团队成员需要了解他们工作背后的“原因”。

考虑一下“人们不会与自己的数据争论”这一真理，如果我亲身体验，我更有可能内化一种信念，欣赏一种观点或获得一种技能，而不是简单地被告知。在过去的十年里，电视连续剧《卧底老板》在多个国家出现了各自的版本。在每一集中，公司的高级管理人员乔装打扮，在不同的入门级职位上工作，老板对这些职位上个人的贡献以及他们工作环境会有较深的感受。随后，高管经常会改变政策或向这些员工提供所需的资源。很有可能，如果不是亲身经历，这种改进的请求并不会产生同样的效果。忽略或忽视他人的认识很容易，但当高管个人感到痛苦时，就会实施变更，因为这些感知没有争论。看到——或者在这种情况下体验——就是相信！

我们看一个鼓励工作分享成果所有权的简单示例：假设我的团队负责开发一个新的电子商务网站，作为经理，我可以利用自己的经验和专业知识指导他们的活动并准确地告诉他们该做什么。这种方法有可能会满足组织的最终目标，即打造一个有吸引力的、强大的网站。也许更好的方法是鼓励团队成员以最终用户的身份访问、使用和体验类似的网站，他们可以自己体验其他实施方案的优劣，然后将学到的知识融入设计过程中，以构建组织所需的特定系统。通过这种方式，作为一名经理，我帮助培养了团队成员的主人翁意识，并创造了一种最终能提供最佳实施方案的体验，而我并没有指导他们的具体工作。

但许多新工程经理会做相反的事情：他们会进行微观管理。他们被提拔是因为他们是优秀的工程师，在管理中，他们相信自身的角色是发展自己的克隆体。这种微观管理肯定会削弱团队成员的积极性。重申一下，它可能对产生最好的产品毫无帮助。

虽然微观管理是不健康的，但经理让员工在不了解其工作的情况下长时间埋头苦干是不恰当和不明智的。通过及时审查，经理可以识别团队成员可能偏离目标的情况。定期进行审查时，避免重大错误相对容易。工程工作尤其需要可交付成果之间明确定义和强制执行的接口。作为经理，确保接口可视很重要，但团队成员之间进行丰富的沟通，识别差异，突出可能需要经理注意的问题区域也同样重要。

在 X 理论世界中，经理承担最大的责任并主导工作的完成方式。Y 理论方法意味着责任在你和你的团队成员之间，以不同的方式分担。例如，在一个项目中，所有团队成员都对所有结果负责，而不仅仅是某个人。如果员工在职责领域外的工作中发现问题，仍应发表意见或采取适当的行动，这就是共享所有权的本质。

有效委派

作为经理，你必须委派工作以提高个人生产力并实现组织的目标。我们已经证明，你的委派不应该简单地采取针对要完成的工作向人们发号施令的做法。那么，应该如何处理委派呢？

当人们对问题负责并且可以自由发挥创造力来开发解决方案时，他们会工作得最好并取得最大的成就。如果你的授权有很大的自由度，将获得更好的结果和更高的效率。保证能获得正确结果的最佳方法是在员工开始任务前预先投入时间。工程类的工作可能在设置规范方面很严格，但在设计和施工的细节上给予了很大的自由度。花时间与你的团队一起规划任务将在未来获得丰厚的回报。

首先，你和你的团队必须清楚并就将要解决的问题和工作范围达成一致。如果能在这里明晰面临的问题并取得共识，你就赢得了这场战斗的主要部分。如果你的下属能够看到他们的工作对组织的重要性，他们就会将情感投入到工作中。尝试找出一两个关键的成功因素，这些是你进行任务的指路明灯，它们为你的团队提供了将要做出决策的框架。

一项工作的关键成功因素通常也正是一个重要的特征或考虑因素，特别是当它们涉及最终用户时。例如，对于消费型电子产品，关键的成功因素可能是易用性和低成本。关键的成功因素很重要，因为它们有助于适当地指导团队成员对工作做出许多决定。

接下来，让他们发挥创造力，寻找解决问题的方法。在制定解决方案时，请确保你和你的团队了解真正的成功是什么样的。

如果你发现必须由你来引领任务的方向，最好用问题或第三人称来表达信息，例如“我们的组织需要 A”或“客户需要 B”。这种方法避免了你突然成为 X 理论类型的潜在应用者，这将帮助团队成员选择最佳解决方案，并在决定时给予他们你的正式同意和批准。不时跟进团队工作，以确保所实施的工作始终符合当前的目标。

最后，避免在最后一刻否决或推翻他们的辛勤工作。没有什么比上司在团队成员投入大量时间后，任意否定团队成员的汗水和创造力更让团队士气低落的了。下一次，他们将不愿投身于工作。

与确切地告诉他们该做什么相比，有效的授权将使你的团队成员拥有更多的归属感和精力。第 19 章将详细介绍授权。

发挥影响力：协作控制

除了下属之外，你还将与你的同级和上级合作开发满足业务需求的解决方案。同样，你需要适当释放对解决方案路径的控制权。一般来说，你对这个小组的控制比对下属的控制要少，所以你必须变得更加善于推动工作。这里的关键词是影响力和领导力，我们将在第 7 章、第 10 章和第 11 章更深入地讨论这些主题。现在，让我们谈谈影响力的概念。

影响力可以理解为，通过间接方式改变他人的行为，与组织职位相关的直接控制相反。这个定义的间接部分是指那些受到影响的人因为影响而改变行为。你是否因为一位值得信赖的朋友的热情推荐而做出购买决定？这就是影响力。

你对组织中其他人以及通过其他人产生的大部分影响，都是由于你的影响力而产生的。你对他人产生积极影响的程度取决于许多因素，包括你的观察和论点的强度、你与他们的关系以及与他们的价值观和目标的一致程度。有效地读懂人和场景并做出适当反应的能力对发挥影响力有积极作用。这种能力通常被认为是所谓的情商（将在第 23 章中介绍），它是一种可以随着时间的推移而发展的技能。简而言之，当你的愿景和建议引起他人共鸣时，你可以发挥相当大的影响力，即通过选择而不是直接控制来改变行为。

利用系统

在第 13 章中，我们将更深入地讨论将组织视为一个系统的主题，事实上它就是这样。工程师可能比其他人更有优势，因为他们在系统方面受过良好的教育。关键是要认识到人类系统与工程师可能更熟悉的大多数物理系统是有差异的。一个组织，作为一个人类系统，是复杂的、具有自组织性的，要非常清楚这种心智模型及其特征。尽管工程师可能对工程系统有相当大的控制权，但对人类系统施以相同方法通常会适得其反。这里的主题是通过放开控制来实现控制。

说明这一点的最佳方式是戴夫·史诺登（Dave Snowden）[1] 的一个伟大寓言。许多父母痴迷于对儿童生日派对进行详细的计划。但按计划进行的派对，父母会感到沮丧，因为控制活泼的孩子需要付出很多努力，孩子们也感到沮丧，因为他们玩耍、选择和自我组织意识不断受到压制。因为这种举办派对的模式是基于满足父母的愿望的。史诺登建议采用另一种方法来改变这种局面，从明确目标开始：每个人都应该玩得开心。人们可以很容易地通过微笑和笑声来判断这个目标是否实现。但在聚会之前，除了笼统的情况外，没有人能预测这会如何发生。父母可以提供某些活动或提示，如游戏，以互动开始，孩子们将根据自己的时间表自行组织。虽然父母必须设定必要的规则（例如不打架），但他们可以放松和享受，同时平和地监护孩子们做游戏。这样的聚会很容易取得巨大的成功。放松控制让父母对结果有了更好的最终控制，这看起来似乎很矛盾。

可以说，这样一种管理复杂人类系统的模型允许秩序出现，但不是试图强加一种预定的秩序概念。试图强迫得出结果肯定会丧失很多机会，它剥夺了其他相关人员体验适当自主权和能力的机会。对系统明智和熟练的操作可以使健康的内在动力活跃起来。可以说这一原则是在系统层面使用影响力的一个例子。

这对于孩子来说是真实的，对职场的成年人来说可能就更加真实了。在商业世界中，当进行微观管理和下达指令时，人们会感到愤怒和犹豫。一种更有效的管理形式是专注于将要素放在适当的位置，以使整个团队找到解决方案。

保持自控

归根结底，一个人真正能控制的只有自己，自我的控制是完全靠自己实现的。拥抱这个现实并采取行动意味着对自己的观念、信仰、言语、行动和反应拥有所有权。有时，掌控自己似乎是一项艰巨的工作——坚持让别人改变以适应自己的意愿更具诱惑力。但专注于如何改善自己以及与他人的联系是获得真正健康力量的途径。自控力极具可塑性，有了平衡感，受组织意外事件的影响减小；因此，我可以拥有更多的情感能量，以积极的方式对组织层面上的一些事件施以影响。

事实是，你实际上无法控制任何组织。当有一个有价值的目标并且存在健康的内在动力时，你与那些能够取得令人印象深刻的成就的人一起工作也是如此。作为经理，你的工作是确保出现这种结果的条件。结果可能会比你曾经预测和指示的要好得多。恭喜！你通过放手实现了控制。

参考文献

[1] SNOWDEN D J. Multi - ontology sense making：a new simplicity in decision making [J]. Journal of innovation in health informatics，2005，13 (1)：45 - 53.

推荐书目

HEINE S. White collar zen：using zen principles to overcome obstacles and achieve your career goals [M]. New York：Oxford University Press，2005.

KAWASAKI G. Enchantment：the art of changing hearts，minds，and actions [M]. London：Penguin，2011.

TEREZ T. 22 Keys to Creating a Meaningful Workplace [M]. Holbrook，MA：Adams Media，2000.

第 6 章　一切都取决于客户

支付工资的不是雇主。雇主只打理钱。支付工资的是客户。

——亨利·福特（Henry Ford）

要点

- 客户及其需求对企业至关重要。
- 了解客户的真正兴趣，才能明晰产品和服务的发展方向和重点。
- 不仅要满足要求，还要改造客户关系。

无论提供什么产品或服务，企业都依赖于客户。他们是企业的命脉，企业收入的100%来源于客户是不言而喻的。当客户不购买时，业务就会受到影响。因此，还有一个值得深思的真理：一切都取决于客户。

遗憾的是，许多人都忘记了这个商业的基本真理。也许他们一切都来得太容易了，没有意识到需要关注客户，或者他们认为吸引客户购买东西并不费力。然而，对客户的疏忽真的会伤害到你。在竞争激烈的市场中，客户很容易从一个供应商切换到另一个供应商。无论你是在营利性组织、非营利组织、政府还是其中的一些混合型实体中工作，你都有客户，而他们都可能会离开你。即使你担任支持角色，并且只有公司中的其他人使用你的可交付成果，你仍然有客户。在这种情况下，他们被称为内部客户。

工程师通常对客户视而不见。他们可能迷恋于精进技术，可能不自觉地认为购买者也是技术极客，觉得产品特性和功能优先于进度、成本和易用性。然而，大多数人并不关心技术复杂的设计，他们只想要打开某样东西并让它轻松直观地开始工作。他们希望它便宜，并且希望现在就拥有它。更重要的是，他们希望产品的采购、所有权和使用能够带来良好的体验。

作为一名初出茅庐的工程经理，与处于只关注技术问题的工程师时期相比，你可能会更多地与客户及其需求联系；事实上，在组织中工作的每个人，无论是否是经理，都应该以客户为中心。虽然你可能不在营销或销售职能部门工作，但工程经理必须经常与这些职能部门进行交流和协作。你需要了解并欣赏他们的观点，才能有效地与他们互动。工程师定期与销售人员合作接听客户电话，观察产品和服务的实际使用情况是明智之举。

我们在第 2～11 章中专门阐述了业务和成功取决于你对人们需求的关注这一原则。尽管你可能正在开发技术，但不要忘记使用它并做出决定的是人。从对客户的兴趣和服务的真诚态度开始，系统地关注你与他们的关系，并在这种关系中进行创新，你可以提供卓越的客户服务，并在这方面建立良好声誉。

建立“以客户为导向”的思维

绝大多数人和企业都以“我们来了，我们已经准备好卖给你一些东西了”的态度看待这个世界。如果能像现有和潜在客户一样看待业务，他们将更好地实现商业目标。这是态度的根本改变，采用这种方法将为你的业务创造奇迹。要擅长以客户为导向，你需要客观、冷静，甚至对业务持批评态度。这是许多与企业关系密切的人无法完成的态度改变。如果这样，你可能想向其他客观的人寻求帮助。

可以通过系统地收集有关客户的信息、与客户建立长期关系、组织和创新来提供客户需要和想要的东西来发展客户导向。除了对客户保有的这种兴趣之外，真正好的客户导向意味着将你的客户视为人。

客户是不同的，每个客户都是独一无二的，如果你可以允许客户根据他们的特定兴趣定制产品，这对你有利。但不要被选项冲昏了头脑，因为太多的东西很容易让人不知所措。虽然所有客户都是独一无二的，但并非所有客户对你都具有同等价值。通常，一小部分客户提供大部分收入。你并没有无限的时间或资源，所以应该把注意力集中在这些少数人身上。

倾听并回应客户的担忧和投诉非常重要，并且永远不要试图为服务质量差辩解。如果你要向供应商投诉，你会感激“那不是我的工作”的答复吗？客户不期望完美的服务，但他们确实期望公司对合法投诉采取行动。另一方面，也有一些不良客户，他们的唯一目标就是找茬。不良客户永远无法安抚，许多企业毫不犹豫地就剔除与他们的合作业务；但是，除非你的管理级别足够高，否则你无权这样做。

值得庆幸的是，绝大多数客户都是诚实、正派的人，他们有需要并愿意考虑你提供的服务。如果以合理的价格满足他们的需求，他们也愿意将辛苦赚来的钱投资于你的产品或服务。但你不要以为完成销售，你的工作就结束了。

在了解他们之前，你无法真正开始为客户服务。

了解我的客户

谁是我的客户？

对于外部客户，要明白我的产品或服务（用营销术语来说）不会吸引所有人。那么谁是最有可能购买或使用它的人呢？要搞清楚这个问题，你需要对市场保持现实的预估，并尝试尽可能具体地描述你的客户群。如果你的产品有不同的风格，请尝试对每种变体进行此练习。你现在所做的是确定营销人员所说的细分市场。此信息有助于将你的注意力集中在最具吸引力的细分市场上，而不是浪费精力追逐不太可能产生兴趣的客户。

如果你只有内部客户，则流程类似但不那么复杂，并且这些客户很可能是由其他人预先确定的；然而，清楚地确定你的供应对象是很有价值的。

我的客户有什么特点?

你如何描述每个细分市场的外部客户？可能需要一些研究来回答这个问题。他们的工作是什么样的，有哪些因素影响他们？他们从哪里获取有关我的产品或服务的信息？他们组织中的何人做出购买决策，谁使用产品？他们（这些人通常是不同的人，有着不同的兴趣和动力）会优先考虑质量、功能、低价，还是速度、进度呢？

一些零售商试图说服我们，他们可以以低成本提供高质量的产品。这并不可信，低成本与高质量很难两全其美！有时，你会发现一些客户重视低成本，一旦他们在其他地方找到更低成本的交易，他们就会与你决裂。而另外一些客户重视长期关系，并不追求绝对最佳的交易。考虑一下你想成为哪种类型的供应商以及你重视哪种类型的客户，相应地选择你的操作模式。

在同样的分析中，想想你的产品与竞争对手相比有什么独特之处。通过阐明你的独特性和客户的特征，可以做很多事情来帮助满足他们的需求。

同样，对于内部客户，该过程是相似的。但由于客户群本质上是专属的，因此收集的信息较少。但是，你对内部客户了解得越多，就越能满足他们的需求。

需求背后的需求是什么?

更深入地观察客户时，你可能会发现驱动他们使用和购买产品和服务决策时的情绪。你可能会发现他们对产品感兴趣的背后，还有一些“别有用心”。对一些人来说，你所卖东西的真正价值是能够让他们节省时间；对另一些人来说，可能是安心。推动客户需求的决定性问题是什么？在功能之外，看看你的产品真正能为他们做什么。

客户和技术采用的生命周期

组织，尤其是技术市场的组织，可以通过了解外部客户如何在技术采用生命周期中所占份额来更好地为其服务。此生命周期是一个术语，用于描述技术在其整个生命周期内不同的市场阶段。技术及其形式在产品生命周期的每个阶段都会吸引不同类型的客户（如图 6－1）。

刚刚引入的新技术吸引来的客户被称为开创者，他们可能只占市场的一小部分。开创者是技术行家，他们喜欢新技术，即便新技术还没解决掉所有的问题。他们陶醉于走在最前沿的机会，并且通常愿意支付更多费用以成为该技术的第一使用人。开创者对你的组织非常重要。他们愿意为你承担风险，他们对你失败的容忍度以及反馈将帮助你对现有技术做调整，以使其被广泛接受。

你需要吸引的下一个客户群体是早期接受者。虽然这些人喜欢新技术，但他们的兴趣

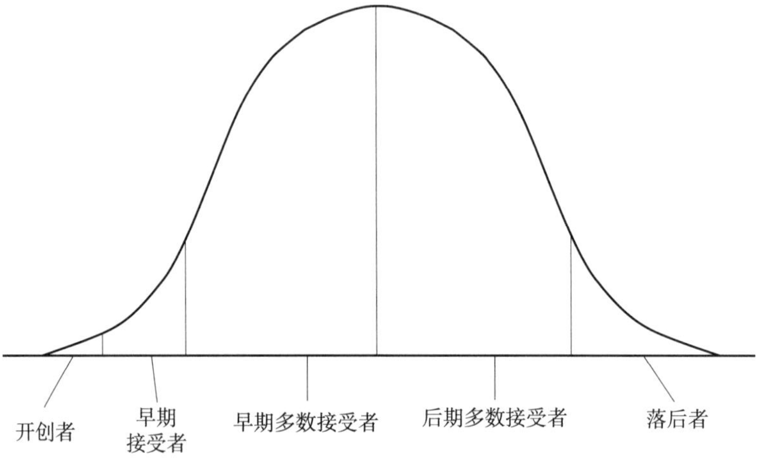

图 6-1　技术接受生命周期：每个客户群的相对市场规模[1]

不在于技术，而在于它可以提供的好处。早期接受者是意见领袖，所以这个群体的转化对你的技术成功也很关键。该群体可能会为你提供有关如何建立市场的最佳线索。

请注意，吸引早期接受者的东西可能不会吸引后来的客户。你可能需要对技术的设计、结构、价格和支持进行相当大的变更，以吸引以后的客户。杰弗里·摩尔（Geoffrey Moore）提出了供应商必须跨越的鸿沟概念，以成功地将技术或产品概念从早期接受者市场过渡到更大的市场[1]。

下一群体提供了最大的市场份额——你可以在其中收回对技术的投资。该群体分为早期多数和后期多数接受者，他们加在一起可能占你总客户群的三分之二。这部分客户看重产品的实用性、易用性、低成本，此类客户等到技术成熟后才考虑购买。在这个阶段，你需要非常了解你的设计，以便它易于使用并获得大量支持。如果在这个客户群体上做得很好，你的组织在技术上的投资可以得到丰厚的回报。

最后要考虑的客户是落后者，即对新技术高度抗拒的人们。他们可能只会在几乎没有选择或确实没有选择的情况下购买新技术，或者如果新技术能不引人注目或不知不觉地嵌入到其他产品中。通常不值得过多关注这个群体。

重要的是要明白现在的产品会比过去的产品更快地走完技术接受生命周期，因此某些阶段的持续时间可能相对较短。值得有意识考虑的是如何在早期开发中适应生命周期的后期阶段。第 18 章和第 33 章将探讨敏捷项目管理方法和其他相关创新，在这方面可能会有所帮助。

好、坏和平庸

企业以多种方式传达其关心（或不关心）客户的程度。有多少次打电话给一家公司，你听到自动语音回复“你的电话对我们很重要”后，你又等待了 5 分钟、10 分钟、15 分钟或更长时间？等待时长说明你来电对这家公司重要性。虽然令人恼火，但这样的经历已经变得非常普遍。

作为企业的客户，我们都感受过各种服务。毫无疑问，每个读这本书的人都经历过一些典型的事件和恐怖故事。但大多数时候，我们的客户体验处于平庸的中间地带：可以容忍并很快就忘记。

作为一名专业人士，你想成为什么样的人？你希望你的组织成为什么样？当然，你不想为客户提供糟糕的体验，但你只想平庸吗？你希望客户觉得你的企业在照顾他们方面堪称典范，希望他们对你产生信任并保持忠诚。

你的品牌传达可信度

品牌是你的企业及其产品的身份，是在客户心目中的代表。你的品牌将你的产品、服务或业务与市场上的竞争对手区分开来，没有品牌，你只是在销售“我也是”的商品，这并不是营销人员玩的一些心理技巧。最终，随着时间的推移，你提供的内容决定了你的品牌，而不是精心设计的广告中出现的宣传，实际内容是客户信任你为他们做的和即将为他们做的事情。无论你是否选择有意识地发展和培育它，你的品牌最终将会形成。你是否希望获得信任和靠得住的名声，并提供客户期望的服务？了解你的品牌以及工作如何适应它，第 31 章将介绍更多关于品牌的内容。

培育忠诚度

许多企业将与客户的交易视为单一事件，从销售结束直到客户决定再次购买之前，关系始终是如此。那些将客户交易视为长期关系一部分的企业业绩将遥遥领先。建立一个流程让客户从投资关系中获得一些实实在在的好处也是有益的。

客户忠诚度会给企业带来巨大的回报。在忠诚度效应中，弗雷德里克·莱希赫尔德（Frederick Reichheld）提出，客户保留率提高 5%会使利润提高 25%～95%[2]。需要对客户进行大部分营销投资，才能吸引他们第一次购买。此后，重复业务所需的投资相对较少。留住客户不应被视为由营销部门的少数人执行的计划。为了在客户忠诚度方面取得成功，公司必须围绕客户服务来组织整个业务。罗宾逊（Robinson）和埃瑟林顿（Etherington）揭示了一个鲜为人知的秘密：客户渴望忠诚[3]。为什么？因为寻找新的供应商，客户要再次投入时间和精力，除此之外还有风险。一旦找到合适的选择，客户更愿意避免去其他地方。你的工作是让他们更容易和更主动地留下来，如果能提高客户的满意度，让他们不再想去寻找别的供应商就更好了。提高忠诚度是留住客户最简单的方法，因为你已经知道客户想要轻松。最重要的是，忠诚度是客户和公司之间建立在良好历史体验基础上的情感纽带。好的产品和服务只是入场券，真正与众不同的是整体体验。客户会根据他们的选择对体验产生预期，你必须满足这些期望，但如果你真的想培养忠诚度，关键是不仅要满足期望，还要给客户留下深刻印象。

给客户留下深刻印象

如果你已经从心底在乎和关注客户，收集了他们的信息，并根据他们的特点调整了你的技术，那么你就准备好进入下一个层次，即给客户留下深刻印象的实践。当你能够熟练地取悦客户时，你将赢得他们最重要的忠诚。以下是一些建议。

真诚

在与客户的所有互动中，请确保你真正地在乎并关心他们。本章中讨论的行动及其步骤将对你的业务有所帮助，但这不应成为服务客户的驱动主题。如果你对客户不真诚，他们会很容易发现并离你而去。

例如，当你作为长期关系的一部分定期与客户联系时，不要将这种互动用作为公开的推销尝试。向他们提供一些可能在其感兴趣领域内的公司新产品或服务的消息是很好的，但要考虑周到。一般来说，外部客户希望销售人员进行销售，工程师提供帮助；当工程师在这种情况下试图销售时，可能会被认为是另有所图。

好的是，向客户发送一些你认为他们会感兴趣或有助于他们的业务的信息，比如一篇文章。当这样做时，解释清楚这些信息与客户情况的相关性，甚至提供意见。如果做得好，下次他们准备购买时，会记住你的。

穿上他们的鞋子走一英里

有效面向客户的一个主要组成部分是感同身受。不要依赖通用调查或等到客户告诉你他们需要了解的内容。你需要预测客户将如何回应他们在你的组织中的体验，还需要创新客户体验，以留住这些客户并在竞争中保持领先地位。与客户感同身受意味着进入客户的角色，真实地体验你提供的产品和服务。

如何在工作中与客户一样体验你的产品和服务呢？

创造“惊讶”的体验！

在客户眼中脱颖而出的一个重要方法是创建汤姆·彼得斯（Tom Peters）所说的“哇！”的体验[4]。这样的体验不仅指让他们大吃一惊，这是客户曾经拥有的最棒的时光，它们产生了巨大的影响，只是因为市场上表现平庸的太多了。换句话说，几乎任何真正的努力都会让客户说“哇！”，因为工程师非常擅长技术创新，也非常有能力创新客户体验。在本章的其余部分，你将读到三个故事，它们以大大小小的方式展示了这种创新。

追求人性化

作为一名工程经理，你无疑为一个以技术为主导的产品或服务的组织工作。拥有卓越的技术解决方案对你来说是必要和重要的，但如果你真的想要客户忠诚度，那就将之人性化吧。当企业变得人性化时，那么企业与客户之间将形成非常牢固的联系。

在我教授的一门项目管理短期课程中，听众都是 IT 专业人士。课程进行得很顺利，他们对课程内容和授课方式的评价都非常好，但在评估中产生最重要反应的并不是内容或演示。会议策划者谢莉（Sheri）在每日课程的下午都会带来自制的美食，她这样做并没有额外的报酬，而且公开摆放食物实际上是违反会议场所的规定的。但谢莉知道，一块入口即化、热乎乎的咖啡蛋糕能让人微笑。在其中一项评估中，一位参与者写道："很高兴知道有人关心我们的需求"。

人们可能会认为重视技术的企业很少有机会关注客户人性化的一面。不要落入这个陷阱！在你的企业中寻找机会去感受人情味。

体验即一切

道格·迪茨（Doug Dietz）在 TEDx 演讲中，讲述了他第一次看到客户使用他的新尖端产品时感受到的自豪和兴奋[5]。迪茨是通用电气公司卫生保健的磁共振成像（MRI）机器的首席设计师。虽然核磁共振成像效果符合预期，但他的骄傲很快变成了深深的痛苦。在做核磁时，孩子们非常害怕，因为他们会看到墙上可怕的警告海报，并且在相当长的时间内，必须在一个发出响亮手提钻式声音的幽闭恐惧的"工业甜甜圈"中保持一动不动。大多数孩子必须服用镇静剂才能有希望获得可用的图像，在这个检查过程中他们得独立面对，父母们担心地靠在一起，想知道他们的孩子将如何独自完成扫描。

这样的观察使迪茨变得不再骄傲并感到内疚，他重新开始与一个跨学科团队合作，该团队知道如何创造孩子们会觉得安全、诱人和有趣的体验。成像设备几乎无法更改，团队对移动台进行了重要的儿童友好型改造。最重要的是，他们根据孩子的想象重新布置了这个房间：丛林探险、海盗岛和缆车探险。这些改变奏效了：所需镇静剂的数量和准备时间都大幅下降。一个女孩非常喜欢这里，她问母亲是否可以第二天回到这个检查屋。

邀请你观看迪茨的演讲（见本章末尾的链接)[5]。他感人至深的故事启发我们所有人如何应对工作。

改造客户关系

如果客户向亲朋好友称赞你的业务，那么客户服务的奖杯就属于你了。在麦可·格伯（Michael Gerber)[6]的故事中，你将看到一个很好的例子。

一次偶然的机会，格伯在加利福尼亚的一家乡村旅馆住了一晚，他被这次经历所改变。旅馆设施和环境都很好，但让他印象深刻的是待客方式。登记入住后，他把行李带回房间，在餐厅吃了晚饭。他在餐厅点了一杯餐后白兰地，喝了一口，然后回到了自己的房间。进门时，他注意到有人在壁炉里点燃了温暖舒适的炉火，并在床头柜上放了另一瓶白兰地。格伯继续讲述了其他几个例子，其中员工对他兴趣的关注，让他感到惊讶。他们询问、倾听、观察并关心顾客心声。最重要的是，旅馆对一切情况都有所准备，这让他大吃一惊。

格伯对这次经历感到不知所措。作为一名管理顾问，他拜访了酒店经理，了解他们如何提供如此卓越的客户体验。他了解到，老板要确保所有员工都内化这样一种理解，即人们对社区的需求、被重视的需求、甚至“被宠爱”的需求通常没有得到满足。

通过为客人提供这些，工作人员可以取悦客户，让他们对客户体验赞不绝口。旅馆建立了流程和系统，使员工可以为客户提供服务。甚至可以想象成旅馆的员工在时刻观察并在后台等待机会，以巧妙的方式给客人惊喜。

我教的全面质量管理班的一位学生读了这个故事，并说直到那时他才真正理解客户服务，这个故事也改变了他。

你的客户需求有时是超越技术层面的。怎样才能在表现出你关心他们时有创意和创新?

创新关系

与客户建立牢固的关系也许是企业的最终成就，但它不会自主发生。正如必须用技术进行创新一样，创新与客户互动的方式也很重要。

无论你的客户是外部客户还是内部客户，欣赏客户导向的工程经理在组织中都有独特的机会来更好地深刻影响与客户的关系，通过组织促进为客户提供更好的服务与领导力有关，我们现在将注意力转向如何培养领导能力。

参考文献

[1] MOORE G A. Crossing the chasm: marketing and selling high - tech Products to mainstream customers [M]. New York: Harper Business, 2014.

[2] REICHHELD F F. The loyalty effect: the hidden force behind growth, profits, and lasting value [M]. Boston: Harvard Business School Press, 2001.

[3] ROBINSON S, L ETHERINGTON. Customer loyalty: a guide for time travelers [M]. London: Palgrave Macmillan, 2006.

[4] PETERS T. The pursuitof WOW [M]. New York: VintageBooks, 2010.

[5] DIETZ D. Transforming healthcare for children and their families [EB/OL]. (2012 - 05 - 19). https: //www. youtube. com/watch? v=jajduxPD6H4.

[6] GERBER M. The e - myth revisited: why most small businesses don't work and what to do about it [M]. New York: Harper Business, 2009.

推荐书目

GITOMER J. Customer satisfaction is worthless, customer loyalty is priceless: how to make customers love you, keep them coming back, and tell Everyone they know [M]. Austin, TX: Bard Press, 2011.

GOETSCH D L, S Davis. Quality management for organizational excellence: introduction to total quality, eighth edition [M]. Upper Saddle River: Pearson, 2015.

HEATH C, D Heath: The power of moments: why certain experiences have extraordinary impact [M]. NewYork: Simon and Schuster, 2017.

TREACY M, F WIERSEMA. The discipline of market leaders: choose your customers, narrow your focus, dominate your market [M]. NewYork: PerseusBooks, 1995.

第7章 自信地领导

老板驾驭他的手下，领导者指导手下。

老板靠权威，领导者靠善意。

老板激发恐惧，领导者激发热情。

老板说“我”，领导者说“我们”。

老板为故障担责，领导者修复故障。

老板说“走”，领导者说“我们走吧”！

——H. 戈登·塞尔弗里奇（H. Gordon Selfridge）

要点

- 不少误区阻碍工程师进入所需的领导角色。
- 领导力可以而且应该在整个组织中适当行使。
- 人们会欣然接受与他们产生共鸣的愿景。

组织总是需要各级领导者的。这个事实从未如此真实，这对于过渡到管理岗位的工程师来说是个好消息。增加你对组织（或在公开市场上）价值的最佳方法之一，是行使领导力。

塞尔弗里奇（Selfridge）的引言抓住了领导力的本质以及领导力和监督之间的区别，进入管理层的工程师了解这种差异并学会锻炼领导技能至关重要。

在考虑领导力这一主题时，重要的是要注意许多关于领导力的共同理念都没有抓住重点。领导力有时会以意想不到的方式表现出来。在我们识别和讨论对领导力的误解之前，请思考以下关于一个领导者的故事，它来自哈里·S. 杜鲁门（Harry S. Truman）[1]。

作为美国总统，杜鲁门一贯严肃直接的风格，使他获得了“地狱哈利”的绰号。然而，即使是看似自信和果断的领导者，一开始也并非是如此。杜鲁门在第一次世界大战中在美国陆军服役，他的第一个指挥任务是指挥一支因由“野人”组成而声名狼藉的炮兵部队。以前的军官都无法控制这群人，杜鲁门之前的最后一任的指挥官很受这群人的喜欢，当他被解除指挥权时，他们很生气。在得知杜鲁门将接任后，有人想要制造麻烦甚至叛乱。杜鲁门身材矮小，戴着眼镜，这群人认为他很容易被推翻。他回忆说：“我这辈子从来没有这么害怕过，甚至后来我们受到攻击时也没那么害怕”。

当杜鲁门到达时，这些人列队立正，显得很生气。他检阅了部队，一言不发地来回走了三圈，继续看着他们，只说了一个词——“解散”。

令人惊讶的是，这群人觉得他们得到了恩赐。通过表现出对士兵们的尊重，杜鲁门赢得了他们的尊重。杜鲁门关照他的手下，他的部队努力成为该团中最好的部队之一，这在很大程度上是因为他的领导能力。

通过润物细无声的方式，一名优秀的领导者就能被锻炼出来。

战后，杜鲁门和这些人保持了终生的友谊。领导力有时会以意想不到的方式表现出来，并产生意想不到的结果。

消除误区，成为领导者

虽然领导技能对工程经理来说至关重要，但许多读者可能会说：“我还不是领导者。”也许这是你目前的观念，但你可以成长为一个领导者！五个主要的误区导致人们不愿担任领导角色，或导致他们不恰当地行使领导力。值得庆幸的是，走出这些误区并不难。

误区一：领导岗位只属于伟大的人

许多工程师赞同托马斯·卡莱尔（Thomas Carlyle）在 19 世纪提出的伟人领导理论。这种观点认为，领导者处于等级制度的最高层，他们是有魅力、聪明和睿智的人，精通政治。相信少数人是领导者，大多数人是追随者。工程师不愿担任领导角色，因为领导的管理模式似乎与平等主义、基于团队的工程实践背道而驰[2]。

这种模式（伟人领导）不能反映一个健康组织的生活；相反，将领导力视为一个内涵不尽相同的统一体。有许多不同的方式，无论大小，都可以发挥不同程度的领导力。我们在某些时候都可以是领导者，其他时候，几乎任何人都有很多机会在几乎任何情况下行使领导力。奇怪的是，当领导者和领导力这两个词被排除在对话之外时，工程师们很容易识别出与他们的上级之间促进良好合作的行为[2]。换句话说，工程师在被观察时就已掌握了良好的领导技能，需要更新的是术语和管理模型。

误区二：领导者是天生的，不是后天形成的

关于领导力的第二大不正确的观点是，领导者是天生的，而不是后天培养的。虽然遗传基因可能使部分人在“公共”领导角色中感觉更自在，但事实上，领导力是一种可以学习和练习的技能。

误区三：领导者必须有魅力

这个误区与第一个误区的很大一部分重叠。在文化上，我们中的许多人都迷恋于具有超凡魅力的领导者。事实上，领导者在外在和内在方面千差万别。一些最有力的领导者是完全内向的人。这并不是说魅力不重要，而是说通常与公众距离更近的领导职位，在表现出有吸引力的魅力人格特质时会更有效。

误区四：领导力要做出戏剧性或产生重大变化的举措

当然，在许多情况下，戏剧性的行动是必要的、适当的，比如必须带领军队投入关键的战斗。其实，领导层涉及普通工作的情况要普遍得多，正是如此，领导力触手可及。

不幸的是，前四个误区导致绝大多数人认为他们不是领导者。或许他们真的是这么想的，或许这只是一种借口，说“我真的不想当领导”。要在工程管理方面表现出色，你需要相信自己的领导能力，更重要的是，帮助你的同事相信他们也拥有领导能力。

最后，领导力误区还涉及领导力的实施方式。

误区五：领导者告诉追随者该做什么

虽然这种模式在某些情况下是必要的，但在当今的商业世界中几乎完全行不通。不幸的是，许多管理职位的人仍然相信这种模式，因为他们想对他人施加控制。这种作风是不能长久维持的，因为大部分人不会盲目听从命令，到别处工作的机会太多了。稍微平衡一些的说法是，在许多情况下，领导者仍然有必要在咨询相关人员后，与之共同做出决策。如第 21 章所述，这种方法与决策环境相关。但请注意，此类决策包含其他人的建议。绝大多数情况下，领导力是通过影响力来实现的，而不是通过告诉人们该做什么。此外，正如我们将在本章后面介绍的那样，自我改变也许是比发布指令更有效的领导方式。

通过改变发挥领导力

那么什么是领导力呢？领导力是带来有益改变的催化剂，并在此过程中，帮助其他相关人员也各自拥有一定权力，并最终实现目标。

行使领导力的背后意味着改变。尽管人们和组织需要不断改变和改进，但人们往往对改变感到不舒服，并可能公开抵制改变。领导者的主要作用是推动改变的过程，使未来比现在更好。

领导力作为一种改变机制，主要由 5 部分组成，但是请不要过度分析这些步骤。一旦相关人员看到改变的价值，积极参与改变并影响结果，领导力就会自然而然地流动。领导成功的关键是帮助人们看到好处并掌握改变的所有权。

在深入研究本章的其余部分之前，重要的是要注意领导力是在特定文化背景下行使的，这里提出的概念将更适用于西方文化。在许多文化中，某些概念可能与领导者的文化期望不相符。这些考虑因素可能是相关的，这取决于一个人在哪里工作，以及是否在一个跨文化成员的团队中工作。

库兹（Kouzes）和波斯纳（Posner）在文章《引领，创造共同愿景》中介绍了领导力所涉及的五个步骤[3]。

第 1 步：识别问题

环顾四周，你可以很容易地看到需要完成或需要改变的事情。领导的过程始于有人说

“这是一个需要解决的问题”或“这是一个需要完成的任务”。很多时候，问题是每个人都承认但没有人愿意在公共场合说出的（即“房间里的大象”）。

第 2 步：制定能引起共鸣和令人奋发的愿景

如果你所做的只是经常发现问题，那么你只能被认为是个抱怨者。需要的是一个解决方案，如果有几个潜在的解决方案就更好了。但在现实中，具体的解决方案会在最后出现。首先，要有远见。如果我们试图改进，如何知道该怎样改呢？这需要一幅景象来激励和组织人们达成目标。制定愿景要具有看到不存在的东西的能力，看到应该做些什么来改进事物的能力。

如果一个愿景不能激励任何人，它就毫无意义。为什么其他人应该接受愿景？达成一致的是，将愿景转化为其他人会内化并拥有价值观的能力——一个让整个团队产生共鸣的愿景。好消息是，成功和取悦客户等核心价值观是普遍存在的，如果允许，你的团队成员通常会抓住机会遵循这些价值观。

这是区分愿景和目标的好例子。目标是值得为之努力的成就，但它们可能就像“在星期五之前把报告拿出来”一样无趣。我们经常使用目标来说服自己去做我们并不真正想做的事情。而愿景超越了世俗和不愉快，呼唤着灵魂。愿景通过选择而不是威胁将人们吸引到计划中。

转型中的工程师面临的挑战是以有远见的视角看待未来。这并不要求一个人成为传教士，相反，它是在说以积极的方式表达计划的能力。请记住前一章中道格·迪茨和 MRI 机器的故事。他们的团队对通过机器检查的孩子有一个富有想象力愿景，而这个愿景通过房间里的成像设备实现了。

也许，你的工作不涉及儿童游戏，但有一个互补的、更严肃的愿景，那就是激情。当一个团队热衷于实现愿景时，他们可以克服难以置信的障碍来实现这个愿景。发挥你的想象力并鼓励你的同事也这样做！

与其用冷冰冰的技术规格谈论产品，不如邀请人们描述用户将如何从中受益。就 MRI 团队而言，了解孩子从害怕的眼泪到微笑和欢笑的变化，是一个足以激励任何专业人士的愿景。

第 3 步：让团队拥有愿景

第 4 章鼓励你通过放弃控制来保持控制，本章鼓励你放弃“伟大领导者”的神话。这是实现让团队拥有愿景和实现愿景的绝佳机会。换句话说，如果你不这样做，他们的心很可能永远不会投入其中，你的项目也会因此而受损。

我们又回到了悖论中。担任领导角色的个人通常是制定并初步发展未来某个领域愿景的人。但是，如果这个愿景没有立足于团队当前的愿望，那么它就没有什么力量。领导者必须能够理解并整合，当愿景与团队成员的愿望相吻合时，他们会热情地投入到工作中。“他们想知道他们的梦想将如何成真，他们的愿望将如何实现”[4]。

领导者应该避免说：“这就是我想做的事，这是我的愿景，现在跟我来。”名义上，小组组长经常作为愿景的启动者，但并非总是如此。邀请你的同事参与制定愿景，从而提升他们的归属感。它可能会在某种程度上改变你愿景的版本，因为其他人可能会以不同的方式看待这种情况。你是想要一群机器人勉强按照你的方向前行，还是想要完成伟大的事情？当所有参与的人都可以帮助塑造愿景时，就会促进成就。

这样，他们可能会在不知不觉中践行了领导的角色。作为开明的经理，你要知道领导力存在于一个连续统一体中，有时你是个领导者，有时你是个追随者。然而，团队领导者不能完全放弃愿景。领导者通常更了解大局，并影响着成功或失败的所有因素，因此不能放弃过程的这一方面。关键是要确保整个团队都了解全局。通过界定问题和寻找潜在解决方案的过程，使得每个人都了解全局，可以对愿景的结果产生重大影响。

在之前的工作中，我们团队的任务是为客户把重新设计的产品推向市场。似乎团队中的每个人，无论是工程师还是营销人员都想扩展对产品的研究，而不是做出任何决策。原本应该为期三个月的项目延长了到一年多。当开始这个项目时，我们没有竞争对手。到我们完成时，多家公司已经发布了几个有竞争力的产品。综上，上市时间是一个关键的成功因素，过度的研究导致我们失去了获得市场优势的巨大机会之窗。

第 4 步：在行动计划中发展并确保和谐

问 10 个人如何实现一个愿景，你很可能会得到 10 个不同的答案，这是一件好事。除非你想要混乱，否则实现愿景的方式必须形成共识。这可能是领导力最乏味的部分——帮助团队制定实现愿景的细节，如果实现愿景有希望，这一步骤至关重要。

实施实现愿景所需的步骤的活动称为动员。如果你的愿景与各方面的条件契合，完成任务将相对容易。一定要监控进度，这样努力就不会偏离愿景；除此之外，尽量让团队成员在你不干涉的情况下尽可能多地解决细节。你的同事是聪明和熟练的专业人士，如果你不对这个过程进行微观管理，他们会更有动力充实细节。同时，细节必须以与大局互补的方式整合。

军中有个概念叫指挥官意图，和这个话题有关系。该术语表义指的是行动的愿景或最终状态，但它也具有在没有领导者的情况下指挥部队的内涵。换句话说，它是“在这种情况下，如果领导者在这里，会怎么做?”这个问题的答案。答案是指挥官的意图，它在没有微观管理的情况下指导同事做出详细的决策。

斯多利（Storlie）提供了以下关于指挥官意图的历史示例[5]。1944 年盟军为诺曼底登陆制订了非常详细的计划并进行了演练，考虑到来自多个国家的大量士兵参与其中，这是必要的。然而，当我们实际尝试执行详细计划时，经常会发生混乱。比如在其他意外事件干扰下，伞兵会降落在错误的地方。数以千计来自不同部队的士兵在夜间混在一起，不难想象会造成怎样的混乱和灾难。但令人惊讶的是，在很短的时间内，这些临时团体就联合起来击退了敌人的猛烈抵抗。他们已经内化并按照指挥官的任务意图采取行动：建立滩头阵地。他们迅速适应并合作建立指挥系统、明确每个人角色和职位。在所有这些即兴创作中，他们遵循并实现了指挥官的意图。

第 5 步：改变系统

如果你真的在组织中寻求永久性改变，请在系统中考虑将改变整合进来。组织会滋生惯性，简单地制定愿景或谈论改变收效甚微。但是，如果改变成为自动和永恒的追求，就很难回到旧的方式。领导力的一个主要组成部分是组织好系统，使组织中的人员能够表现出色，并使愿景变为现实。当组织拥有良好的系统时，个人更容易实现伟大的成就。我们将在第 13 章详细介绍这个主题。

成长为领导者

虽然理解领导力的这些组成部分是有益的，但理解领导力理论并不能使人成为领导者。领导技能的提高几乎完全是通过实践来实现的。你永远不会提前知道你是否会在任何特定场合取得成功。尽量避免错误，但要明白你一定会犯错。如果从细微处着手，通常可以将许多错误限制在无关紧要的后果上。

要提高领导技能，请尝试以下方法：

领导自己

作者肯·凯西（Ken Kesey）说："你不能通过指点和告诉人们去做什么来领导。你要通过做什么、提出案例来领导。"没有自我领导，一个人就无法领导他人。如果你努力通过改变来领导他人，你必须愿意改变自己。我甚至会说领导力最关键的组成部分是自我改变。这可能是改变中最常被忽视的方面，也许是因为专注于改变他人更具诱惑力。

作为第 13 章中将组织作为一个系统讨论的预习，我们每个人都是组织系统的一个组成部分。改变任何组件，整个系统都会改变，这是系统的真理。确实，我唯一可以绝对控制的人就是自己。虽然我可以影响他人，但我无法控制他们。如果我想在组织中实现改变，最强大的杠杆就是我自己。我组织中的任何变化，无论大小，最好也包括自己的变化。

我们都有可以改进或改变之处——尝试对自己的态度、技能和活动进行一些改变。完成这个练习将帮助你了解改变所涉及的阶段和情绪，这样你就可以真正帮助团队在适当的时候进行改变。

在我开始为客户担任企业培训讲师之前，客户要求我以学生身份完成课程。虽然这一步对于学习课程内容是必要的，但我作为学生体验课程过程同样重要。这样做使我成为一名更熟练的改变型领导者，因为我个人了解参与者的经历。

努力向上

寻找可以在团队层面上引领改变的小事——这些机会就在我们身边，例如，职场的人们普遍对会议不满意。如果你主动改进会议，很可能会得到很多支持。

在之前的工作中，我们的行政助理主动解决了团队电话会议的问题，尽管这个问题对她影响不大。她自己动手为免提电话购买了外置麦克风，以便远程通话参与者可以听清楚。

表现出这种主动性和自信的人对组织非常有价值。环顾四周，寻找那些需要完成的却经常带来不愉快的任务。我们将在第 20 章中详细介绍会议管理。

在少数场合主动解决问题会引起同事的注意。你将被称为行动者，这是领导者的同义词，你将被看好能够领导更有意义的工作。如果你能抓住一些成功改变的机会，那么是时候开始锻炼你的能力来吸引其他人担任领导角色了；否则，他们将开始依赖你始终担任领导者，这样他们就能做心安理得的追随者。

讲故事

这是反思你过去的领导和改变的经验并通过故事讲述出来的好时机。致力于帮助他人改变，重要的是让他们看到改变的途径。听到关于以前如何完成改变的例子对他们来说非常有帮助，特别是如果他们亲身参与了之前的改变。事例表明，实现领导力的机会通常不会以循序渐进的形式出现。领导力的实践课有时会在我们不经意的时候上演，而一些最有影响力的案例来自令人惊讶的地方。这里有两个这样的故事：

几年前，我的办公室组成了一支参加业余休闲排球联赛的球队，我成了教练（只是因为我是高级员工）。我们的球队表现平庸，这无可厚非，但在一场比赛中，我们在三局比赛的决胜局中以 12－3 的领先优势拉开了帷幕。

或许是我们过于自信了，对方随即上演了猛烈的翻盘之战，以 13－12 领先。率先获得 15 分的队伍将胜利，我们现在遇到了大麻烦。我们的团队明显动摇了，作为教练，我知道必须做点什么……但做些什么呢？我能借鉴的唯一办法是我看过的几十场篮球比赛的记忆，当球队被对手狠揍时，教练会叫暂停。我向官员示意暂停，然后走到我的团队，队员们挤成一团，我也不知道该说什么。

队员们都望着我，请求帮助，我有些不自在地瞪着他们。终于，我脱口而出："我没什么好说的，只是因为他们得分使我厌倦了，我才叫了暂停！"每个人都放声大笑——这就是打破这种情绪的全部方法。然后有人说："嘿，我们能赢——我们只需要放松一下。"团队的其他成员都同意了他的说法。接下来我们连续拿下了 3 分，赢得了比赛。

这是一个再平凡不过的例子。但是，如果我能偶然发现作为领导者可以做的有价值的事情，那么任何人都可以！同时，请理解，我们赢得比赛并非因为我是一个有天赋的领袖，而是因为其中一名团队成员提出了一个引起我们所有人共鸣的愿景，并激励我们为实现这一愿景付出了努力。这是领导力的关键。重点应该放在我们身上，而不是我身上。或者正如 19 世纪的英国教育家本杰明·乔伊特（Benjamin Jowett）所说："做事的方法是不在乎谁做了这些事而得到了荣誉"[6]。

第二个故事包括涉及微观和客观层面，需要先做一些设定。我住在得克萨斯 A&M 大学所在的社区。该大学起源于一所军事学校，尽管它在 50 多年前就不再强制学生加入其学员军团，但仍有大约 5%的学生加入了学员军团。发展领导力是军团成员的一项关键要素。

每个足球赛季快结束时，德州农工大学的学生都会用数千根原木堆起一个巨大的篝火，这个结构高达 50 英尺（1 英尺＝0.3048 米），看起来像一个分层的婚礼蛋糕。但在 1999 年，篝火施工期间倒塌并造成了 12 人死亡。我们的社区悲痛欲绝，两天后大学安排了追悼会。

当时，我的儿子参加了童子军，我是队中一名成年领袖。每年我们都会有一次制服检查，由两名军团学员主持。那一年，我协调了学员军团参与视察。鉴于我们的童子军会议与大学追悼会安排在同一时间，我希望军团学员参加追悼会，而不是我们的检查。但是，当我早早赶到时，看见来了两个十八岁的学员，虽然他们的制服很完美，但看起来很糟糕。这两名学员都超过 72 小时没睡了，他们都认识遇难者。

我对他们的到来感到非常震惊，我感谢学员军团的到来，但恳请他们和朋友一起去纪念馆。一位军团学员谦虚地回答说："先生，我们承诺来到这里，我们始终信守承诺。"他们对童子军进行了专业的制服检查，童子军对这些看起来很重要的年轻人印象深刻，但只有父母才能理解刚刚发生的事情产生的影响。

当我讲述这个故事时，我总是热泪盈眶——这是我见过的最有影响力的领导力案例。在平凡的童子军制服检查中，我目睹了诚信的模范行为。

领导有力的人总是很受欢迎，在你向管理层过渡的过程中，掌握如何领导是分内之事。虽然有很多关于领导力的误区，但事实是任何人都可以有效地领导。我们都被号召走到领导岗位，世界需要你的领导。

参考文献

[1] MILLER M. Plain speaking: an oral biography of harry S. Truman [M]. NewYork: Berkley Publishing, 1973.

[2] ROTTMANN C, R SACKS, D REEVE. Engineering leadership: grounding leadership theory in engineers' professional identities [J]. Leadership, 2015, 11 (3): 351 - 373.

[3] CONGER J A. Leadership [J]. The technology management handbook,, Boca Raton, FL: CRCPress, 1999 (7): 94 - 96.

[4] KOUZES J M, B POSNER. To lead, create a shared vision [J]. Harvard business review, 2009, 87 (1): 21.

[5] STORLIE C. Manage uncertainty with commander's intent [J]. Harvard business review online, 2010, 3. https: //hbr. org/2010/11/ don't - play - golf - in - a - football - g.

[6] JOWETT B. The way to get things done is not to mind who gets the credit for doing them. Quotes [EB/OL]. https: //www. quotes. net/quote/6146.

推荐书目

BENNIS W G. On becoming a leader [M]. New York: Perseus Books, 2009.

HBR's 10must reads on leadership [R]. Harvard Business Review Boston: Harvard. Business School Press, 2011.

HEATH C, D HEATH. Switch: how to change things when change is hard [M]. New York: Currency, 2010.

KOUZES J M, B POSNER. The leadership challenge: how to make extraordinary things happen in organizations, fifth edition [M]. SanFrancisco: Jossey-Bass, 2012.

LENCIONI P. The advantage: why organizational health trumps everything elsein business [M]. SanFrancisco: Jossey-Bass, 2012.

MAXWELL J C. Developing the leader within you [M]. Nashville, TN: ThomasNelson, 2005.

TICHY N. The leadership engine: how winning companies build leaders at every level [M]. New York: Harper Business, 2009.

USEEM M. The leadership moment: nine true stories of triumph and disaster and their lessons for us all [M]. New York: Times Books, 1999.

第8章　冲突是不可避免的，克服它

为什么我们不能融洽相处？

——罗德尼·金（Rodney King）

要点

- 培养对冲突的正确态度很重要。
- 观念冲突是健康的，应该促进。情绪冲突可能具有破坏性，必须加以管理。
- 管理和解决冲突的技能，可以通过工具的开发和支持来实现。

如果我们都能融洽相处就好了。如果你与他人相处的时间足够长，难免会与其发生冲突。冲突是不可避免的，这是为什么呢？冲突可能会让人不舒服，它具有潜在的破坏性，它有任何积极的意义吗？我们应该避免冲突、容忍冲突还是以其他方式处理冲突？我们如何防止冲突产生破坏性？

冲突是观念或人的碰撞，它源于人类个性的差异。正如我们所见，人与人之间的个性差异会导致冲突。在工作中，我天马行空的思路可能会激怒那些希望通过具体行动步骤来解决问题的人。

还有许多其他因素导致人们以不同的视角看待事物。例如，不同的背景、生活或职业的不同阶段或不同的关注点，不同的人有不同的观点是很自然的。

到目前为止，我们对冲突的描述都是中性的——不同观点没有好坏之分，但我们对这些差异的态度以及如何解决它们将决定冲突是良性的、有益的还是破坏性的。

在某种生产环境中工作过的每个工程师，都与营销人员产生过冲突。营销人员擅长交付让客户满意的东西，就工程师而言，他们擅长技术创新。但是，将他们放在一起，经常会发生观念和议事日程的冲突。

当我们的工程团队作为通用电气公司的承包商，设计基于微型计算机的工业产品时，该部件的大小成为一个主要问题。在项目开始时，通用电气公司告诉我们要尝试将这些部件装入一个与烤面包机差不多大小的标准外壳中。如果装不下，可以使用更大的标准外壳。

项目进行了大约三分之一，我们确定较小的外壳不可行，并将此信息传达给通用电气公司。他们的营销人员回应说，我们必须想办法去解决，因为市场不能接受更大的标准外壳。

多次激烈的讨论有时毫无结果。我们的工程师嗤之以鼻，即使所有组件都融化成一个单一的固体块，它仍然无法装进更小的外壳里。此外，它肯定散发不了组件产生的热量。营销人员毫不退让，最终，我们不情愿地提出了一个解决方案。几个星期以来，我们的工程师都在为此辛勤工作。

一天晚上，封装设计工程师通过创建十几个微小的“原型”——带有微小印刷前面板的小火柴盒——来发泄情绪，以此模仿通用电气公司坚持在技术上不可能实现的想法的情境。第二天早上，当他把它们分发出去时，我们都对通用电气公司的损失大笑起来。这是对强加给我们的无法完成的任务的巧妙嘲弄。他愤怒的讽刺产生了一个完全出乎意料的结果——它扭转了团队的低迷情绪。我们以一种全新的态度重新开始工作，这使我们在短时间内解决了封装和散热难题。

封装冲突的双方都有合理的观点和立场——这是冲突经常发生的形式。那么，如何解决这些冲突呢？一切要从态度开始。

对冲突持有正确的态度

在成年之前，我总是尽可能避免冲突——这很不舒服。如果我自己与某人发生冲突，我通常会屈服于解决问题。一直以来，我都认为冲突是一件坏事。世界上有很多人持有这种观念，这通常对自身不利。

我终于和未婚妻确立了关系，我花了一些时间来学习如何处理和解决冲突。我们进行了适当的沟通并解决了冲突，消除了分歧，这使我们拥有更牢固的关系。我开始看到冲突不仅是不可避免的，而且通常是有益的。我了解到表达和解决冲突是可以学习和锻炼的技能。

在组织中，冲突在适当表达和有效解决时是有益的。完全没有冲突通常是工作不健康的标志。当存在“小组思维”时，没有人会发表与该小组所接受的“真理”相反的观念或意见。这种顺从是非常危险的，可能导致真理的完全颠覆，往往会带来灾难性的后果。存在不一样的声音，甚至是观点和意见的冲突，对任何组织都是必要和健康的。在许多情况下，指派一名或多名团队成员争论反方立场是有帮助的。这样做不仅会巩固最终达成的共识，还会使产品更加健全（第 21 章对此进行了详细介绍）。

你对冲突的态度是什么？

观念冲突

工作的冲突可以分为两种类型：观念冲突和情感冲突。冲突通常始于观念或信息的差异，但如果未能解决，它们可能会发展为基于情感的冲突。

基于观点、偏好或期望的差异，可能会发生观念冲突。这些冲突本质上是事实——它们只是对信息的陈述，包括意见，没有附加特定的情感。

观念冲突通常与我们工作的性质有关，例如组织的产品或服务。对于如何最优地组织和实施工作，我们每个人都可能有不同的观念或意见。我之前提到的封装冲突最初是观点的冲突，虽然个性类型会引起冲突，但偏好冲突超越了个性差异。我喜欢怎样工作？哪些互动是个人激励的？假设你和我一起工作，你是个早起的人，但我在午后时分才出门。你想在上午 8 点安排一次头脑风暴会议，我反对并建议安排在下午 3 点。为了能有效地合作，我们需要制定一个能够发挥我们的优势并规避劣势的解决方案。

观念冲突的第三种表现形式出现了，即合作，其通常被寄予厚望：合作方在各种事情上相互依赖。寄予的厚望中也包括行为规范——团体中大多数成员认为重要的正式或非正式的行为规则。如果你对我有什么期望，而我没有兑现，那可能会引起冲突。对团体来说，期望自然更是个很难处理的麻烦事。虽然期望冲突属于观念冲突的一种，但它很容易升级，因为失望和愤怒的情绪往往伴随着没有兑现承诺，即使是隐含的承诺。明确表达期望是团队合作的重要组成部分，我们将在第 10 章讨论这个问题。

在组建或管理工作团队时，不要低估解决偏好和期望问题的重要性。

情感冲突

基于观念的冲突通常会毫不掩饰地爆发。根据具体情况，许多（如果不是大多数）冲突可以通过一些讨论、澄清、进一步的信息或简短的谈判来轻松解决。其他很多冲突都是微不足道的，不值得我们关注。

有时，特定的冲突会触动神经。当你我陷入无效的扯皮模式，或者当我们陷入僵局时，可能会发生这种情况。如果我认为你不尊重我的意愿，这可能会引发冲突。也许今天早上有司机挡住了我，从那以后我就一直在等着机会从别人身上找回来。还要记住，处于压力下的人往往会对任何感知到的挑衅感到愤怒。无论源头是什么，冲突都会激起我们的愤怒或怨恨——它可以达到一方或双方的情绪阶段。我们团队的封装冲突呈现出情绪阶段的特点。

冲突中的情绪表明一方或双方对他们没有得到的东西反应强烈。你的强烈表达让我知道这个问题对你很重要，并且可能会增强我与你达成解决方案的意愿，我也可能对我的职位充满热情。如果矛盾到了临界点还不解决，思想、言语、行为都会进入破坏阶段。

在破坏性阶段，冲突不再是关于具体问题，更多是关于对方以及自身是多么难以忍受。在破坏阶段，冲突失控。心理特征为：我不想通过解决问题实现共赢，我只关心我能不能赢，在这个过程中伤害你会使我感觉很好。当目标伤害到对方并让对方失败时，这种关系就有可能被破坏。如果你完全忽视或拒绝我的观念或偏好，尤其是在嘲笑或屈尊俯就的情况下，这是对我个人的侮辱。我们的冲突可能导致辱骂、报复，甚至割袍断义。

当冲突进入这个阶段时，修复关系通常需要大量的工作。必须特别注意受损和仇恨的情绪。许多人都不愿意原谅对方。

对冲突的反应

作为各行各业的从业者，培养应对冲突的良好技能非常重要。作为一名正在向管理角色过渡的工程师，提高这些技能更为重要。你将卷入更多、更大的冲突，将被要求协助解决他人之间的冲突。为了提高技能，让我们看看人们应对冲突的五种方式。

1）第一种反应是回避或否认，这是我年轻时的做法。回避反应源于一种观念，即冲突是不好的，并且希望如果不在意，冲突就会消失。回避和否认会产生不良后果：我不得不回避他人，工作和生活变得不那么充实。否认冲突往往只是推迟它的出现，当它出现时情况往往会变得更糟。

2）被动攻击行为与否认接近。在我之前的一份工作中，两位办公地点相邻的经理从不互相交谈，除非在必要的情况下（如开会）。他们都会计算对方的来去时段，以免从对方身边经过。显然，过去他们有过重大的冲突没有解决。每个人都很亲切，从来没有表现出有任何问题，但回避是他们表达完全不尊重对方的方式。这种被动攻击行为给经验丰富的从业者带来了额外的好处，即似乎凌驾于争斗之上。

3）本章开头的引用是和稀泥的一个很好的例子：试图掩盖或最大限度减小分歧。面对冲突，和稀泥也是有害的，它贬低了一个人的格局、否定了照章办事的重要性。虽然和稀泥最初看起来高贵而开明，但它只是权宜之计，并没有解决任何问题。和稀泥是团队思维的常见表现。

4）应对冲突的常见破坏性反应是采取强迫方式，这种情况通常在上级强行终止下属冲突的解决方案中表现出来。这样的回应是为了表面和平，但冲突往往会因为没有真正解决而卷土重来。人们太容易陷入怨恨，以至于这种强迫方式无法奏效。厌倦了兄弟姐妹冲突的父母通常很想强行解决问题。当两个年幼的儿子打架时，一位朋友会将他们面对面地放在一件大 T 恤中。这个聪明的把戏并不能解决实质问题，但却能快速稳定局面。

5）一种更好的方法是妥协，尽管仍然可能存在缺陷。妥协是否有效取决于妥协条款的动机和具体结果。许多人诉诸妥协，通过表达痛苦来淡化冲突。每一方都得到他们想要的一部分和他们不想要的一部分，但一方或双方可能会对结果感到不满。

彻底解决是最终解决冲突的唯一方法，这是最好的结果。有时最好的结果是妥协。有时一方如愿以偿，有时会选择完全不同的结果。解决是一种状态，其标志是双方都相信得到了最好的结果，或者在外人看来结果是“正确的”或“公正的”，有一种闭环的感觉。真正解决重要问题有时需要付出很多努力，但当它实现时确实很不错。

为我的角色和解决方案负责

在冲突管理和解决方面，我能做的最重要的事情也许就是承担自己的责任。正如第 7 章关于领导力的内容所述，我们每个人都是更大组织系统中的一个元素。我既影响整体，也受整体影响。有效团队合作的基本原则是每个成员都对结果以及在实现这些目标中的作用负责。如果我卷入了一场冲突，那么我必在冲突和发展中扮演了一个角色。承担责任和采取行动的一个强有力的概念来自杰出的克里斯·阿吉里斯（Chris Argyris）[1, 2]所写的《推理梯子》。

因为我们渴望生存，包括社会生存，所以我们捍卫在冲突中的立场。我们的大脑不断地推断观察事件的意义，并且在冲突中，这些推断通常会将责任转移到他人身上。当冲突的每一方都这样做时，很容易导致僵局或更糟。

将推理视为梯子上的梯级（如图 8-1 所示）。最低级别涉及可观察的数据或事件（如会议中所说的所有话）。第二级涉及要突出显示的某些数据（如会议中某个人所说的特定单词）。如有必要，我会排除一些数据。对于第三级，我将意义归因于突出显示的数据，我会推断那人说话背后的意图。下一个更高级别涉及我对因果关系的推断——是什么导致这个人在会议上说出这些——以及原因是积极的还是消极的。在阶梯的最高层，我决定如何回应。

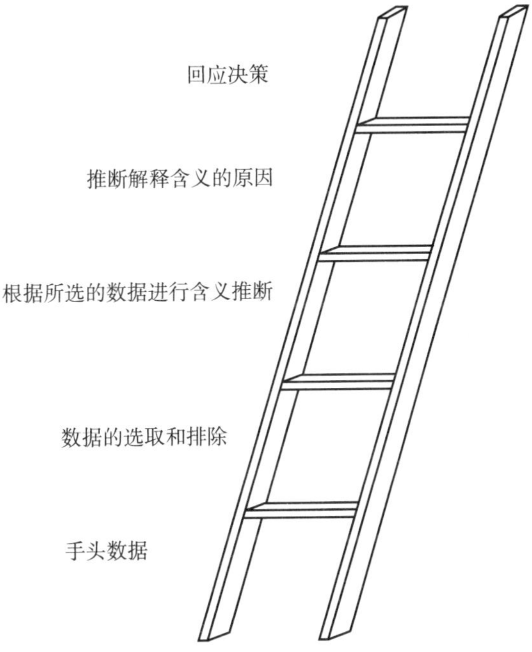

图 8-1　推理梯子

请注意，在这个过程中发生的大部分事情都是我从他人那推断出来的，不一定是他们真正的含义、意图和原因。我的内部处理经常在不知不觉中快速发生。

儿子大学毕业后，为了打工跑到全国各地，与他的交流变得不那么频繁了。过去几乎每天的互动变成了隔很长时间才有交流，在此期间他既不主动交流，也不回应我的交流。应我们的要求，交流改善了一段时间，但随后变得更加疏远。随着时间的推移，我感到受伤和愤怒。有一天，在一瞬间，我将这种互动和其引发的冲突与最近学到的推理梯子联系起来。事实证明，这种洞察力对于这个问题和其他冲突都是不错的突破口。

以下是我爬上推理梯子的方式：在几个月的时间里，我们通过电话、短信和一次深谈（数据）进行建议性交流。在我看来，有一段时间他没有沟通（选择）似乎很重要。我推断与儿子在情感上变得疏远了（含义），我还推断他这样做是因为我与他的相关性降低了，或者因为他很自私，或者两者兼而有之（因果关系）。在推理梯子上，我对这些事态发展做出了负面的判断：我作为父亲的价值已经下降。对于自己，我进一步推断出这与衰老和个人价值的丧失有关。我考虑了潜在的反应，包括对他表达愤怒或采取消极攻击性的退缩和不主动沟通。

下面到了洞察时刻，梯子的关键是检验我的推断是否正确。我光天化日之下说瞎话了，实际上，我知道儿子并不符合这些推断中任何一个。它们完全是我臆想的，这种认识完全消除了我的愤怒和受伤。更重要的是，我认识到，即使在不太可能的情况下儿子想要在情感上保持距离，我作为一个人的价值也并没有降低。我能够坦然地与他谈论这件事，没有任何指责的迹象。事实上，交流频次降低的原因是他作为一个成年人长期忙于工作，能挤出来的时间很少，而且在他生活和工作的地方几乎没有手机信号。请注意，掌握推断有助于我假设他人的行为是出于善意或中立的立场。

推理梯子是获得所有权和个人发展的有力工具。要充分了解这个概念的力量，请阅读阿吉里斯参考资料，但要了解更易于理解的体验，请阅读施瓦茨（Schwarz）[2]的文章。

解决冲突的工具

你在职场遇到的大多数冲突是那些处于观念、偏好和期望的实质性阶段的冲突。这些冲突中的大多数都是相对良性的，可以通过良好的沟通和有效的小组协作轻松解决。即使冲突升级到充满情绪的阶段，过程通常也是解决问题的最佳工具。如果你发现冲突已达到破坏性阶段，则可能需要聘请第三方来促成和解。毫不奇怪，协调人也可能要依靠流程来解决问题。

过程只是一系列商定的行动或步骤，以带来理想的结果。重申一下，它是两人之间或多人之间互动的一套规则或框架。流程工具可以是程序性的，可以在我们的互动中建立秩序和可预测性，或者它们可以是实质性的，可以帮助我们在互动时达成集体决策。实质性工具通常提供了一种方法，可以用加快决策或解决的方式，清楚地阐明问题或激发创造力。当参与者信任这个过程时，他们更有可能对结果感觉良好。

程序工具

程序过程通常表达行为规则，使人们相信他们的偏好和想法将被重视和采纳。在许多情况下，冲突是由无效的团体过程引起或加剧的。需要的是改变过程，将冲突引导向解决方向，而不是将其简单地掩盖并听之任之，或者让它朝着渐行渐远的方向发展。

以下是一个程序过程的示例，该过程被迅速拼凑起来以阻止观念冲突，这种冲突一旦开始，就会迅速升级到情绪的阶段，并有可能发展到破坏性阶段。

每周一次的员工例会上，一位我称之为彼得（Peter）的同事建议改变公司策略，其他几名工作人员立即批评了这个建议。彼得试图再次发言，但被拒绝了。在彼得第三次尝试表达后，有人建议两天后在单独的会议上讨论此事。彼得同意了，但表示后续会议将是一场“战斗”，参与者将“把问题摆上桌面”。五分钟之内，这场冲突就从信息阶段发展到了情绪阶段，显然正在走向毁灭阶段，情绪的强烈程度令人难以解释。

我建议彼得发送一封电子邮件，写清他的建议和几个可供考虑的策略替代方案。为了避免麻烦，我们仔细计划了会议，并通过特定的流程来保证各方公平地表达不同的观点。与会者同意以下议程：

1）会议将限制在一个小时内；

2）在前 15 分钟，彼得将提出四个策略选项并推荐一个。在他讲话时，只允许询问信息或澄清问题；

3）可以在接下来的 15 分钟内提出意见，以圆桌会议的方式每人发言 3 分钟，不得打断；

4）参与者可以在接下来的 15 分钟内公开讨论该策略；

5）在最后 15 分钟，彼得尝试汇总、整理出一个共识策略。

出乎意料的是，会议进行得很顺利，并在 40 分钟内以得到完全一致的共识而结束！彼得的建议，其实与当初反对他的人所希望的策略颇为相似。他们对他们认为彼得要说的话，而不是他真正要说的话做出了反应。看看通过推理梯子会发生什么？

有效的小组程序将互动引向健康的思想表达。它设置了明确的界限，阻止有害情绪向外扩散。无论我们是否考虑过，无论该过程是否有效，我们一直都在参与程序过程。如果我们思考、讨论并就互动的良好框架达成一致，互动会更加有效和令人愉悦。

实质性的流程工具

职业道德可能是一个非常棘手的话题，但我们必须讨论并最终就对与错达成集体决策。哈里斯（Harris）、普里查德（Pritchard）和雷宾斯（Rabins）提供的简笔画[3]是一件出色的工具。以下是如何使用它的示例：

有一次，一位亲戚从小贩那里收到了两张职业足球比赛的门票作为礼物。假设门票本来会花费 200 美元，他应该接受这份礼物吗？在极端情况下，此类礼物可被解释为贿赂：供应商试图以有利的方式影响员工并赢得有价值的订单。但所有供应商的礼物都一定是贿赂吗？大多数人会同意，相对便宜的礼物对改变行为的价值太小，因此不构成贿赂。礼物在多大程度上会变成贿赂？

我们现在准备应用划线工具。我们构建了一系列场景作为可能的道德情况来考虑，每个场景都表达了道德变量的不同指数以及在这种情况下礼物的价值（如表 8-1 所示）。

大多数人会认同，供应商礼物价值达 10000 美元是道德问题，而价值 1 美元的礼物是完全可以接受的，所以我们把注意力集中在中间值上。在哪里划定界限通过讨论通常会变得非常清楚，许多组织认为可接受的礼物价值上限约为 25 美元。

表 8-1 划线示例的场景：供应商礼品政策

员工收受 10000 美元的礼物	员工收受 1000 美元的礼物	员工收受 100 美元的礼物	员工收受 10 美元的礼物	员工收受 1 美元的礼物

诸如划线之类的工具是解决职业道德领域中观念冲突的绝佳实质性过程工具。类似的工具可用于各种职场的决策需求或促进解决观念或偏好的冲突。

大多数过程工具在解决问题的常识方法上都非常简单。对于经理来说，拥有多种工具是一个很好的资源。我们将在第 9 章深入探讨。

解决冲突的有益方法包括认为多样化的观念是不可避免的和健康的。允许和培养各种观点、偏好和期望的表达是有益的，提供适当的流程以防止冲突升级到破坏性阶段也很重要。

冲突有各种形式和程度，花些精力选择哪些是值得关注的冲突。许多问题都是次要的——它们不值得花费大量时间或精力，来谋求彻底的解决。

以类似的方式，不要期望在解决冲突中得到你想要的一切。考虑哪些结果对你最重要并寻求那些结果。在大多数情况下，经过反思，你会发现自己更重视与他人的关系，而不是你最初想要的其他一些东西。

真正的冲突解决不是放弃，相反，它是关于改变，包括个人改变。当你或对方经历了观点的突破，或许是顿悟的时候，你往往会发现自己真的走上了解决之路。决心不再是牺牲一些有价值的东西，而是更多地转向更有价值的东西。解决是关于成长、进步和以不同的眼光看世界的意愿。

个人和组织需要一定程度的成熟才能接受冲突并将其用作成长和改进的手段。冲突是不可避免的，克服它……并通过它成长！

参考文献

[1] ARGYRIS C. Knowledge for action：a guide to overcoming barriers to organizational change [M]. San Francisco：Jossey-Bass，1993.

[2] SCHWARZ R，A DAVIDSON，P CARLSON，S MCKINNEY. The skilled facilitator fieldbook：tips，tools，and tested methods for consultants，facilitators，managers，trainers，and coaches [M]. San Francisco：Jossey-Bass，2005.

[3] HARRIS C E Jr，M S PRITCHARD，M J RABINS. Engineering ethics：concepts and cases [M]. Belmsont，CA：Wadsworth，2000.

推荐书目

BOLTON D G，R BOLTON. People styles at work … and beyond：making bad relationships good and good relationships better [M]. New York：American Management Association，2009.

CLOKE K，J GOLDSMITH. Resolving conflicts at work：ten strategies for everyone on the job [M]. San Francisco：Jossey-Bass，2011.

EVANS S，S SUIB COHEN. Hot buttons：how to resolve conflict and cool everyone down [M]. New York：HarperCollins，2001.

FOSTER J，M JOY. The schmuck in my office：how to deal effectively with difficult people at work [M]. New York：St. Martin's Press，2017.

LEVINE S. Getting to resolution：turning conflictinto collaboration [M]. San Francisco：Berrett-Koehler，2009.

第 9 章　这是一项团队运动

找到优秀的球员很容易。让他们组成一个团队参加比赛是另一回事。

——凯西·斯坦格尔（Casey Stengel）

要　点

- 团队中的有效工作涉及许多尚未学过、但很容易学习和练习的技能。
- 团队合同是一个很好的工具，是促进达成团队规范的重要步骤。
- 团队的工作需要整合个人才能和观点。

设想一下，以下工作环境的某个雇主：你和你的同事持续受到专家的指导和支持，每两名工人大约有一名导师。实际工作时间 1 小时，你需要练习和训练大约 10 小时。还有另一组工人，他们的工作只是在你正式工作之前测试你的技能。

如果你是美国国家橄榄球联盟的球员，描述你的工作场所：每支球队有 53 名队员，教练员、助理教练员和训练员大约有 25 名，这还不包括其他作用更小的辅助和行政人员。每支球队都有一个单独的陪练小队，假装是下一个对手，以模拟即将到来的比赛场景。一场比赛需要 3～4 个小时，一周剩下的时间都花在练习、训练和录影研究上。

你是否为如此重视团队发展的雇主工作？提出这个问题会让人笑出声。当然不是！我们欣然接受这种对运动进行大量训练和团队支持的范式，而专业工作场所则相反。

在一次演讲中，我问观众，他们为自己的工作做了多少练习。一位女士说："从我的办公室去开会需要 30 秒。"她的回答引发了大笑，但很快就变成了令人不安的沉默。这是非常讽刺的事情，有尖锐但令人不安的评论：我们的组织依赖于有效的团队，但几乎没有做任何事情来支持他们的有效性。虽然我们不太可能达到美国国家橄榄球联盟的团队发展水平，但我们还能做更多吗？值得庆幸的是，答案是肯定的！

你与团队的体验

在第 1 章中，我们提到了凤凰城大学的调查，该调查发现 95%的人认为团队对他们的雇主很重要，但 76%的人更愿意单独工作。为何会如此呢？

首先，让我们弄清楚工作场所中小组和团队之间的区别。小组是向共同上级报告的个人的集合。他们的工作可能是相关的，但主要是单独完成的。在某种程度上需要协调，这由上级负责。每个人都对自己的工作负责，而不是对团队中其他人可能做的事情负责。

相比之下，团队成员的工作是高度集成的。他们向共同的上级报告，但他们对结果相互负责。我们说每个团队成员都必须对团队的可交付成果负全部责任。

这种背景有助于解释许多人对团队工作的感觉。在学校里，表现如何绝大多数是单独评判的。偶尔会有小组项目，老师通常不会指导小组如何有效地合作。大学里的大部分工作都是单独评判的；然而，一个工程项目通常会有一个基于团队的高级设计项目，持续一两个学期，所以小组的努力更有深度。但工程教员可能很少为学生团队提供有关如何协作的指导或支持。

你在学校与团队合作的经历是什么？当你得知小组作业时，你有没有叹气？大多数团队陷入了可预测的障碍。经常有一个不承担责任的人，只做很少有用的工作，也许一两个人承担了最多的工作份额。有时，一个人会试图按照自己的倾向做出决定。混乱的会议和来回更改的方向导致了队员们往往要一直慌乱到最后一刻，以赶上最终交付的期限。整个经历让团队军心不稳。

我们不会在毕业后保留团队，团队是在工作场所完成工程工作的一种方式，但这超越了工程学。德洛伊特（Deloitte）最近对工作设计的一项调查显示，跨学科团队组织工作的趋势越来越明显[1]。理想情况下，当你开始第一份工程工作时，你会学习良好的团队行为，但情况可能并非如此。作为一名工程经理，你最好为你的团队提供他们需要的支持，让他们有机会脱颖而出。

好消息是，一个人不需要拥有“梦之队”就可以拥有出色的团队经验。当团队运作良好时，负责团队整体并不烦琐；事实上，团队合作变得非常有活力和吸引力。简单的原则、实践和工具将使所有小组几乎都能够精通良好的团队合作。

平衡紧张局势

在团队中工作（当然包括团队的领导），需要在相互矛盾的各种张力之间保持平衡，这个概念被称为辩证法。个人目标与小组目标之间、组织结构与个人之间、小组异同之间必须有解决方案，此处表达并不详尽。正如恩格尔伯格（Engleberg）和温（Wynn）所强调的那样，有效的团队会通过双管齐下的策略来处理这个问题，每个成员的个人目标与团队的总体目标相平衡[2]。我们认识到成功取决于理解竞争的紧张局势，以便双方都感到满意。

团队的不同阶段

高效率团队的框架之一是了解他们所处的阶段。塔克曼（Tuckman）久经考验的模型描述了四个阶段，后来扩展到五个阶段：组建、风暴、规范、实施和终止[3]。

组建阶段，团队成员第一次聚在一起。可能会进行介绍和开展使彼此熟悉的谈话。即使成员彼此认识，也曾合作过，但这项工作是独特而新颖的，因此必须通过组建团队来完成。应该有一个团队启动会议，为团队的诞生提供一个正式的仪式，这对于将执行项目的团队来说尤其重要。这里将介绍和讨论总体目标、团队任务和流程。组建阶段不仅仅是社交聚会，如果做得好，它将为接下来的工作设定方向和定基调。组建阶段的典型特征是通常伴随着工作关系开始的亲切性和试探性。成功的组建阶段的秘诀是将事情引导到规范阶段的方向。

在组建阶段，队员或小组间的谈话或提问为风暴阶段预设了可能发生的冲突。一些小组成员会想要开始工作，而更自信的人可能会朝着他们认为合适的方向前进；这样的发展，标志着团队进入了风暴阶段。普遍的友善和避免冲突，可能意味着队员在工作的性质和方向以及有效的合作方式方面不会发表不同的意见。因此，风暴阶段主要是因为它不应该成为什么。效率低下的团队通常会陷入缺乏方向和凝聚力的风暴阶段。前面提到的冲突和熟悉的功能障碍可能开始形成。大多数情况下，缺乏关于如何制定团队规范的知识，并且存在不明确或不断变化的目标。团队可能渴望做某事或者任何事情，以达到进步的目的。有一段时间，忙碌感令人以为是发生了一些有价值的事情，然而并没有任何结果，烦躁情绪滋生。在一个健康的团队中，风暴阶段是开始识别需要解决的问题的时候，在这个阶段发挥领导作用很重要。

真正需要解决的问题将我们带入规范阶段，这可能是团队生命周期中最重要但最常被忽视的阶段。获得出色业绩的团队体验的关键是快速有效地进入并通过规范阶段。这是我们就参与规则达成一致的阶段。

回到我们的橄榄球队，想象一下如果没有规则手册或战术手册，可能只是对球员在场上的位置有模糊的了解，结果将是彻底的混乱。所有这些元素，甚至更多，为橄榄球队乃至这项运动提供了规范的实质。

规范是我们互动的规则。这是一种描述我们对彼此和对自己期望的方式。我们在本书前面提到过，每个人都是独一无二的，有着不同的观点，期望同样也有多样性。团队中经常出错的是从未表达期望。我们从来没有就一组共同的期望达成一致，我们每个人都有不同的首选或习惯方式来做几十件事。当另一个团队成员在某事上依赖我，而我没有达到期望时，我们就有问题了，可能是一个严重的问题。然而，不知道期望使我很难实现它。许多人认为同级应该按照他们在团队中行事的标准行事，但现实情况是有很多标准。“讨论团队规则的目的不是确定一种正确的团队管理方式，而是就管理这个特定团队的一致方式达成共识。”[4]

你能明白为什么就团队的参与规则达成一致如此重要吗?

规范阶段的目的是阐明并就团队工作所依据的一套一致的规则和流程达成共识。规范回答了许多相关问题：我们想要完成什么？我们如何沟通？我们多久见面一次？我们如何做出决策？我们如何衡量进展？关于这项工作，什么对我们很重要？我们如何确保每个人都公平参与？如何处理冲突？这不是一个详尽的清单，每个类别可能有很多细节。该列表包括任务规范（我们将做什么）和流程规范（我们将如何一起工作）。前文我们说过，在一个团队中，所有成员都对结果负有全部责任。确保你让这种观念深入人心，并渗透到团队工作的态度中。当所有成员都承担责任时，工作质量和体验感受就会显著提高。这是一种期望，必须在规范阶段表达、同意和内化，然后再加强。

我与功能失调的团队合作时，一种常见的抱怨是成员之间缺乏信任。虽然它被描述为对另一个人缺乏信任，但我开始认识到这实际上是对个人互动过程的缺乏信任。当我有一个可以信任的流程，并且当我从其他团队成员那里得到他们将遵守这个流程的承诺时，我们的期望就会保持一致。做得好，规范可以解决很多经常困扰团队的烦恼，让他们专注于做重要和有趣的事情。

实施阶段大概无需多言。再次强调，要表现出色，团队必须擅长制定规范。更进一步地说，只有当我们清楚自己在做什么、如何合作以及为什么这样做时，才能实施。绩效质量也值得考虑。我们是否想勉强完成目标，还是从容地按时完成？或者，能否最好超越目标，或者在工作的某些方面进行创新，并在此过程中获得深刻而有意义的体验？如果你希望是后者，只能通过很好地制定规范来实现。你相信制定规范的重要性了吗？

最后，在实施阶段之后，我们进行总结。此阶段的目的是庆祝团队完成工作，获取知识和经验教训。除了学科领域知识外，还要确保获取有关协作过程的知识，这种知识对个人和组织都极为宝贵。

团队合同

我们签订合同以表达同意和承诺。如果准备得当，合同会明确阐明商定的期望和未能履行承诺的后果。合同减少了歧义和误解的可能性，与团队签订合同是确保你的协作成功的最佳做法。团队合同是一份活的文档，它记录了个人与组织为共同工作而达成的协议。重要的不是那张纸，而是它记录了我们做出的承诺，以及打算完全履行这些承诺。团队合同体现了一个社会性基础约定，我们可以依靠它督促个人发挥作用。

没有“正确”的团队合同，根据团队特定的需求，每份合同都是独一无二的。尽管如此，根据夏皮罗（Shapiro）的说法，你可能希望它涵盖四个有益的领域：任务和过程目标、团队成员角色、行为规范和问责制[4]。

虽然成员需要列举一系列详细的期望，但团队合同也应该包含此类信息。我鼓励你的团队追求卓越，不仅在任务和交付成果方面，而且在合作的丰富性方面。对许多人来说，有这样一个远大的期望将会走得更远。你只是想做一个普通或平庸的项目，还是想要出类拔萃？出色的团队经验会带来模范式成就，并感到非常有益。

我发现，良好的团队合同会使我们每个人，都以一种有效的方式自我改变和提升效率。一个健康的团队过程既可以让害羞的人表达出自己的观点，又可以使支配性人格不再那么强硬。

团队合同的执行是一个重要的里程碑，值得庆祝。合同签订的双方变得有序，这一事件标志着我们已经成功地执行了规范化阶段。这并不意味着该阶段一次完成，这就是一份告诉我们团体工作即将开展的文件而已。在项目过程中，成员应该定期（如每周）重新审视规范，看看是否有必要进行任何更改或更正。只有在我们实际使用和测试规范时，才真正知道它们是否有效。

不同观点的整合

工作场所的团队，必须以综合的形式管理和解决各种紧张局势。其中包括我们每个人为团队带来的观点。每个人都是集合了出身、历史、知识、技能和视野的独特组合体，我们如何看待和处理事件会对团队实践的结果产生重大影响。在高层次上，这涉及我们对多样性的看法，或同质-异质紧张局势。只有团队成员之间存在一些相似之处才能发挥作用，但也需要差异才能有效并开发出强大的解决方案。我们所有人在工作方式上都有偏好和偏见，可能是下意识或无意识的，关键问题是我们将允许差异在多大程度上推动组织。

参与工程的少数族裔明显落后于人口中的比例。对于工程领域的女性来说，这种偏差甚至更大。作为工程经理，你将可能拥有更大的权力和影响力，对代表性不足小组（包括你的团队）参与的决策施加影响。也许更重要的是，你可以建模和执行确保所有团队成员在专业上平等的行为。请注意那些可能会贬低某些人或莫名诋毁他们的信息或行为，如果你属于传统上代表性不足的小组，我鼓励你自信地采取行动。以我的经验，无论具体情况如何，当个人在一个角色中巧妙而舒适地行事时，就会被接受和重视。

团队中有年龄差异大的成员时，可能会出现其他问题。年轻人和更有经验的人都有责任尊重和重视彼此的知识、观点和贡献，对于与我合作甚少的同龄人，保持好奇心和年轻的心态很重要。无论是哪一年，无论我们的年龄如何，我们都生活在令人兴奋和充满希望的时代，有无数重要和专业有趣的事情要做，还有同样令人着迷的团队成员，我们可以与之合作。

跨越距离和文化合作

随着越来越多的业务在全球范围内完成，地理位置分散的团队越来越多。团队成员通常分布在不同的国家，他们拥有不同的文化背景。与同地办公和同质化团队的沟通有时还具有挑战性，增加文化和地理差异可能会引发更多重大挑战。常见的解决方案是更多地了解这些问题，并采取有意识的额外步骤来进行良好的沟通。

虚拟团队

当我们想要获悉到视觉和听觉线索时，面对面交流仍然是最有效的形式。虚拟团队在传递信息时，可能会丢失很多细节，其程度取决于通信方式（例如文本或视频）。也许你在通过短信或电子邮件进行交流时也会对意图或感受产生严重的误解，除非在编辑此类信息时非常小心，否则发送者的意图对接收者来说可能会模棱两可。还记得关于推理梯子的说法吗？歧义很快就会变成一个重大问题。

根据团队合同，我鼓励每个团队就自己的沟通方法和时间安排达成一致，要符合组织的要求和标准。对于虚拟团队，最好的做法是尽可能多地会面，在团队启动时肯定要会面，之后至少每年一次。经常交流，并尽可能使用最丰富的媒体（例如视频）。使用多种通信方法、共享工具和平台是有益的。我们希望在尽可能接近现场的情形下实施，以促进理解、增强归属感。

尊重团队成员可能分散在不同时区的事实，有些人甚至可能在世界的另一端。适应他们的日程安排和昼夜节律，这样一个地点的团队成员就不会总是在半夜开会。

虚拟团队中，当一些成员同处一地时，尤其是在公司总部，那些驻扎在其他地方的人会感觉像是二等公民。请注意此类事实的影响。如果你有主场优势，那就召集团队会议而不是要求亲历现场参加。如果你远离团队的大部分成员，请采取更果断的行动。

跨国和跨文化团队

团队分散在不同国家和文化中的挑战源于语言和文化规范。一个团队必须有一种或多种共同语言才能发挥作用。与使用第二或第三语言的其他人相比，使用第一语言交流的人更有优势，也更轻松。当个人学习如何使用其他团队成员的第一语言进行交流时，这是一种尊重表现。

帮助休斯敦太空人队赢得2017年棒球世界大赛的因素之一并不涉及运动技能，甚至策略，这是一个难以捉摸不可量化的术语——化学反应。该团队由来自西班牙语国家和多种文化背景的球员组成。作为团队产生化学反应的某种表现，三垒手亚历克斯·布雷格曼（Alex Bregman）努力学习西班牙语，这样他就可以与所有队友流利地交流[5]。作为团队负责人，你会采取措施和所有其他团队成员在语言上找到共同点吗？

文化之间的差异有时可能与语言之间的差异一样具有挑战性。霍夫斯特德（Hofstede）[6]将文化定义为“集体心理规划”，文化可以与原籍国联系在一起，但即使在一个国家内，也会有区域影响。不同的行业和公司都有可识别的文化，不同的职业也是如此。因为它涉及集体规划，一旦沉浸在一种文化中，我们往往会采取相应的行动。在一种文化中成长会增强这种影响。我们无意识地进入这个设定，并且通常保留它，直到有意识地决定改变或进入不同的文化。

霍夫斯特德确定了文化的几个维度，其中有两个例子说明了它们如何影响跨文化团队：个人主义或集体主义，以及与权力距离的远近。个人主义/集体主义维度涉及社会成员之间联系的紧密程度。个人主义文化中，个人之间的联系有相当大的自由度而且是松散的，而在集体主义文化中，个人之间的联系很牢固。在个人主义文化中，人们关注自己的利益和直系亲属的利益。相比之下，集体主义文化表现为更大的“小组”，例如包括表兄弟和祖父母在内的大家庭。

权力距离一词是指权力在一个小组中的平均分配程度，以及权力较小的个人在多大程度上接受小组中权力分配不均的现实情况。在权力距离近的国家，不同等级权力层级之间可以协商，下属不同意甚至挑战领导者是可接受的。换句话说，组织中最高层和最低层之间的权力差异相对较小。在权力差异大的文化中，下属服从领导，领导者在不协商的情况下可以做出所有决定。

美国和许多其他西方国家，特征是权力距离小，更加倾向于个人主义。另一方面，亚洲、非洲和拉丁美洲许多国家的特点是权力距离大，偏向集体主义。如果你的团队由来自多种文化的个人组成，那么对于权力差异可能会有不同的期望。有些人在讨论中可能没什么意见，也许他们个性内向，也可能表明他们偏向小权力距离并对团队领导有强烈尊重。来自个人主义文化的成员可能乐于对其他团队成员的工作进行客观的批评，而来自集体主义文化的人可能会认为评判是批评，并保护所有团队成员免受侵害。对特定国家或文化做出假设时要谨慎。霍夫斯特德的洞察[7]提供了一个很好的在线资源，阐明了跨文化的权力距离特征。团队的文化方面可能是需要掌握的重要领域，你要进一步探索文化维度。

有时，为了简单起见，让工程经理直接跑到实验室操作一台设备就足够了！如果你发现自己有这种感觉，那就放心吧——这一切都是正常且不可避免的。大口呼吸，重新激发你的好奇心，以更好地了解团队的动态以及增强团队能力，让管理变得更有效。

人类是复杂又迷人的，人与人之间的互动充满了等待被发现和重视的丰富细节。当我们这样做时，能够将个人的才能整合到一个团队中，可以完成个体无法完成的事情，甚至能取得伟大的成就。我们以专业的态度对待彼此，表现出尊敬、尊重和平和。我们不会不切实际地期望员工的行为能远远超过真实身份的限制，我们也不会根据我们认为他们可能代表的东西来讽刺他们。潜在的好处非常值得我们努力去了解，而且，在如何培养团队并为其提供成功的社会基础设施方面，应该深思熟虑。

参考文献

[1] "Gl Human Capital Trends 2016: The New Organization: Different by Design," Deloitte university press, 2016, https://www2.deloitte.com/content/dam/Deloitte/global/Documents/HumanCapital/gx-dup-global-human-capital-trends-2016.pdf.

[2] ENGLEBERG I N, D R Wynn, Working in groups, Sixth Edition, Boston: Pearson, 2013.

[3] TUCKMAN B. Developmental Sequence in Small Groups. Psychological Bulletin, Vol. 63, No. 6, 1965, pp. 384 - 99. Reprinted with permission in Group facilitation, Spring 2001.

[4] SHAPIRE M. HBR Guide to leading teams, Boston: Harvard Business School, 2015, p. 47.

[5] DIAMOND J. The Chemistry Experiment Behind the Astros Winning the World Series. The Wall Street Journal, November 2, 2017.

[6] HOFSTEDE G. The Cultural Relativity of Organizational Practices and Theories. Journal of International Business Studies, Vol. 14, No. 2, 1983, pp. 75 - 89.

[7] Hofstede Insights. Compare Countries, 2018, http://www.hofstedeinsights.com/product/compare -

countries/.

推荐书目

BRINKMAN U，O. VAN WEERDENBURG. Intercultural readiness：four competencies for working across cultures，London：Palgrave McMillan，2014.

GRIFFITH B A，E B DUNBAM. Working in teams：moving from high potential to high performance，Los Angeles：Sage，2014.

LEPSINGER R，D DEROSA. Virtual team success：a practical guide for working and leading from a distance，Hoboken，NJ：Wiley，2010.

MC DONALD K. How to work with and lead people not like you：practical solutions for today's diverse workplace，Hoboken，NJ：Wiley，2017.

POKRAS S. Working in teams：a team member guidebook，Menlo Park，CA：Crisp Publications，2002.

第 10 章　政治的乐趣

掌权就像做一个淑女。如果你必须告诉别人你是一个淑女，那么你并不是。

——玛格丽特·撒切尔夫人（Lady Margaret Thatcher）

要点

- 政治游戏是组织生活中不可避免的组成部分。
- 为了我们的项目、团队成员和组织的利益，熟练地掌控政治是很重要的。
- 许多认识误区阻碍或阻止人们采取能够提升权力的行动。

如果关心自己的职业、工作满意度、项目以及监督对象，将需要获得组织中的权力。你需要理解、欣赏并善于开展政治活动，因为政治关乎着权力。在一个组织中，重要的事情是如何完成任务、如何做出决策以及如何克服障碍。办公室政治对许多人来说似乎令人反感。如果政治的观念让你感到不舒服，而你选择退出，那么就要做好对工作和对你很重要的人造成不利影响的准备。在你彻底放弃政治之前，请至少通读这一章——你可能会以全新的眼光看待政治。你可能真的要开始享受政治游戏了！

作为一名进入管理层的工程师，将会遇到更多需要政治头脑的情况。通过培养对政治的健康态度并赢得政治游戏，将显著提高你的工作满意度、生产力和效率以及职业成功的机会。同样重要的是，这将显著减少职场带来的许多烦恼。

办公室政治可以被描述为“一种有机会获得任何类型的权力或优势的，微妙且非正式的方法”[1]。从事政治活动意味着在组织的正式流程或渠道之外采取行动。这个定义并不一定意味着政治活动是非法或不道德的，尽管有时它们可能确实是。相反，大多数办公室政治活动是积极的，是人际交往的自然结果。人类可能很复杂，我们不能也不想将业务决策与情绪和意见分开，办公室政治就是这种现实的结果。

许多人愿意相信一个理想的世界，其中组织决策仅基于看似“客观”和“公平”的标准。但是，当你购买任何产品时，是这样做出购买决定的吗？可能不是。你可能会考虑更多事情，比如对品牌的体验、朋友的推荐和产品摆放的位置。你对忽略的其他选择是否做到了“公平”？

要想在业务上取得成功，你绝对需要天赋、努力工作、良好的工作业绩和足够的休息时间。但是，正如世界一直以来就如此，你需要一个更重要的能力来获取组织中的利益：政治头脑，或者说实践明智和合乎道德的办公室政治的能力。

人们在组织环境中出于政治原因做出决定完全是本能和有益的。假设一家公司的 CEO 吉姆·布鲁克斯（Jim Brooks）必须在两位中层经理珍妮（Jenny）和卡拉（Carla）之间进行选择，去领导一个新的区域业务，让我们假设这两位候选人具有相似的技术和管理资格。在过去的三年里，珍妮参加了每年一次的，在星期六举办的仁人家园志愿公司服务项目。布鲁克斯先生对这个组织给予了高度评价，并亲自发起了这个服务项目。卡拉没有参加。

如果其他情况相同，布鲁克斯先生选择珍妮担任新职位是合理的。新区域业务的管理是一个具有挑战性的职位，需要熟练的政治技能。珍妮愿意放弃星期六去为社区中不幸的人服务这一事实，证明了她拥有一项重要的管理技能：帮助他人改善自己和生活的能力。虽然卡拉可能是一个同样乐于奉献的人，但布鲁克斯先生只能根据现有信息做出决定。

政治不能代替做好工作。有能力、有动力并致力于组织的利益，这些都是政治努力的先决条件。我在政治上取得了成功，主要是因为我能胜任工作并相信组织。我所做的事情绝不是愤世嫉俗的，相反，这正是个人重要事业取得成功所采取的方式。在做过的两份工作中，我掌控政治的表现不佳，主要是因为我无法认同组织判断成功的标准。我在这些组织中的地位逐渐下降，不久就离开了。

建立在能力和与组织结盟的基础上，善于开展政治活动涉及利用组织的力量来推动自己的事业，因为个人的事业也完成了当权者的目标，还包括帮助那些需要你帮助的人。这样，你的力量就会变大。

想想与办公室政治相关的事情吧，我们将通过揭开政治误区，认识和欣赏政治游戏的基础，并强调以善于开展政治活动的方式来探索工作政治这个主题。

关于政治的误区

一些误区阻碍了我们对政治的理解和欣赏。让我们看看这些误区并纠正它们，以帮助我们提高在政治上的效率。

误区一：所有政治都是肮脏的

许多人蔑视政治，在某些情况下，持有这种观点是有理由的。不幸的是，在少数情况下出现的肮脏政治导致一些人总是认为所有政治都是坏的。由于这种误解，许多人产生了一种厌恶，以至于他们看不到政治的价值，也没能从中受益。

误区二：有些组织是政治性的，有些不是

与冲突一样，政治行为是人类互动的自然表现。每个组织都有正在进行的政治活动，但组织在政治上表现出建设性或破坏性品质的程度可能有所不同。

误区三：要玩政治游戏，必须不停溜须拍马

这个误区有一定的道理，因为玩政治游戏确实涉及尊重某些人，但总去溜须拍马肯定

会把政治游戏玩坏的。领导者很快就会厌倦阿谀奉承的人，总是对老板卑躬屈膝的人也会失去同级的尊重。成为一个精明的政治参与者意味着保持正直和受人尊敬。

误区四：我不需要玩政治游戏

作为工程师，我们可能已经形成了这样一种信念，即我们的工作应该只根据技术价值来判断。我们可能会将类似的信念带入管理层。虽然做好工作是成功的必要条件，但很多时候，最大的回报并不一定属于那些做得最好的人，而是那些善于玩政治游戏的人。做好工作和玩好游戏都很重要。

误区五：要玩政治游戏必须放弃道德原则

可以玩政治游戏，但仍然要有原则和道德，这是必不可少的。要玩好政治游戏，你必须清楚是非，为了追求自己的目标，你愿意做什么、不做什么。

政治方法

与冲突一样，有几种不同的政治方法，有些方法比其他方法更有帮助。以下是人们应对办公室政治问题的不同方式：

• 愤世嫉俗者认为政治是不好的，并故意避免任何可能被视为政治性质的行为。愤世嫉俗者经常不经意间将自己从组织的权力结构中移除，他们可能会因为消极态度而被排斥。

• 无辜者不了解组织的政治性质或对政治行动不感兴趣。掌权者通常仁慈地对待无辜者，因为他们没有威胁。

• 机会主义者痴迷于为个人利益和进步而玩政治游戏。他们心地善良，不会对任何人造成伤害。

• 割喉者是机会主义者，为求进步可以伤害他人。这样的人对组织来说是危险的。

• 专业者认识到学习和玩政治游戏的价值，但不会被它强迫，也不会用它来伤害他人。从长远来看，这类人是最成功的。

政治游戏的基础

政治活动涉及对承认组织中权力的行使和与之相关的行动。在任何组织中，有些人比其他人拥有更多的权力，而权力较小的人往往希望拥有更多权力。为了获得更多的权力，他们试图与那些有权力的人结盟。我们的工作世界充斥着对资源、时间、客户和奖励的竞争，而这一事实构成了组织中存在政治的主要原因。虽然这种简单的竞争是中性的，但我们可以为了好的目的而公平地竞争，也可以为了达到目的伤害他人，不公平地竞争。

不要假设行使权力是一场零和游戏——有明确的赢家和输家，正确使用权力会造就对所有组织都有利的结果。政治是有益的还是有害的，取决于行使权力的方式以及与强者结盟的方式。如果我希望取得好成绩，就必须准备好代表我方参与竞争。

联盟

政治游戏的关键要素之一是计划和缔结联盟，为你的项目和利益提供成功的最佳机会。组织中的每个人，包括 CEO，都需要他人的支持来完成项目计划。通过与有权力的人结盟并获得其支持，可以推进自己的事业。如何获得有权力的人的支持？回想第 3 章，人们专注于自己。当你可以展示你的事业如何使他们受益时，他们更有可能支持你。为取得他们的支持，提出论据通常相当简单。如果你的老板希望今年的销售额增加，请展示你的项目添加的资源以及你将如何提前完成目标，然后预测提前完成将增加的收入。

不要仅仅因为外人专注于你，就认为他们的目标是更多的钱或更多的权力。请记住第 4 章中关于动力的警告：我相信我是由内在因素驱动的，而其他人是由外在因素驱动的。一定要了解真正激励他们的因素。

为了避免激怒有权有势的人，需要做出更多的努力。如果这些人认为他们可能会因推进你的行动而失败，他们可能会阻挠你。虽然政治游戏肯定是用来促进进步的，但人们也寻求保证他人采取的行动不会有害。你的说服力和影响力也许可以证明你的提议会对他们有益，至少，倾听并表达出你把解决他们的担忧作为一项重要的事情。除非他们是不正常的，否则大多数人都会对真正的提议反响良好，他们会因此而尊重你。当有权势的人认为你贬低他们的权力或不承认他们的利益时，往往会激起他们的愤怒。表现出尊重，你会有所收获。

为此，你永远不要在公开会议上公开发表负面信息，或侮辱某位有权势之人。他们一定会用权力来伤害你作为回应。你可以在私下汇报坏消息，让接收者有时间消化并准备公开回应。这也是你会想从别人那里得到的礼遇。

我们在一个组织中的工作与其他许多人有着不可分割的联系并影响着其他人。你能看出其他人对你所做的事情是否感兴趣，以及这会如何影响他们吗？

功课和基础

要玩好政治游戏，需要两个主要的初始要素：功课和基础。你需要了解组织中的权力结构以及掌权者的利益，以便你整合计划适应他们的议程并采取措施帮助他们实现目标。基础工作是必要的，因为在正式公开采取措施之前，你必须以非正式或私下的方式取得支持。

设想以下情况：下个月，你的部门负责人将接受下一个财政年度资助项目的提案。你有一个好主意，打算提交一个提案，你所在部门的几个同级也可能会这样做。你不想单打独斗，然后孤身一人带着提案参加会议。

为了增加获得资助的可能性，请先做一些功课。你能确定将资助多少项目以及能得到资金吗？组织当前的“关键问题”是什么？使用什么标准进行选择，谁将做出选择？还有谁打算提交提案，他们有什么建议？在以上功课之后，是基础工作。拜访将影响结果的人，以确保你了解他们的选择标准。他们的问题和需求是什么？你可以与任何同级合作并提交联合提案吗？团队提案通常会获得好评。看看你如何利用其他地方的资源并展示你项目可能的回报。如果有人不愿意支持或加入你的工作，至少试着达成一种理解，即他们不会阻挠你。

在会议之前，测试你的观念，私下建立联盟，并确保你的提案符合或超过项目的成功标准。当进入下个月的公开会议时，你的部门负责人很有可能为你的项目颁奖。

专注于关系

许多人将政治机会视为离散交易，并试图公平地平衡每一个机会作为谈判。从自私的角度处理政治活动并专注于自己想要的东西可能很诱人，在被迫这样做时不情愿地提供帮助。我曾经遇到过一个机会主义者，他实际上在谈判的时候用了交换条件来回报我。在那次请求之后，我再也没有与他有任何关系。政治行为自然需要付出和回报，但明确询问你将获得什么以换取帮助可能会被认为是不合适的。

最好的政治参与者专注于长期关系，而不是试图优化政治交易。与任何关系中的互动一样，政治互动往往会随着时间的推移而自然平衡。如果没有，是时候改变关系或继续前进了。

受欢迎的政治参与者应该表现出镇定感，不要总是伸出手来，愿意提供不附带任何条件的好处才是最好的。

与此相关的是，与没有实际利害关系的同事共度时光很重要，这种努力加强了关系并建立了信任。专家级的政治游戏需要与有权力和没有权力的同事保持良好的关系，表现出你沉着冷静，值得信赖，人们会被吸引并与你建立联盟。

隐性的组织

虽然一个组织可能有层次结构明晰的正式组织结构图（如图 10-1），但也有一个可能基于各种标准的隐性和非正式的权力结构。在正式结构里，权力自上而下通过组织流动。实际上，权力结构更复杂，类似于网络（如图 10-2）。在此结构中，CEO 职位显示为粗体椭圆；特别强的关系用粗线表示，而弱关系用虚线表示。正式的执行管理层仍然拥有最大的权力，但整个组织中的其他人也拥有相当大的权力，拥有数十年经验的工程师可能会受到与仅担任 CEO 三个月的人同样的尊重。许多有军事经验的人都认识到，负责采购的士官对管理的部队拥有巨大的权力。要玩好政治游戏，你必须了解这个隐藏的组织以及存在其中的权势。还要了解你在非正式组织中的适合位置，以便适当地尊重地位较高的人。

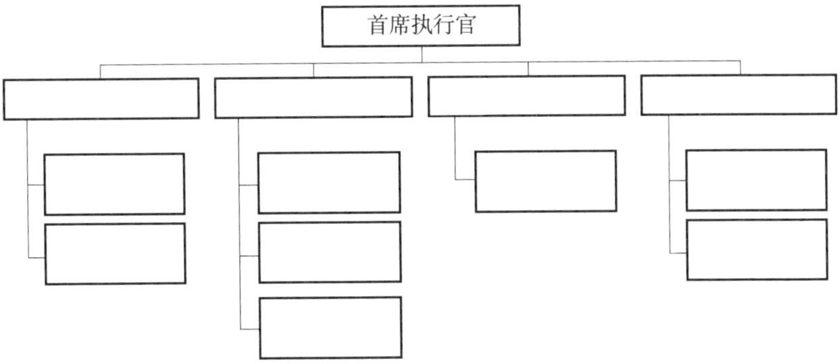

图 10－1　典型组织的正式、等级化的权力结构

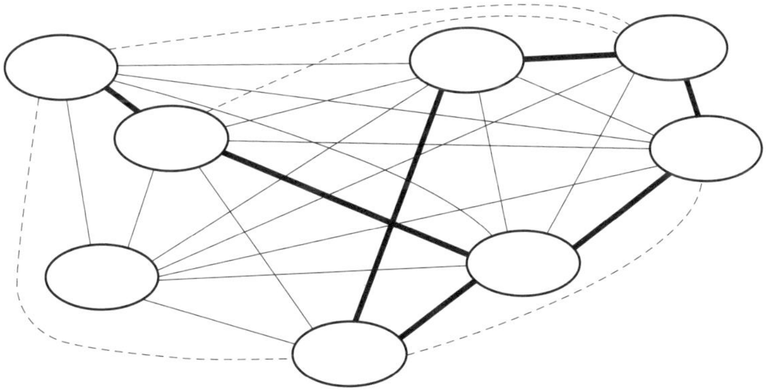

图 10－2　一个组织非正式的、类似网络的权力结构

权力的来源

人们可以从组织中的多个来源获得权力。显然，担任监督角色通过雇用、提升、奖励、惩罚和解雇他人的能力来传达权力。组织中指定或批准预算、人员分配或其他资源的人也拥有权力，因为这些资源是执行工作所必需的。信息通常在组织中传达出很大的权力，特别是对于那些了解“内部”信息的人。由于年龄、经验、专业知识或其他因素等原因，组织中的其他各种人员可能会被授予权力。最后，观念在组织中也具有影响力。正如我们在第 7 章中提到的，激发团队热情的愿景可以提供惊人的能量来源。正如维克多·雨果（Victor Hugo）所说：“人们能够抵御武装入侵，但无法阻挡思想的渗透。”

成为一名高效的实践者

成为一名政治实践者意味着永远充当一名学生的角色。如上所述，在进行任何严肃的政治活动之前，请花时间做功课和基础工作。找出在政治游戏中看起来很成功的人，并确定哪些行为促成了他们的成功。注意到任何已被组织惩罚的行为以避免犯类似的错误是值得的。在组织中具有丰富经验的导师可以帮助你了解政治格局，但要意识到维持导师关系也取决于你能做些什么来帮助导师。

注意你的部门、上级、部门上司和整个公司的公开和非公开的目标。虽然这些都应该一致，但可能存在细微差别。也许本季度的主要目标是削减成本——据此来组织你的工作。

在观察了一段时间后，你就可以展开政治翅膀了。查看你当前的项目或任务，组织中的哪些人可以帮助你，使你的工作更加成功？是否存在障碍或重大决策点？可能值得与主要参与者一起“使事情顺利进行”。

为帮助上级完成任务，你可以贡献出什么（包括你的时间）？主动提供帮助是发展人脉和提高知名度的好方法。有关相关的观念，请回顾第 7 章——发挥领导作用来解决对上级很重要的问题，将极大地帮助你获益。

你的项目是否有一些坏消息——一直保密的消息？你应该通知那些可能受到影响的人，而且越早越好——当然是私下里。

你应该总是努力让老板看起来人不错，这样做会极大地帮助你。另一方面，如果你的老板不称职，你有更重要的事情要担心——比如被分配给新老板。

最后，为了政治利益，你要知道该做什么和不做什么的底线。成功的政治实践者是有道德的人，他们不会为了政治利益而行肮脏之事。屈服于不道德或卑鄙的行为总是会困扰你。

避免失误

成为一名有效的实践者既要采取良好的政治行动，又要避免误入歧途。以下是一些常见的“禁忌”，它们可能会给你带来麻烦。

信息是力量的源泉，而八卦往往是其最强大的形式。虽然能获取小道消息很好，但不要在背后散布谣言和批评别人。你永远不知道你的话什么时候会传进当权者耳朵里，就像每一次谈话都被记录下来一样，行动和说话也会。

如果你的老板不称职或阻挠你做你认为是正确的事情，你可能会想进行“先斩后奏”，绕过你的老板，从组织中的更高层获得结果。这是一个艰难的决定，因为你的老板可以报复，但有时这样做是合适的。确定你有一个政治盟友，也许是你的导师，他比你的老板更有权力。通常，一个合适的替代方法是谨慎地以书面形式汇报你的动向并告知给老板，以便公开地进行活动。在我职业生涯的早期，结识了一位新的部门上司——我老板的上司。这是一次单纯的会面，但我没有在这个会面前通知我的老板。当他碰巧看到我正在拜访高层领导时，很不高兴。我从那个错误中学会了要小心开展跨级汇报、会面等工作。

办公室里的浪漫关系会复杂化甚至催毁你的事业。许多组织都有反对办公室恋情的政策，即使他们是公开恋爱、光明正大的。我不想阻止任何人寻找真正和持久的爱，但要小心。失败的办公室恋情会让你们俩都过得很艰难。

避免否认真相和沉迷幻想的诱惑，无论是为了获得优势还是为了保护自己。真相会追上你，然后你就会被称为是编造谎言的人。一些组织被机会主义和残酷的政客所把控，以至于工作变成了一个充满谎言和欺骗的世界。如果这正是你周围的环境，你可能想搬到别处去——有很多不错的组织可以供你选择。

在一天结束时，你必须反省自己。你会为了政治利益而出卖灵魂吗？你会误导自己和他人，制造谎言以期个人进步或个人保护吗？这是不值得的，一个精通政治的实践者不会做这样的交易。

作为工程经理，善于玩政治游戏对你的成功非常重要。你是否负责一个你喜欢的项目？那些为你工作的人呢？他们的态度取决于你和你玩政治游戏的熟练程度。

以我的经验，很少有组织表现出令人厌恶的政治行为。好消息是，虽然所有组织都是政治性的，但大多数组织的政治是相当温和的，即使偶尔有些古怪。可以享受办公室政治的游戏并有效地利用它。这样做可以舒缓你的压力，提高你对工作的满意度。

精通政治的人以自信、优雅、沉着、仁慈的态度来做这件事。大多数时候，他们的举动并不引人注目，但遇到欺凌时，他们并不害怕在自己权力之内采取果断行动。

作为经理，政治将在工作中发挥重要作用，应将此视为你职业生涯中的积极发展台阶。随着责任和权威的增大，你会与掌权人有更多的接触，你的影响力和权力也会增长。虽然这一发展将使你个人受益，但我希望你也能够意识到，明智地利用政治权力，创造伟大的事情，体会造福许多人所带来的深深的满足感。

参考文献

[1] DUBRIN A J. Upper saddle river [M]. NJ: Prentice Hall, 1990.

推荐书目

KING P. Conversation tactics: workplace strategies (Book 4) - win office politics, disarm difficult coworkers, get ahead & rise to the top [M]. SC: Plain Key Media, 2016.

MCINTYRE M G. Winning at office politics: how to achieve your goals and increase your influence at work [M]. New York: St. Martin's Press, 2005.

REARDON K K. The secret handshake: mastering the politics of the business Inner circle [M]. New York: Doubleday, 2000.

RUST D. Workplace poker: are you playing the game, or just getting played? [M]. New York: Harper Business, 2016.

第 11 章　向上、向下和全方位管理

即使是最坦率、最勇敢的下属，也不会像与同事交谈那样与老板交谈。

——罗伯特·格林利夫（Robert Greenleaf）

要点

- 你需要主导与上级和周围许多人的互动，尤其是你的顶头上司。
- 这些互动应以组织的战略方向以及你具体职责相关的方式为基础。
- 互动将主要基于影响力，尤其是在矩阵式结构的组织中。

本章的标题旨在吸引眼球，应用时需要小心。

在第 9 章中，我们专注于管理团队，即你的直属团队。现在我们来考虑一个更大的团队，你也属于这个团队，它与第一个团队关系紧密。第二个团队包含你组织中更多直接或间接参与团队的工作以及你自己工作的个人。这个更大的团队包括你的上级和某些同级。你的部分工作是以补充和支持团队需求的方式指导他们，反之亦然。

有人可能会说你正在进行 360 度管理。

你的项目和其他任务可能源于你所在层级中的上层，并且可能会通过你的直属上级交付于你。项目附带赞助商，他们可能位于公司结构的对角线上方。位于组织不同职位的其他人可能会帮助或阻碍你的努力，例如，制造领域的团队负责人可能是你在层次结构中的同级，但可能是你某个项目能否成功的关键点。

我们在第 9 章中提出的主题之一是每个团队成员都要对团队的成果负责，适用于你的直接团队的内容也适用于扩展团队。你需要对任何能够带来成功结果的行动负责并亲身参与其中，这是“管理”的真正含义。但是在这里我们需要解决上面的醒目标题以及管理两种类型团队的不同内涵。

管理下属与对待上级、同级是完全不同的。如果你以同样的方式管理你的下属，你可能会发现自己遇到了麻烦。

在上级和同级的背景下，管理被视为大量沟通、影响、协作和参与性决策的代名词。虽然对待下属时，有指引方向和提供指导的选择，但用这种相处模式套用到上级和同级，可能是不合适的。你对下属能否按计划行事有很大的影响力，对于同级和上级，你必须意识到他们的日程可能与你不同，似乎与你的需要有冲突。最后，你的同级，尤其是你的上司，都是非常忙碌的人。保持简单相处、切中要害、符合战略并引导行动。

为了干好本职工作，你将需要组织中许多其他人的资源、决策、支持和指导。这些对

你的工作和幸福来说太重要了，不能只靠运气来得到它们。也许层次结构中的其他人应该关注你的需求，但不要全依赖这些，也不要将这项工作视为以你的项目和团队为中心的工作。你的工作必须与组织的战略方向保持一致，因此你真正追求的是完成有助于你的上级和同级的工作。

管理上级和同级有关行动和实现目标的进展——它是主动性和领导力的锻炼。如果没有它，你的工作可能会落后或偏离上级的期望。与第 5 章和第 7 章的主题一样，主动性和领导力不是试图控制，而是更多地改变自己的行为。每一段关系都像是一场涉及两个伙伴的舞蹈。任何一方都可以改变舞蹈，从而改变其他人跳舞的方式。

360 度全方位管理最初可能会让人望而生畏，尤其是当你不熟悉管理角色时。与任何其他新尝试一样，熟练掌握技能需要时间，因此请给自己留出试验、犯错和成长的空间。最终你可能会发现，组织中的协作互动是有益的。这一切都始于调整。

战略调整

我们将在第 14 章中更深入地讨论贵组织的战略。你知道和了解公司的战略方向及其原因吗？如果答案是否定，你应该去了解一下。战略被用来指导组织的方向，它还应该指导员工做出的许多大大小小的决策。与使命和愿景一起，它是或应该是连接组织中各种活动和人员的共同主线。使命是组织存在的原因，愿景是它要去的地方，战略规划是实现目标的路线图，你的角色和职责必须与这三者保持一致。

更重要的是，战略方向应该是与他人合作的基础，无论是你的上级、下属还是同级。当目标一致时，协调会变得更加容易和有益，并且你与同事发生冲突的可能性较小。通常，过于急切的需求会将我们层层束缚。当然，必须强调和解决细节问题，但也应该确保对于细节的处理应与大局一致。

了解公司的战略规划是一回事；对此感到满意并致力于实现它又是另一回事。在我访问咨询或培训的公司中，我发现听到关于组织战略的一些激进派的评论，既悲观又令人不安。我认为这主要有两个原因：(1) 除非担任高管职位，否则很容易与形成该战略的市场和竞争环境隔离开来；(2) 持续变化且不断加速变化的环境致使战略经常变更。组织中下层的人经常对战略决策进行第二次解构，很容易（而且正确）将责任归咎于高管的失职，因为他们没有传达战略为什么这么制定。不要等他们这样做，你的责任不仅是内化战略，还要看到促使它成形的力量。换句话说，让组织的战略成为你自己的，并能够解释和捍卫它。为什么？因为要让协作奏效，当你遇到同事时，你需要与组织中的那些并不懂战略的人一起这样做。一位高管可能会说明最大化股东价值的重要性，这对投资者和股票分析师很有意义，但可能会让你团队中的工程师感到困惑。最大化股东价值意味着企业正在遵循确保投资者获得最佳回报的策略，这跟我有什么关系？正如我们将在第 12 章中讨论的那样，投资是项目的资金来源之一，这可能是你和团队正在从事的项目。通过最大化回报来取悦投资者，有可能使工作更有趣并得到回报。

与你的老板合作

对于大多数人来说，与上司的关系是工作中最重要的关系。你可能还记得我之前提到的那句格言：与其说辞职是辞掉工作，不如说是辞掉了老板。最近的一项盖洛普（Gallup）民意调查证实了这一说法，该民意调查发现大约一半的员工为了逃避经理而离职。这一发现表明，要么周围有很多糟糕的老板，要么人们没有从上司那里得到他们想要的东西。你的顶头上司是对你的成功和幸福影响最大的人，因此采取措施培养这种关系至关重要。

培养这种关系最重要的部分之一是了解你的上司作为一个人以及这个人所扮演的角色。你应该对老板负有一定的责任，要对老板的期望有所了解。这些是什么？你和项目在哪些方面适合你上司的角色？尊重这样一个事实，即这个角色很重要并且很可能压力很大。做这个功课的部分原因是为了减轻你们俩的压力。

研究一个人时，你会发现一个人有长处、短处、特质，也有缺陷。这些特征如何支持或阻碍角色？你在这里的努力不是为了判断，而是理解和使用这些知识来计划互动。然后进行自我检查：你自己的优点、缺点、特质是什么，以及缺点是什么。

职业田径分析的一个方面是，考虑团队的组成如何在既定时间，对某个具体队员的表现产生影响。在这里，你基本上就是在做这样的分析，尽管你将无限期地与你的老板“在游戏中”。这样做的目的是更好地掌握你们两个人的融合程度，以及你需要把注意力集中在哪里。你在这里所做的大部分工作是观察和关注，利用情商，这将在第 23 章中讨论。

你的老板主动沟通吗？这很伟大！如果没有，你将不得不在这个部门加倍努力。他是不是因为压力太大了？告诉他，他可以把一些工作交给你，并保证能按时完成。最终，你希望利用自己的优势来与他互补，并意识到减轻双方弱点的负面影响。

你的上司经常深入、切实地与你沟通目标。除非你有幸拥有一个非常棒的老板，否则这种沟通将很大程度上取决于你的主动性。要真正理解他对你的期望，第 23 章中的临场感和积极参与的技巧将帮助你完成这件事。你还需要自问你的期望如何符合对他的期望。在可能的情况下，要求提供战略方向的概要或项目组合的文件或其他资源，以便与上级策划保持一致。有时，上司会误会你的工作方向，这是需要解决的问题，当然是通过交流。

你的大部分定期沟通将涉及正在进行的项目。在这些沟通中，证明你已经总结了事实、简化了问题、提供了选项和适当的建议。你还要考虑给出的建议如何使老板能欣然接受。你想采取措施尽量减少必须做的工作量，并提升协作效率。如果你做的事情让上司很满意，那么你更有可能与上司获得良好的体验。这样做会给你一种力量感。随着时间的推移，你会感觉到正在利用自身的影响力来引导关系朝着有意义和有益的方向发展。你的引导应该对双方都有利，并且双方都会得到回报。

一位糟糕的老板

任何人都有可能被分配给一个在某个方面不称职、与该角色不匹配甚至有负面效果的上级。其中前两个优于第三个，因为你可以采取措施克服。如果你的上司本质是良性或善良的，则尤其容易，甚至可能会欣赏你的投入，以弥补弱点。另一方面，对缺陷持守旧态度或偏执的老板是有问题的。在所有事情上，你必须温和而圆滑地进行，始终尊重和支持老板的社会地位。

两个资源，虽然与主题没有直接关系，但指导我们如何理解有许多问题的老板。当我们最大的孩子还是婴儿时，他睡得不好，这意味着父母也睡得不好。我偶然发现了一本很有帮助的书，它教会我的知识对于职场工作也很有意义。虽然我早就忘记了这本书的名字和作者，但它传达的信息是，当孩子们让你发疯时，通常是因为他们正在经历或挣扎于一个发展阶段；因此，他们真正需要的是过渡期间的冷静指导和保障。简而言之，他们需要一个成年人。在我们的案例中，他不安的夜晚反映了与父母分开睡觉的焦虑。随着时间的推移，最终的工作是一个令人安心和舒缓的例行公事。虽然剥夺睡眠往往会养出在父母看来自私的孩子，但了解这是一个过渡阶段对父母有很大帮助，我们可以避免表现出愤怒或不再强迫孩子在还没准备好时就必须独自睡觉。

我在攻读组织领导硕士学位时遇到了第二个资源，是一篇由威廉·卡恩（William A. Kahn）撰写的、标题有趣的论文——《功能障碍：对组织诊断和改变的影响》。它的前提是组织功能障碍实际上服务于功能目的，看似不合理的行为隐藏着一个合理的目的。该论文报道了一家针对有情绪和行为问题的高危男孩的住院治疗中心的工作人员，工作人员相互表现出各种威胁组织有效性的行为。卡恩报告的突破性内容包括涉及员工工作的情感困难。工作人员经历了强烈的情绪，包括悲伤、内疚、愤怒、恐惧、焦虑，以及他们对照料问题孩子的艰难工作感到绝望。工作人员在与孩子们一起工作时必须抑制这些强烈的情绪。但是强烈的情绪需要一个出口，所以工作人员通过其他方式发泄出这些情绪。当员工能够在适当的环境中定期表达自己的情绪时，积压的情绪就会减少，组织绩效也会提高。我提到这两个资源的目的是提醒你重新考虑如何看待问题老板提出的“问题”。绝对可以预料的是，我们最初将某人的恼人行为视为需要纠正的缺陷。我建议你稍微弱化对行为的判断，将其更多地视为因素和相关情绪的潜在理性结果，这些因素和相关情绪可能最初对你甚至老板都不明显。令人难以置信的是，强烈的情绪会在我自己和他人身上驱动各种看似功能失调的行为。

这并不是建议你应该忽略或轻视不良行为，尤其是破坏性、不道德或虐待行为。我的观点是，通过学习成为成年人，帮助引导你与老板的互动朝着健康的方向发展。同样，这必须以尊重和敏感的方式进行。在最好的情况下，你冷静而坚定的信心真的会带来更好的改变；它肯定会帮助你感觉更有控制力。即使在最坏的情况下，没有真正的改变，你仍然可以昂首挺胸，知道你试图带来有价值的结果。但请记住，在任何关系中，你都不应该期望改变对方——这种策略很可能会遭到抵制。通过改变自己，你会改变动态，这样做，问题老板可能会选择改变。

如果你的老板真的有破坏性并且可能失控，那么合理的前进道路可能就没有希望了。你将不得不使用判断以及你所在组织的人力资源政策和资源作为指导。如果你看到破坏性行为，其他人也会如此，你可能会找到可以采取行动的盟友。始终要注意的是，有负面影响的人可能在政治上有千丝万缕的关系网，并且能够实施报复。

如果情况令你难以忍受，你可能会要求调到另一个职位，并可能考虑更换雇主。生命太短暂，一般无法忍受负面的职场环境。但生活也让我们不仅仅被动地抱怨老板的行为；它要求我们变得成熟，这样做为组织带来有益于改变的潜力。

一位伟大的老板

希望你能有机会为职业生涯中的一位或多位伟大的老板工作。也许老板伟大的决定性特征是会在他们的职责中发挥出最好的一面。在老板的监督下，应该考虑两个因素来引导与老板的关系并指导工作方式：

首先，充分利用这个丰富的学习和发展机会。在你还是一个学徒时，你遇见大师，那是关注、记笔记和模仿大师的思想、态度和行为的最佳时机。也许最重要的是，你的老板可能已经建立了一个稳固的网络，并将提拔你。就好像有人把你送到一所优秀的大学，并为这个特权给你付钱。有了这样的特权，责任就来了，当你是学徒的时候，责任就是学好并学以致用。

其次，是关于实践的部分，就是要避免自然膨胀的诱惑。虽然一位伟大的老板可能会挑战你的成长，但也可能不会对此咄咄逼人。因为这个老板很精通并且有很好的人际交往能力，所以工作似乎比一位不太熟练的老板更容易。在时机成熟时，可能很容易忘乎所以。然而，应抵制这种冲动，尽力而为。

与同级合作

在本次讨论中，我稍微宽松地使用术语“同级”来指代在组织层次结构中大致处于与你级别相同的人们。他们包括其他工程经理，也包括其他职能部门的人们，例如营销、制造、平面设计等。在某些情况下，你可能会被分配到一个具有不同成员的跨职能团队。在其他情况下，同级可能会从事不同的任务，这些任务似乎与你发生资源竞争。

你与大多数同级的互动比与你的老板和下属的互动要少得多，但你会与某些同级密切合作。我们所说的与上级关系的大部分内容也适用于你的同级：积极沟通，关注你和他们的工作如何与战略大局相辅相成，努力解决问题，创造性地解决问题和做出决策。

解决“筒仓”问题是值得的，因为它与不同职能部门的同级和其他人有关。人们经常使用“筒仓”一词来描述组织中职能部门之间的沟通和协作不畅。这个东西的心理图像就能形象地说明问题：筒仓是由金属或混凝土制成的不透水墙构成的。当存在组织筒仓时，部门会隔离并保护自己免受其他部门的干扰。所有决策都在筒仓顶部做出，下属之间的协作受到严格考量。组织中筒仓的普遍存在表明地盘和资源正在受到保护。这种安排扼杀了协作、创新和敏捷性。

矩阵组织

正如我们将在第 18 章中讨论的那样，许多执行项目的企业将其结构组织构建为一个矩阵。在这种模式中，员工出于管理目的向职能经理报告，但当被分配到一个项目时，他们将向该项目的相关项目经理报告。如果你是这种模式中的项目经理，你拥有的权力大小，具体取决于组织。如果是前者，你与职能经理的互动将主要取决于你对决策的影响程度。这些技能很重要，例如，当你的项目团队中的一名成员有相互冲突的需求时。

当你向上司报告时，如果你也是项目经理，你也同样向项目发起人（委托你项目的个人）报告。与你的上司一样，你需要真正培养与赞助商的关系并经常发起沟通。因为你在层次结构中可能低于职能经理，所以你需要发起人解决与涉及你项目的其他人的任何冲突。

与本章中其他合作的主题一样，你在涉及项目资源的所有事项上的“大本营”是战略协调以及创造性地问题解决，这种方法往往会抵消地盘之争和筒仓效应。你的项目可能对组织很重要，否则就不会发出委托。确保你了解它的战略重要性，并能在与他人的对话和谈判中表达出来。更好的是，对项目以及它将在组织中起什么作用充满热情，人们自然希望支持或参与成功的工作。听从对方的意见，尊重其立场；他们的利益可能对公司也很重要。准备好创造性地解决问题——在可能的情况下，你会获得双赢的结果。

如果必须将问题上报给发起人解决，请根据结果对组织战略的重要性提出你的理由。如果赞助商或更高级别的人选择其他方式，请尊重该决定并充分利用它。这些人通常很难在对公司都有好处的项目之间做出选择。

这是一个很好的场景，可以强调让你的项目按计划和预算进行的好处。理想情况下，包括团队在内的项目资源在项目实施期间受到保护，其他项目的相应资源也是如此。如果你的项目运行迟了，可能很难找到你需要的人来完成工作。

作为一个称职和高效经理/领导者的一个重要态度是拒绝找借口、消极处事或成为受害者。作为一名工程经理，你不能在发挥作用的同时处于被动的受害者身份。

不要等待别人给你所需的信息、指导或决策，要定期和及时地寻找他们、了解他们、他们的角色、负面因素和限制，并让他们从怀疑中受益，你们都在那里做伟大的事情并享受合作。

推荐书目

GABARRO J J，J P KOTTER. Managing your boss [J] . Harvard business review，1993，7 (3)：150 - 157.

HARVARD BUSINESS REVIEW，HBR guide to managing up and across [M]. Boston：Harvard Business School Press，2013.

HAYASHI S K. Conversations that get results and inspire collaboration：engage your team，your peers，and your manager to take action [M]. NewYork：McGraw - Hill，2013.

TULGAN B. It's OK to manage your boss：the step - by - step program for making the best of your most important relationship at work [M]. San Francisco：Jossey - Bass，2010.

原则 2：纵观全局

成功的企业由众多相互关联的部分组成，且这些部分必须协同工作。工程师通常专注于狭窄的技术工作领域，但经理必须具有总揽全局的思维并采取相应的举措，才能适应并整合多方利益和考量因素。

企业的基本目标是产生利润，这一点工程师可能很难接受，但作为经理必须接受这一观点才能取得成功。鉴于商业世界中存在的不确定性，制订规划并保持一致的方向可能不容易做到。要想取得成功，工程经理脑海中必须有一幅形象的宏图，必须能够清晰地阐明总体目标，还要能在信息稀缺的情况下将宏图的各个部分组织起来。

为了能够拥有大局观，在第 12 章至第 16 章中，经理要学习以下几点：

- 要认识到每个组织机构的目标都是财务健康，因此工作必须实现收入或利润目标；
- 要看到组织中的系统；
- 即使面对不确定的环境，也要能制订有效的规划；
- 学会在解决问题和实现目标时考虑不同群体的需求；
- 识别并把握机遇。

第 12 章　身在生意场中

金钱会说话……但我的钱从来都只会说“再见”。

——佚名

要 点

- 资金是维持企业运转的燃料，也是评判企业健康状况的标准。
- 了解并能够就公司的财务事宜进行沟通非常重要。
- 秉持这样的态度：你是你负责领域的首席执行官，也是组织的共同所有者。

把自己想象成一个尼安德特人。当你和其他洞穴居民围坐在火堆旁时，大家谈论的话题毫无疑问基本都是关于食物。你们可能正在计划狩猎长毛猛犸象，也可能正在为当天早上成功击杀了剑齿虎而击掌庆祝，也许格罗格（Grog）正在吹嘘自己射杀的最多而被评为本月最佳猎手。

史前时代的人对食物这样关注是有充分理由的，毕竟半夜饿了想吃宵夜的时候买不到麦当劳。想要获取食物，必须付出很大努力以及进行协调工作。部落中每个人的生存都岌岌可危，完全取决于食物的供应和猎人的技能。

现代组织和这些狩猎群体在许多方面都有相似之处，但现代组织关注的重点是——金钱，这也是理所当然的。没有资金，商业组织将无法建立，无法提供客户重视的产品或服务；如果员工的努力得不到报酬，就不会为企业工作。金钱既是驱动组织的燃料，也是企业保持健康的衡量标准。虽然我们在本章节中重点关注金钱，但还是要考虑，时间和劳动力资源与创造企业为其客户服务的价值相关。

经营企业的人都知道，营利性企业实际上只有两个关键因素：一个是赚取利润，另一个是产生现金。只要你做好这两件事，即使在过程中犯些错误（犯错误是无法避免的），你的公司也能够顺利经营下去。如果你是在政府或非营利组织工作，你必须确保在相当长的一段时间内支出不超过收入。在本章的其余部分，我们将重点关注营利性组织，但请记住，相关问题也适用于政府和非营利性组织。即使你在政府或非营利性组织工作，你也必须经常考虑包括一些营利组织在内的支持方，并了解他们的担忧。

这些简单的规则适用于所有企业，但在大多数公司，从来没有人告诉人们说公司的生存取决于这两件事。人们知道在工作日八小时内该做什么，但没有人告诉他们如何赚钱和产生现金。

与公司政治一样，人们可能会对这种对于金钱的关注冷嘲热讽。作为一名初出茅庐的经理，你现在已经身处生意场——你必须适应企业经理的身份，你应该了解并熟悉金钱以及金钱对企业的意义。此外，你还将负责相应的企业财务状况。

很遗憾的是，大多数企业不让员工了解企业的财务状况和经营状况。而那些既对员工进行会计和财务管理培训，又让员工了解财务业绩最新情况的企业通常会发展得更加稳健、更加成功。

因为很多工程师在大学期间学习了工程经济学，我们就不再赘述这个话题和金钱的时间价值。本章有些内容可能看起来有些太基础或太琐碎，但我还是把这些内容提了一下，因为根据我过去在很多组织的经验来看，大多数人并不熟悉财务业绩，也不认同财务业绩的重要性以及与他们工作的关联性。

我们会继续探讨金钱在很多方面都对组织很重要，金钱从何而来，以及如何有效地使用金钱。那么，现在让我们拿起一块乳齿象腿，围坐在火堆边，开始来谈谈钱吧。

企业的进项与出项

工程模型可以帮助我们理解企业的基本性质（图 12 - 1）。企业提供有价值的功能，但该功能是有代价的——投入的资源不是免费的。资源可能包括劳动力，但通常劳动力要被减少到具有经济价值的水平。这些资源推动了企业发展，如果拿走这些资源，企业就无法经营。如果企业消耗的资源多于产生的价值，甚至将耗尽其投入的资源，就得整改或者关门大吉了。

各个系统不会凭空出现，需要不断努力和发展才能将概念转化为行之有效的实施方案；同样，要取得成果，企业在达到有效性阶段（希望如此）之前也经历了类似的设计和开发阶段。通常需要大量资源应用才能将企业从概念阶段转变为可行的运营阶段。

企业的终极资源是金钱，可以用钱来购买其他资源。金钱的各种指数也可以作为晴雨表，衡量企业起创造价值的作用还是一只吞金兽。因此，金钱既是使企业运转的燃料，也是评判企业经营状况的标准。

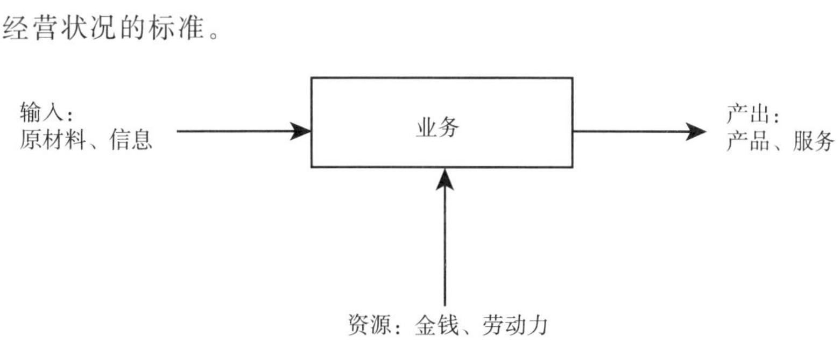

图 12 - 1　工程模型

企业的燃料

如果金钱是为组织提供动力的燃料，那么这种燃料的来源是什么？很显然，企业向客户销售产品和服务会获得收入。一个成熟的企业希望自身收入超过经营成本，这样企业才能自给自足。

一家企业要想盈利，就必须提供客户认为有价值的东西，而且它提供给客户的东西必须定价合理。请仔细看一下自己的公司，要清楚地了解你提供的产品或服务的成本，然后确保你的价格设置得当，这样才能获得足够的利润。

投资：启动泵

一家公司在远没有达到自给自足的时候就已经在消耗资源。类比一下，推出新产品或扩张新市场需要投入一定资源，这些资源无法立即获利。除了来自客户的收入外，最重要的其他燃料来源就是投资。投资分两种：债务和股权。

投资是投入金钱让其发挥作用，并以利息或投资回报的形式获得收益的行为。有钱可投资的人可以有很多选择（例如把钱存入银行的储蓄账户）。与银行存款相比，通常商业投资获得高回报或高利率的机遇更大，但风险也更高。投资者在投资业务时期望资金增长；否则，就会把这笔钱投资到其他地方。

为了吸引投资，企业必须吸引投资者。对于成熟企业，投资者可以检查其以往记录，以确定历史投资回报情况。对于新兴企业，投资者必须评估其他因素，例如商业概念、涉及的技术以及执行团队的能力。

通常来讲，投资者都了解投资企业存在风险。银行的储蓄账户通常由政府机构投保，而商业投资则没有这种保险——投资者可能会损失部分或全部本金。为了抵消这种高风险，投资者期望商业投资的回报率比银行存款高得多。

投资和回报的概念也适用于企业内部的项目或子公司，企业的执行管理层决定如何分配财务资源——为哪些工作或项目提供资金。管理层还要定期评估其投资在各种项目和工作中的表现。

债务：承担债务来使用金钱

当一家公司使用债务来筹集资金时，即是在借钱，并承诺在以后附加利息偿还。正如个人可能会从银行贷款买房，公司可以通过各种渠道来获得贷款，为其业务运转提供资金。

很多人都误以为任何企业都可以从银行获得贷款。为了让银行批准贷款，企业必须提供抵押品——有价值的有形物品，例如房产或设备。如果企业无力偿还贷款，银行可以扣押抵押品并将其出售以收回贷款。在某些情况下，银行可能会根据业务委托人的担保提供贷款，使用其个人资产作为抵押。

公司还可以以企业债券的形式发行债务，即由其他机构或个人向公司提供贷款。企业债券不与抵押品挂钩，因此如果公司经营不善，投资者可能会赔钱。这种企业债券风险更高，按理说回报率应该也更高。为帮助投资者评估所涉及的风险，投资评级公司根据企业的业绩和预期的偿债能力对投资的质量或安全进行评级。评级良好的公司可以向投资者支付较低的利率，为其运营保留更多资金；评级不佳的公司自然利率较高。因此，企业非常重视此类评级。

股权：投资所有权

股票形式的股权是在企业中分享所有权以换取投资。当无法以其他方式获得资金时，例如初创公司，股权可用于筹集资金。正在扩张的大型企业也会用这种方法筹集大额资金。大型企业的股票通常在公开股票市场上交易，而中小型企业的股票仅在私人交易中交易。

对于在证券交易所上市的公司而言，股票价格是对企业价值认知的直接指标，它会影响企业可用的资金。出于这个原因，公司的董事们非常重视股价，有时会不遗余力地取悦股东和专业市场分析师。

对于公开交易的股票，投资者对表现不佳的公司越来越不耐烦。这样的公司，往往面临快速从新产品或服务中产生利润的压力，投资者几乎没什么容忍度。再重申一遍，不要对投资者这些动因冷嘲热讽，它们只是源于这些公司的市场情况。

私营公司的“市场价值”可以由估值专家或应用此类专业知识的软件平台计算得出。此类估值对要出售或要收购的企业很重要。对于其他私营企业，估值也可以反映企业的健康状况，因此也可以指导董事应在何处改进工作、弥补不足。

做预算：燃料用在哪里?

做预算是指组织如何决定其对燃料的需求以及如何分配燃料。许多组织在给定的财政期之前就会完成预算流程，以估算所需的资金。这些估算工作非常重要，可帮助组织确保在需要的时间和地点拥有必要的资金。从确定运营资金的需求到实际获得可用的投资，一般需要的时间都比较长，比如六个月。通常来讲，企业要花钱的地方比能获利的地方要多。还记得在第10章中我们谈到如何成为一名优秀的企业政治家吗？锻炼政治技能的方法之一就是向执行管理层提出未来项目或运营的预算建议。领导会把钱放在某个地方——你的工作就是巧妙地使用政治手段，然后说服她投资你的事业。

保持健康状态

既然我们已经看到金钱如何为企业提供动力，那让我们再看看企业如何用它来保持健康状态。用金钱指数作为指标衡量企业价值或业务运营成功与否。

财务报表

企业使用各种标准财务报表来确定全公司以及公司内部部门的绩效。具体由会计部门根据公认的会计惯例编制这些报表。

其中使用最广泛的是某种格式的损益表，它显示在给定时间段内企业所获得的收入以及与运营相关的费用。每个部门或单位，包括你的部门也可能编制这种损益表。关注这种表格对你有所助益，可以帮助改善持续不佳的运营情况，也可以对运营工作进行重新组织或予以终止。人们希望损益表不仅显示利润，还能揭示利润与其他潜在资金的用途。

你可能还会见到一种资金来源和资金用途的表格，它显示一段时间内公司资金的来源以及资金的使用方式。该表格更有助于快速了解运营工作相比于投资对企业的支持程度。

现金流

大多数企业在客户实际支付现金之前就开始提供产品或服务。在客户付款之前的这段时间内（通常是30～90天），公司必须承担义务，包括支付员工的工资。企业必须确保在任何时间都有足够的现金来履行其义务，这一功能称为管理现金流。这里就可能用到现金余额表，来阐释清楚即将到来的现金需求和预期的现金收入，从而帮助企业成功地管理现金，避免借债。

关键指标

关键指标的意思是指企业运营的某些衡量指标可以快速揭示企业的健康状况，具体指标因企业而异。对某个企业而言，新订单可能至关重要；对其他企业来讲，库存的大小可能很重要；对另一个企业而言，也可能是现有客户的重复订单量很重要。要想明确哪些是关键指标，通常需要审慎的思考、集体的讨论以及一定的智慧，但这项工作对企业非常有用，因此值得花费时间和精力去做。

机遇成本

许多人关注他们花钱时会发生什么，但在我们本可以花钱却没有花钱的情况下，通常也会产生成本。我们在新产品开发中经常会遇到机遇成本的问题，这里有一个简单的例子：假设我的软件开发公司将花费四个月的时间开发并交付一个新产品，在开发期间每月的成本为5万美元。我们预估该产品开发完成后每月的销售额达到10万美元。在项目期间，可能会延误两个月才能完成。这两个月期间，我们将损失 20 万美元的收入。如果我们有能力，会考虑花更多的钱来确保不延期。假设将投入项目的资源增加一倍，那么能满足原定的时间计划。这笔投资多棒啊：多花 10 万美元，可以赚 20 万美元！

当听到项目延期的坏消息时，很多人都会感到苦恼或埋怨他人。很显然，此刻重要的是要弄明白项目出了什么问题并防止问题再次发生。同样重要的是，要清楚地认识到，什么时候花费额外的资源能发挥更大的作用。对于许多企业而言，延迟完成项目的代价是巨大的——因此很可能轻易做出加大投入以更快地完成项目的决定。当然，任何好主意都可能过犹不及。对于运行不善的项目，千万不要盲目投钱并相信自己能点石成金！

项目财务管理

很多工程师刚刚转变成经理时，第一次真正遇到财务管理的问题就是在项目管理中。我们将在第 18 章深入讨论项目管理，在第 22 章讨论风险管理的相关主题。本节中我们将讨论项目中的一般性财务问题。

项目是企业的缩影，我们所说的有关企业财务状况的大部分内容也适用于项目。企业是一个持续发展的实体，而项目则是有开始和结束的活动。

项目消耗资源，因此它需要有投入。企业使用财务计分卡，以确认项目进展是否正常。公司分配给该项目的资金就是一项投资。投资应产生足够的投资回报才值得；否则，这笔钱应投资于其他项目。

在项目启动之前，必须确定用于该项目的资源。项目经理和其他关键人员可能会参与估算项目的拟议预算。通常，在做预算过程中要想保持乐观会有压力，但还是要实事求是。

估算预算的方式多种多样，可以借鉴先前的经验、咨询相关专家、研究行业指标以及借鉴类似项目的以往情况。许多企业为不可预见的事件预留了与项目相关的额外资金，这些资金被称为应急资金和管理资金。当项目及其预算获得批准后，计分过程就开始了。通常来讲，项目的工作状态和关键财务指标会定期上报。

维持燃料供应

现在我们来讨论一下如何确保始终可以维持良好的资金投入。你的工作可以得到报酬，很可能是因为有人相信你的企业并冒险将资金投入其中。要对这样的人心存感激——他们是值得取悦的重要支持者。投资者高兴的话可能会为你的企业投入更多资金。

以往我在各个组织中经历过一些艰难时刻，其中一些就是因为我们在繁荣时期忽视了寻求新的商业机遇，然后为这种忽视付出了代价。许多企业只在需要的时候才寻求商业机遇，其实，在任何时候企业都不应该停止为项目寻找投入或资金。正如美国总统约翰·肯尼迪在向国会提交的国情咨文中所说，“应当在阳光明媚的时候修复屋顶 。”与客户建立新的商业联系可能需要很长时间。你的企业必须不断跟进新客户的业务，并从现有客户那里发展回头客。

作为工程经理，你可能负责项目运营，并且依赖资金。为确保你的项目继续获得支持，不会被中断或削减，请下定决心持续开展工作，以确保尽可能在未来获得资金支持。同样，请下定决心成为你现有资源的好管家。

你可能担心过度使用资源。这个问题很重要，应该认真对待。但是，你也可以为低谷时期提前做一些铺垫工作。我曾在一家小型工程咨询公司从事营销工作，很长一段时间以来，该公司的收入状况看起来要么像是盛宴，要么像是饥荒——这对员工来说很难，对现金流也不利。我提交了几份针对小企业的美国联邦研究提案，获得了几份合同。这些合同非常好——工作可以一次推迟几个月而不会对项目构成威胁。我们从坐刺激的过山车变成了乘坐舒适平稳的火车，这一成就对企业大有裨益。

父母或其他可信赖的成年人经常会给年轻人提建议，提醒年轻人未雨绸缪，这个建议对企业也是适用的。天总是会下雨的，比起那些总是在边缘挣扎的企业，现金状况保持良好的企业总是能更加自信平稳地度过困难时期。

当你可以成功地为公司开拓新业务时，你就成了对公司十分有价值的人。然而，你可能会觉得你的职位与销售相去甚远，从而无法为公司带来收入。那么，我强烈建议你创造性地思考一下自己可以创造业绩的方式。比方说你能够以非常规的方式利用你现有的产品，找到替代性收入来源，你也可以凭借你的技术专长，吸引现有客户继续与公司开展业务，这就对营销部门发挥了作用。如果你因为给公司带来收入而赢得声誉，你将真正引起管理层的注意。

共享财务信息

在我们结束金钱这个话题之前，许多组织已经通过在公司内部公开共享财务信息获得了巨大的好处。斯塔克（Stack）和伯林厄姆（Burlingham）将财务信息的开放共享过程称为开卷管理[1]；它之所以有效，是因为每个员工都对组织的成功负有责任。重要的是，公司的领导者必须采取措施对员工进行会计和财务管理方面的培训，然后定期与所有人公开分享财务业绩报告。一旦员工完全意识到他们的工作直接依赖于企业的财务健康并直接为企业的财务健康做出贡献，他们就会发挥更加积极的作用。最好把自己视为负主责业务的 CEO，自己也就成了所工作组织的合伙人。

在财务稳定的企业工作令人愉快和乐观向上，而在生存都岌岌可危的公司工作，就要面临巨大的心理压力和精神创伤。从 1999 年到 2000 年，我在一家互联网初创公司工作。一开始的时候，互联网热潮如火如荼，但很快就一落千丈。在不到几个月的时间里，整个公司的情绪从欣喜若狂变成了绝望，员工承受的压力值爆表。对于企业而言，财务健康是无可替代的。从一个客户手中可获得的真实现金远比满世界所有潜在收入更有价值。这给我们和许多其他互联网企业都上了一课，企业没有利润，没有现金流，就无法生存。

对金钱的了解和良好的管理将对你在企业的工作很有帮助，对内有助于职业发展，对外有助于建立人脉网络。然而，读完本章后，你可能会认为一个人必须对金钱有迷恋才能获得成功。事实并非如此，在企业中正确看待金钱很重要，与看待政治一样。诚然，金钱是企业发展的命脉，但良好的人际关系比金钱更重要。很多时候，为了省钱而做一些事情颇具诱惑力，但如果对员工有害，那么这个行动可能就是错误的。请谨慎把握企业做出的财务决策所释放的信息。金钱可以为一个企业买到很多东西，它可以让企业完成伟大的事业，但永远不要忘记，有些东西是金钱买不到的。

参考文献

[1] STACK J，B BURLINGHAM. The great game of business：the only sensible way to run a company，expanded and updated edition [M]. New York：Crown，2013.

推荐书目

BERMAN K，J KNIGHT，J CASE. Financial intelligence，revised edition：a man - ager's guide to knowing what the numbers really mean [M]. Boston：Harvard Busi - ness Review Press，2013.

CASE J. The open - book experience：lessons from over 100 companies who success - fully transformed themselves [M]. Cambridge，MA：Perseus，1999.

CHARAN R. What the CEO wants you to know：how your company really works，expanded and updated edition [M]. New York：Crown，2017.

CRABTREE G，B B HARZOG. Simple numbers，straight talk，big profits!：4 keys to unlock your business potential [M]. Austin，TX：Greenleaf Book Group Press，2011.

LEVIT A. They don't teach corporate in college：a twenty - something's guide to the business world，third edition [M]. Pompton Plains，NJ：Career Press，2014.

PINK D. To sell is human：the surprising truth about moving others [M]. New York：Riverhead Books，2012.

STACK J，B BURLINGHAM. The great game of business：the only sensible way to run a company，expanded and updated edition [M]. New York：Crown，2013.

第 13 章　纵览你组织中的系统

系统思维是一门洞悉整体的学科。在这个学科框架内，应了解事物相互之间的联系而非事物本身，观察到“变化模式”而不是静态“快照”。

——彼得•圣吉（Peter Senge）

要点

- 拥有一个关于组织的准确心智模型非常重要。
- 对一个组织最恰当的描述应当是：一个复杂的自适应系统，由自己组织，通过互动产生解决方案。
- 系统思维工具帮助我们诊断组织中的问题并找出优点，以形成最优解决方案。

作为工程师，在系统领域有丰富的知识和经验。还有些工程师深入研究这个领域，成了系统工程师。我们能够观察、理解、分析、创建和改进相互独立并以互补方式相互作用的元素，这些元素组合在一起实现一个共同的目标。我们还可以通过让系统内各元素相互作用来完成上述工作，这个过程称为流程。

工程师和非工程师普遍都认为，工程背景的人不具备管理和领导的软技能。多年来我也一直坚信这样的观点，认为科学和工程的“硬”技能与管理和领导的“软”技能大相径庭。不得不说，我大错特错！

这种在系统中思考的能力是工程师最了不起的技能之一。这种思维通常与物理应用或工程应用有关，例如卫星的飞行或石化设施的运行。许多工程师可能会惊喜地发现，社会人（即人）及其互动形成了社会系统，我们可以把系统思维应用到这个系统中去。从这个角度来看，对于希望了解和掌握组织管理的工程师来讲，这套系统思维就搭建了一座很宝贵的桥梁。有了这座桥梁，管理和领导力这样的概念不再陌生，工程师不会将管理和领导力视为工程领域之外的东西而产生抗拒，而是可以理解，工程师本身拥有许多卓越的品质可以融入管理中去；事实上，我们已经看到有很多工程师成了最佳的领导者。

本章讨论的是如何充分利用你的这套工程师技能来向经理和领导者的身份转变。我们描述的是一个组织系统，它与你最熟悉的物理系统或者工程系统不太一样。

我在系统中的位置

工程师对组件、物理系统和流程进行大量建模工作。这些模型绝大多数都遵循确定性原则和物理定律。因而，工程师做出的设计是可预测、可重复和可靠的。我们之前提到过心智模型（参考第 1 章）。可以将心智模型应用到确定性工作中，也可以使用它们的物理或软件模型。

如果我们将一个组织视为一个系统，尤其是有工程背景的组织，最好仔细考虑用于描述该系统的模型。物理模型不一定适用于社会系统。在这里，我们真正谈论的是一个组织及其参与者的心智模型。

工程师过渡桥梁的一个重要部分是将组织视为一个系统，并将工程师自己视为该系统中的有效参与者。一个人认为组织和自己拥有什么样的心智模型是至关重要的。任何系统都存在一个基本情况，即任何组件的变更都必然会导致整个系统的变更。我们每个人实际上只有一个完整的控制点，即自我。幸运的是，改变自己必然会改变自己的组织系统。

我强调一点：如果你想改变组织体系，那就改变你自己。这种自我改变可以采取不同的形式。从检查你的观念和推论开始，并有主动意识去改变它们。本书中有多处都蕴藏着这样的机遇。

尝试从一些细小的行为进行改进，然后重复并坚持下去。你可能会惊奇地发现，即使是很小的变化也会产生重大影响。你也可能会像我一样发现这样做通常会使其他更外在的变化更强大和更持久。通常，这些做法会使你与同事之间的互动发生显著变化，然后将给你的团队和组织带来重大改变。可以这么说，领导力是从内产生的。

这一原则必然意味着要承担责任。任何影响系统的结果都会影响“我”。“谈论”责任和“承担”责任之间存在巨大差异。许多团队和组织都把责任挂在嘴边，但成员却常常回避他们认为不适用的事情。正如我们在第 9 章中讨论的团队成果一样，我必须对组织的所有成果负责。当然，我的意思并不是人人都要对同事的工作负责；我的观点是，永远不要说“那不是我的工作”。

正如我们在第 12 章末尾所说的那样，将自己想象为一个组织的 CEO 会很有帮助。我有自己控制和全权负责的任务。我的工作与许多其他人的工作相关联，我可以通过自身的言行来影响他人的所作所为。

一个复杂的自适应系统

我们把组织视为一个系统，首先用互联网来类比一下。互联网彻底改变了全球生活，释放了惊人的创造力，从而在广泛的活动中带来了巨大的创新和进步。

从根本上讲，互联网是一个庞大的物理网络，其中有一些规程可以实现快速可靠的通信。重申一下，既然存在物理基础设施，就有另一种我们可能称之为社会基础设施的东西。社会基础设施由我们的通信协议组成；它体现了我们对在物理基础设施上实现通信的期望。

假设那些创造了互联网的人已经把它变成自己专有的，并且自己支配和指导所有在互联网上进行的活动，如果这样的话，我们还能享受到现在这种革命性的发展吗？

互联网之所以取得如此巨大的成功，是因为它提供了一个基础设施或者叫平台，各方都可以在这个平台上开展合作并进行创新。这个类比为工程经理/领导者提供了一个重要的思路，供他们按照这个思路思考一下如何将组织视为一个系统，以及领导力在组织中的含义。

将组织视为一个系统就为它建立了一个心智模型，并且可以根据情况给组织设想多种模型。对于工程团队，最相关的不是工程工作领域（例如设计一个基座），而是工程师与他人合作的过程和规范。我们选择的模型应该能忠实地代表组织的复杂性和活力。

首先我们了解到，工程师获得的大部分经验都是从确定性系统获得的，如果我们将组织视为这样的确定性系统则是愚蠢的。组织和组织中的人并不会遵循完全可预测的模式。在许多情况下，朝明确方向进行尝试会导致抵抗或彻底的反叛。将组织视为一个系统的关键是放弃决定论和系统的自动关联。

更好、更准确的组织模型是将其视为一个复杂的自适应系统。这个复杂自适应系统最符合大多数工程领导者的工作环境。根据斯诺登（Snowden）和布恩（Boone）的说法，此类环境可按变化和不可预测性、模棱两可的情况、相互竞争的想法、对创造力和创新的需求以及没有正确答案进行分类[1]。这听起来不正像是组织中的工程工作吗？这样环境中的领导力的特点是具有影响力和对关系的关注；伴随变化产生的创新，在不确定性中形成的意义。

让我们来分析一下这些概念。

一个复杂自适应系统（CAS）由相互关联的组件组成，每一组件朝着共同目标协同工作。我们将这每一个部分称为行为主体，意思是他们拥有行动力，或者说是能够采取行动并选择如何行动。这个特性就是这样的系统和确定性系统的不同之处。在确定性系统中，每一组件的作用无法超越其固有特性。例如钟表的运行完全按照其原本的设计进行；它一直不停地转动，不能以任何其他方式运转。相比之下，各个行为主体之间的相互作用不能根据固有特性进行预测。每个行为主体各自行动，但也形成一个统一的整体，从经验中学习并适应其环境。

有序的协作模式很有吸引力的一点在于，它似乎可以被理解并且受控，但实际上，没有人可以完全控制一个组织。或多或少，组织是自行组建的。在有序组织的伟大领导者模型中，领导力以一种深思熟虑的、自上而下的方式进行，我们为某些个人分配了领导者的头衔。但在复杂自适应系统中，领导力可以从任何互动中产生。领导力不是只由少数人行使，而是在整个组织中涌现出来，产生积极影响和创新，从而达到更好的结果。“涌现”一词意味着行为主体自动地让解决方案和创新“冒泡”冒出来；管理人员并没有明确指点他们。我再提醒一下，想一想互联网的运行；伟大创新的出现并没有经过中央权威指点它们。

变革和创新往往源于创造性张力，这是彼得·圣吉（Peter Senge）[2]使用的一个意义丰富的术语。当我们想象现在的现实情况与未来某个时间的目标之间的差异时，会感受到张力。我们将怎样达成目标？我们有这个条件吗？付出这么多努力值得吗？如果失败了怎么办？这些目标到底是不是正确的？解决这种张力的唯一方法是，不仅在创新的背景下，而且在产生方案并将解决方案带入生活的背景下发挥创造力。不必刻意尝试建立这种创造性张力。大多数时候，它来自观察或质疑。最重要的是，当我们允许自己走出辛勤工作的心智惯性模式，去看我们现在的实际情况和未来的可能性时，就会产生创造性张力。在一个组织中，创造性张力刺激了创新。随着组织的创新，它会对自身进行重新排列并随着环境变化而发展。一个复杂的自适应系统的弹性非常大。"一个具有演变能力的系统通过改变自身，几乎可以在任何变化中生存。"[3]毋庸置疑，我们中许多人工作的环境都是在持续甚至加速变化，接受并适应这种变化的组织将会蓬勃发展。

为了在复杂自适应系统（CAS）中能更好地提出创新解决方案，领导者的作用应当是创造性张力和变革的催化剂。这样的领导者为组织的蓬勃发展创造了有利的环境。请注意，这一点很关键。在传统的等级分明的模型中，领导者指明方向、做出指示。彼得·圣吉、奥托·夏默（Otto Scharmer）和达西·温斯洛（Darcy Winslow）三位思想领袖广泛调研了运行良好的组织，他们坚定地认为，更好的模式是领导者专注于营造一个健康的社会基础框架，尤其是通过组织流程，促进丰富的协作[4]。我们在第 9 章中讨论的团队规范流程是这种促进协作的社会框架的极好的范例。在组织中创建健康的社会框架类似于将互联网打造成一个平台，然后在这个平台上运行其他人开发的应用程序和通信工具。

意义建构也是这样一个过程。我们正是基于对观察到的多种可能情况进行解读得出的含义，做出相应的反应。早先对孩子们生日聚会的类比就是意义建构的一个很好的例子。

组织的这种复杂的适应性系统模型可能看起来很难理解，但它符合第 4 章的主题：对人类组织的控制是，通过放开控制、影响创造性张力，然后允许模式自己形成。互联网之所以推动了如此巨大的进步，很大程度上是因为只要遵守基本的基础框架协议，没有严格约束可以用互联网做什么。请记住，复杂自适应系统的一个基本要素是行为主体的集合：这些行为主体自相矛盾地既独立又相互依赖。每个个体都知识渊博、富有创造力，在合适的条件下，他们能够表现出巨大的动力、毅力和韧性。

互联网的建立推动了巨大的进步，因为互联网创造了合适的条件，有利于进行大量合作和创新。对于你的组织而言，你的工作同样也是创造合适的条件。就从自己开始做起吧。

初出茅庐的工程领导者的目标应当是促进工程专业人员进行协作的意愿，而不是与之对抗。理解并接受组织模型作为一个复杂的适应性系统可能是工程师成为优秀组织领导者的最有价值的工具之一。

组织流程的可视化和协作

在我们日常生活包括在组织生活的大部分时间中，我们倾向于关注事件并对其做出回应。虽然这种关注是必要的，但当某些事件重复发生时，它也可能导致人变得目光短浅。系统思维有助于我们辨别组织环境中导致事件发生的源头因素。在我们埋头不断扑火的时候不太容易抬头看到全局，而这种方法可以帮助我们把握全局。

一个简易金字塔用图画的方式可以诠释这个概念（图 13－1），你可以把它想象成是一座冰山。金字塔的顶端是一个事件。在某一个时刻，我们看到或体验到的只是冰山一角的事件。但是，如果该事件重复发生，就存在有待于发现和表征的模式。再继续深究就会发现，有一个结构支持着这个模式导致事件发生。如果我们能够纠正或优化结构，就可以打破或改善这个模式，改善事件中运行异常的部分，针对这个概念我们来举个例子。

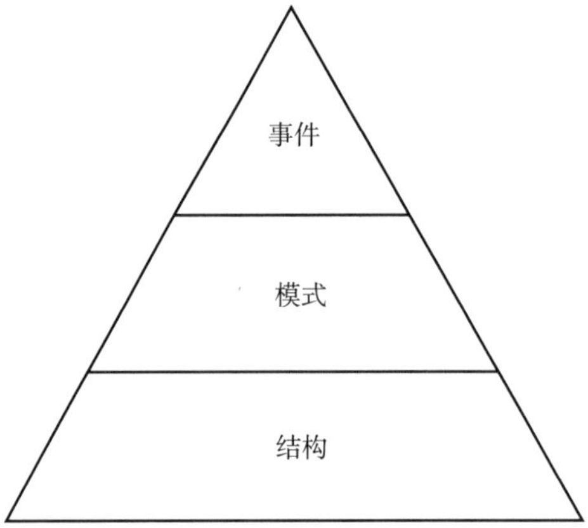

图 13－1　事件、模式和结构之间的关系

明天早上投资方将对一项重大项目进行审查，我们的团队为了完成要提交和讨论的成果材料，工作到深夜。这是该项目的第一次重大审查。我是这个组织的新人，所以这是我第一次体验，而且这个工作比较艰巨。我的团队成员都更有经验，他们一边在紧张地工作一边议论，例如“又做这样的工作”以及“为什么完成项目总是这样费劲”。这些尖刻的评论向我揭示了类似事件的模式。

审查会议进行得很糟糕。交付材料没有全部完成，同事们睡眠不足影响了工作和演讲的质量。审查会议结束后，团队似乎就散漫了，并且后续几天恢复过程中也平淡地度过了。在后一次的每周会议上，同事们抱怨事件和模式，还抱怨每一次在重大交付后的第一次团队会议上都要发一遍这样的牢骚。我们的团队负责人娜奥米（Naomi）最近研究了系统性思维，因而明智地将讨论转移到在此次事件中导致模式发生的结构上。她还在白板上画了另外两个图形（图 13－2 和图 13－3）。

首先，是项目可交付成果的努力强度随时间变化的行为图（图 13－2）。这幅草图显示了巨大努力的模式以及之后恢复的情况。然后，这是一个用于描述这种重复模式的因果循环图（图 13 - 3）。她在这张图上写了字母 R 来表明每次通过循环的行程都在不断强化，也就是说，通过这个循环，每一步都比上一步更加确定且更加强烈。

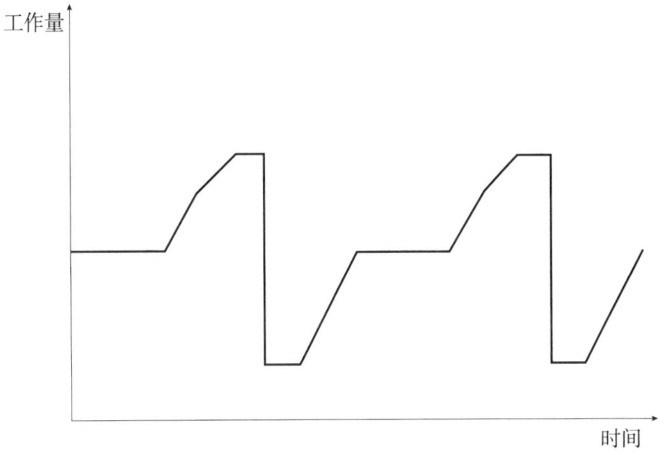

图 13 - 2　团队为交付成果所做的努力随时间变化的行为图

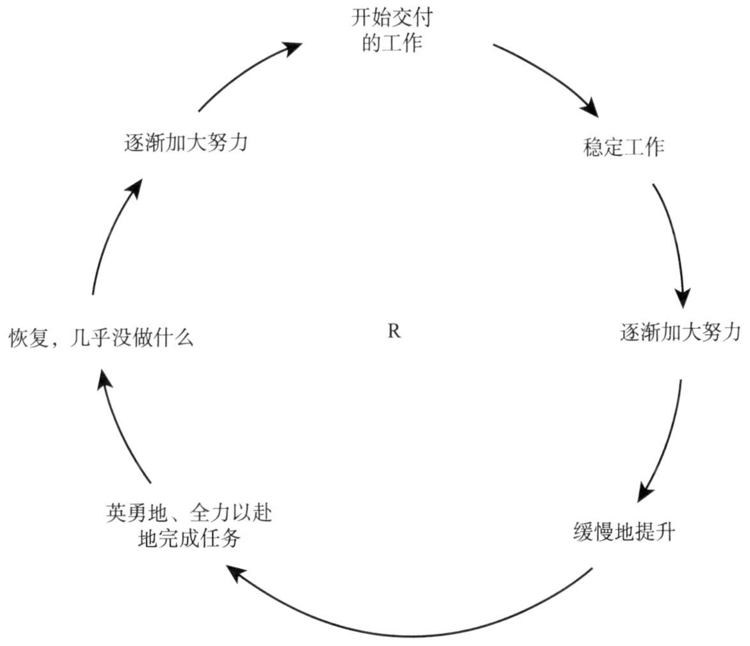

图 13 - 3　巨大努力循环的因果循环图

这些图形有助于我们将情况形象化。它们的价值在于促进对话和解决问题。请注意，娜奥米在完成一个可交付成果和开始下一个可交付成果之间加入了缓冲期。这是否可以解释为完成每一项交付成果的巨大努力的模式？也许这种恢复缓冲期意味着我们在每个新的可交付成果上开始工作都晚了，因此总是在不停地追赶。循环中是否还有可以促进重大事件的其他子模式？通过开展进一步的讨论，也许我们能找出可以纠正的因素，帮助我们摆脱这种自我挫败的模式。

这个例子过度简化了我们经历的事件中可能存在的复杂因素。其实，实践中形成的此类图表和分析过程更加广泛，包含多个相关的循环。这里的重点是介绍一些供你使用的有力工具，借助这些工具来深入解决问题并优化团队的功能。这些工具可以促进对话，因此可以最终确定合适的时间地点进行干预。一个重要的系统工具是使用此类图表来确定组织流程中的重要杠杆位置。

鼓励使用这些系统思维工具来理解你的工作并对工作进行优化，更重要的是，使用这些工作与你的同事协作解决问题。本章末尾列出的安德森（Anderson）和约翰逊（Johnson）的书是关于这个主题的很好的入门读物。梅多斯（Meadows）的书进一步探讨了系统干预的要点以及行为与组织文化之间非常强大的关联关系。当不正常的情况反复出现时，人们会说“我们这里一直就是这么做的”。要改变文化中毫无帮助的这部分，我们需要了解并改变助长无效行为的结构。

请查看武耶茨（Wujec）参考资料和相关的 TED 演讲，可以帮助你入门。武耶茨介绍了一个练习方法——请团队用图画将制作面包这个简单的任务形象化，并讨论他们各自的流程。练习开始的时候每个人自己绘制各自的流程草图，然后他们在小组中分享讨论。大家意识到做面包的方法特别多时，笑声四起。这个练习给我们一个重要的启发：每个人看待一个流程的方式都是不同的，而正是通过对话，我们才作为一个团体去理解它。只有这样，才能有效地优化流程。

我们通常认为自己的思维方式和模式是理所当然的。而真正要做的是重新审视它们，而不是将它们视为理所当然。在组织工作中最能将改进发挥到极致的地方是在这些心智模型的层面上。系统思维工具提供了一种很好的方式，可以将大脑中的东西转化为更具体的东西，促进团队进行检查和讨论。这个过程与你以前在工程系统上经常完成的过程非常相似，而现在你要在社会系统上来做。

行使领导力的最有效方法之一是在系统层面采取行动。但是你也知道唯一可以完全控制的只有自己。如果你能意识到，改变自己会改变你的系统并对系统产生更大的影响，那么这两个看似相反的事实会以协同的方式并行。通过看到组织的复杂性和适应性，以及使用系统思维带来的有力工具，你也可以看到领导力和培养领导力简单优雅的方式。

参考文献

[1] SNOWDEN D J，M E BOONE. A leader's framework for decision making [J]. Harvard business review，2007，85（11）：68－76.

[2] SENGE P M. The fifth discipline：the art and practice of the learning organization [M]. New York：Doubleday，2010.

[3] MEADOWS D H. Thinking in systems：a primer，White River Junction [M]. VT：Chelsea

Green，2008.

[4] SENGE P，O SCHARMER，D WINSLOW. 30 years of building learning communities：a dialogue with peter senge，OTTO SCHARMER，DARCY WINSLOW，part Ⅰ [J]. REFLECTIONS，2013，12 (4)：40-52.

推荐书目

ANDERSON V，L JOHNSON. Systems thinking basics：from concepts to causal loops，Acton [M]. MA：Leverage Networks，1997.

WHEATLEY M J. Leadership and the new science：discovering order in a chaotic world，third edition [M]. San Francisco：Berrett-Koehler，2006.

WUJEC T. Draw how to make toast：a simple and fun introduction to systems thinking [EB/OL].（2013-06）. https：//www. drawtoast. com.

第14章　规划：走向未知之旅

一年之计，莫如树谷；十年之计，莫如树木；百年之计，莫如树人。

——中国谚语

要点

“我们应该做什么？”可能是组织中需要回答的最重要的问题，而规划为我们提供了答案。

- 我们的规划必须平衡近期的工作和远期的视野，但要着眼于当前的行动。
- 我们如何做规划在很大程度上取决于环境，以及观察和适应。

对于我们这些技术和管理领域的人来说，规划是一项重要的职能。规划不亚于创造未来。由于未来是未知的，而且是一个不断变化的目标，所以制订和执行规划充满风险。我们许多人工作的商业环境每天都在变化，因而可能经常觉得自己是在黑暗中盲目地摸索着寻找出路。身处在高风险的纷乱世界中，我们应如何制订和执行计划？

几年前的一天，我在开车时，在收音机里听到了一个不可思议的故事，讲述了很久以前人们探险的故事[1]。如果你愿意，请允许我在本章中使用他们的故事作为对当代商业组织中的规划和工作的扩展隐喻。他们的旅程为我们在现代技术组织中制订和执行规划的工作提供了丰富的见解。

人类学家在研究太平洋岛屿定居地时惊奇地发现，对以前的人来讲，这项工作的艰巨程度难以置信。想象一下，要在超过600万平方英里的海洋中找到几个碎片式的陆地！再想象一下，大约在3000年前，当时的人面对的是未知水域，而且没有船只或导航仪器的辅助。虽然研究人员曾经认为当时航海者发现这些岛屿完全是偶然的，但后来他们发现，在这犹如大海捞针的过程中，存在一种复杂而系统的方法。

东南亚居民最早开始跨越太平洋的迁徙，他们冒险渡海到附近面积很大且距离很近的岛屿，这种迁徙相对容易。后来他们不断向东迁移，随着岛屿之间的距离增大，他们的航海技术也得到了提高。最终，他们来到了水域开阔的所罗门群岛，从这里开始，探险不再像以前那样容易。要想成功跨越这里宽阔的海域，他们必须开发出新技术。一开始，研究人员认为他们的探险是通过“自杀”式任务完成的——派出一个团队顺风航行，有去无回。这个理论的观点是，如果一个团队发现了一个岛屿，他们就会定居下来。如果他们没有找到陆地，他们就会在海上迷路，因为不可能实现逆风返回。随着时间的推移，研究人员后来发现，他们使用的探险方法远比这种冒险方式更先进、更人性化。

这群人现在被称作波利尼西亚人，他们用这种系统化的、有去有回的往返式行程探索海洋。水手们乘坐远洋独木舟出海寻找新的岛屿，每次航行持续一到两个月。如果一无所获，他们就回家，把航行的经历分享给所有人，人们就知道了那条路线和那个地区没有地方可定居。另一组团队向其他方向航行可能会有新发现，然后带着新发现的消息返回他们的家乡岛屿。然后第二组将前往新岛屿建立殖民地。就这样，波利尼西亚人从一个岛屿到另一个岛屿，在极短的时间内，也许只有几百年的时间进行探索和殖民。随着时间的推移，这些寻路者的专业知识不断增长，最终来到 2000 多英里外的夏威夷和复活节岛，在一次航行中穿越了这么远的距离简直不可思议！他们是怎么找到路的？

尽管这些寻路者没有导航仪器，但他们通过在夜间观察星星和月亮以及在白天观察太阳，已经对导航和定位有了高度的理解。然而，即使有这些路标的指引，想要知道自己相对于家的位置，还需要能够记下船只在数周时间内航行的所有位移。

在茫茫大海中几乎不可能通过目视的方法确定一个不起眼的珊瑚环礁的位置，除非寻路者非常幸运地离它只有几英里。寻路者通过一些方法提高了他们寻找陆地的技能，比如说他们解读海洋和风中的微妙线索以及鱼和鸟的行为——即使陆地远在一百英里之外，这些因素也可以表明有陆地存在。

寻路与我们的现代组织有什么关系？它如何帮助我们在技术和管理方面的未知水域中航行？

作为技术经理，在工作中必须制订计划和战略。我们肩负着要创造未来、明确方向并实现目标的责任。要做到这一点，就要有计划，先用粗笔勾勒出大局，再用细笔描绘出为大局服务的具体任务。

如果我们工作的环境和状态都很稳定，那么制订计划和实施计划就会相对容易。但是我们大多数人（甚至所有人）都没有这种幸运。我们的工作状态时刻都在变化，甚至会极其混乱。我们面临巨大的不确定性，几乎没有甚至完全没有信息指导我们如何前进。我们只能为一个计划投入大量资源，但在长达数月甚至数年内都不知道是否会成功。我们必须迅速果断地采取行动，其中很多都事关重大，因而我们决策的压力也很大。

有些人可能通过掷骰子，鲁莽地开始做任务。或者，我们可以从寻路者探险的经历中得到启发，探讨一下我们现代航海者如何规划探险旅程。

良好规划和执行的主题

以下是讨论与规划相关的五个一般性主题：

（1）应对模糊不清的未来；（2）将规划过程与背景相匹配；（3）保持随时间而变的各种观点之间的平衡；（4）在组织内找到一致性；（5）执行计划。

我们说未来是模糊不清的，其实是在说现实的生活情况。和这个话题最相关的事是我们如何应对这一现实，这就要求我们要视情况而定。某些事关运营的业务环境变化相对较慢，例如，建筑项目一般耗时好多年，大部分时间安排中需要保持高度的可预测性。相比之下，智能手机的应用程序则会面临不断变化的技术和激烈的竞争，在这样的环境下，可能很难预测未来几个月后的情况。对于可预见性比较高的情况，可以制订更长时间和更详细的计划；而当环境相对不稳定时，着眼当下和灵活性则更加明智。我们大多数人遇到的一般是后一种情况，因此我们后面将着重讨论这一情况。

组织中很多人常会掉入这样一个陷阱：很多人和组织都渴望确定性，然后他们在进行规划时也设想未来是可以预测的。这种心态会带来巨大的压力，因为即使后来的现实证明这种规划是愚蠢的，但制订的计划往往还是一成不变。

鉴于此，任何计划都必须平衡和协调短期和长期规划工作。短期内我们要做的事情可以而且应当详细规划。通往远方的路不明朗，笼罩着神秘的面纱。我们今天和本周所做的事情应该朝着一年后我们想要的目标努力，即使那个遥远的目标仍然有点模糊。今天不为人知的东西，尤其是在技术领域，必然变得更像是一项研发工作。

规划的最后一个主题是整个组织的一致性，这里再强调一下，实际情境很重要。某些组织中，各个部门的运作紧密耦合，而在另一些组织中，各个部门间联系很薄弱；总之，在任何情况下，规划都必须整合成一个协调的、合理的整体。

本节的标题提醒我们，尽管规划和制订规划都非常重要，但实际上并不是起决定性作用，真正起作用的是执行。绝大多数组织都发现，他们的规划执行有缺陷或没有达到预期的结果。也许这是因为他们根本就没有按照规划行事。此类事件通常会导致几周内的一阵忙乱，但在忙碌中工作停滞不前。这种方法需要改进。

战略和战术规划

规划的一部分是制定宏伟的愿景，即大局。在组织中，这称为战略规划。战略描绘的是这幅画中的粗线条，这是原型规划务虚会中讨论的内容。战略通常由高管和高级管理人员掌管，这可能可以解释为什么执行结果不尽如人意。每个人都必须领会公司的战略，而不应当仅仅是结构顶部的几个人。正如我们在第 11 章中所说，你应当有责任了解、相信组织的战略，并将这个战略落实到工作中，明白你的工作与公司战略的关系。

战略规划的要素通常涉及我们为组织从事什么样的业务、获得什么样的市场类型而做的决策和计划。这种性质的努力不是一时兴起的。组织，尤其是大型组织，必须遵循正式的流程来研究战略机遇，决定抓住哪些机遇，然后实施战术以实现战略。

将战略转化为行动涉及战术规划。在大多数地方，战略通过各种项目的委托和执行才能体现其存在。如果你正在运作一个项目，它可能与战略规划一致，并且可能是战略规划的结果。战术规划是确定组织为了实现战略规划，如何将资源用于具体战术的过程。战略规划可能是在组织的高层制订的，但战术规划很可能在组织的较低级别制订和实施。有时我们在细节层面操作时，很容易忽略大局；此外，如果我今天所做的工作让我偏离了方向，我还继续偏航，那么我将很难到达目的地。

“我们应该做什么?”这个问题的答案有两个：一个适用于宏伟愿景，另一个适用于今天手头的任务。这两个答案必须和谐统一，否则很快就会遇到麻烦。如果你熟悉斯蒂芬·柯维（Stephen Covey）[2]关于高度成功人士的主要指导原则，即他们“以终为始”，那么这一原则无疑会引起你的共鸣。

观察一家公司随着时间的推移所遵循的战略通常很有趣。几十年来，通用电气从专注于工业系统发展成为跨越包括金融在内的不同行业的企业集团。在此过渡期间，领军人物——CEO 杰克·韦尔奇（Jack Welch）要求每个部门在其所处的行业中要排名第一或第二；排名较低的业务都被出售或淘汰。后来，通用电气的战略转向数字主题，后来又重新聚焦回到工业老本行。这引发了这家看似失去重点的企业集团的解体重构。可想而知，在公司内经历过一次或多次工作转变的员工可能经受了巨大的动荡。然而，大公司必须有意识地努力保持敏捷并适应不断变化的技术和市场，员工必须相信高层领导以及他们对市场的感知。

系统实验：观察与调整

在我多年的职业生涯中，我参与过初创技术企业的工作或为他们提供过建议。初创企业充满风险，失败的远比成功的多。失败的主要原因之一是新企业无法适应不断变化的情况。很多创业者更是如此，他们中的许多人基于自己的世界观构想商业理念。虽然他们的客户看待事物的方式通常不同，但大多数客户也愿意接受改进后的产品。可悲的是，许多企业家拒绝倾听，但那些适时改变的企业家获得成功的机遇要大得多。普通人制订计划和企业家制订规划的道理是一样的，不要太沉迷于自身计划，而忽视周围环境告诉你的信息。计划和旅程都是实验的过程。

如果不先观察环境并听取客户的意见，就无法调整计划。一位重新引领探路冒险的现代探险家奈诺亚·汤普森（Nainoa Thompson）说道：“导航的主要内容是观察和适应自然环境。”[3]

要善于观察并根据不断变化的情况灵活地调整计划。虽然确实应该给计划一个成功的机遇，但不应盲目地遵循计划，过程中要适时更正并不断学习。计划制订的最终目标是成功，而不是要证明某个特定计划的有效性。正如德国将军赫尔穆特·卡尔·贝恩哈特·冯·毛奇（Helmuth von Moltke the Elder）所说：“没有任何作战计划能在与敌人接触后还保持一成不变。”[4]

划定范围，再确定细节

精准地抵达一个偏僻的小岛是一项艰巨的任务。想要到一个很难抵达的地方，如果你第一个目标只是到达目的地附近，那么就容易多了。奈诺亚·汤普森长途跋涉到一个小岛的第一步是先到达一个更大的目标区域内，比如方圆几百英里的一个区域。到达这个区域之后，他再聚焦最终目的地。正如汤普森所说，“大溪地之旅的第一步不是试图到达大溪地，而是要确保你到了这个区域方块里。”

和这个观点相对应的，一项计划在执行之前不必是完美的或完全完整的——它只需要足够好以达到目标区域即可。为几年后要完成的工作制订详细计划是对时间的滥用。当然，必须计划得足够好才能瞄准目标区域，但随着客观条件和主观认知在旅途中发生很大变化，长期、详细的计划会显得毫无用处。

做计划的过程中，我们可能会面临各种可能影响计划完成的因素。在制订计划和执行计划时，我们希望专注于影响计划成功的关键因素，避免在琐碎的细节中迷失。不要忘记第 12 章中关键指标的概念。这些少数的重要因素成为回答“我们应该做什么”这个问题的关键，由此指导我们设置一天、一个月、一年或一生的优先事项。

还有一种方法来理解项目的目标区域。意大利经济学家和社会学家维尔弗雷多·帕累托（Vilfredo Pareto）观察到，该国的大部分收入都流向了一小部分人。他的观察后来被称为帕累托原则，或 80/20 原则。我们遇到的许多情况，只有一小部分原因会产生最大的影响。在这些情况下，有“重要的少数和微不足道的多数”。

话虽如此，仍然有很多情况需要我们仔细研究细节。如果你在汪洋大海中航行了很远，然后到达一个岛屿附近，但最终从未真正登上这座岛，那一切几乎毫无意义。关注你的产品和服务中的细节就是对客户的高度关注。客户会注意到细节上的草率或细节与大局不一致的情况，他们对这点是不会满意的。

用眼睛看和用心感受目的地

像奈诺亚·汤普森这样经验丰富的寻路者可以达到一种精神状态，即使无法用眼睛看到目的地并且没有任何视觉线索，也可以用心想象目的地。经验会让人自信且沉稳。当我们达到这种状态时，可以观察得最好且做出最优的决策；当我们感到压力和混乱时，会做出糟糕的决定。

工作中，个人和团队最重要的问题可能就是“我们应该做什么”。这个问题的答案关乎优先事项，决定了我们的目的地在何处。我们当然知道漫无目的的工作不会让我们到达目的地，因此必须做计划。

我希望以上和探路者一起的这次旅程是有趣的，可以对你制订企业规划和执行规划有所启发。我们的祖先在数千年前就学会了如何在没有地图、只有原始导航技能的情况下冒险探索广阔的海洋，而今天人类拥有相当多的技术和管理技能，帮助我们进行同样复杂和艰巨的探险，这样想想是不是有一些安慰呢。

规划是一种人类独有的活动，从很久以前祖先时代就开始了，是我们的本能。它代表着我们对未知事物的好奇和塑造未来的渴望。我们渴望到达目的地，享受成就，并从中受益。如果成功了，我们想回家庆祝。如果失败了，我们依然想平安回家。

做好规划是我们进入未知领域的关键，也是帮助我们发现奇迹和获得成就的关键。通过做好规划，可以使企业安全有效地运行，可以充分利用新知识。与最伟大的探索之旅一样，工作中最大的回报不仅仅是发现技术和商业的新领域；在制订和执行计划的过程中，我们也在探索自己。

参考文献

[1] EVENARI G. Wayfinders：a pacific odyssey [D]. PBS，1999.

[2] COVEY S R. The seven habits of highly successful people [M]. New York：Simon and Schuster，1990.

[3] THOMPSON N. Hawaiian voyaging traditions：on wayfinding [EB/OL]. http：// archive. hokulea. com/ike/hookele/on _ wayfinding. html.

[4] DETZER D. Donnybrook：the battle of bull run [M]. Orlando，FL：Harcourt Books，2005.

推荐书目

ANDERSEN E. Being strategic：plan for success；out－think your competitors；stay ahead of change [M]. New York：St. Martin's Press，2009.

VAN DER PIJL P，J LOKITZ，L K SOLOMON. Design a better business：new tools，skills，and mindset for strategy and innovation [M]. Hoboken：Wiley，2016.

ZWEIFELT D ，E J BOREY. Strategy－in－action：marrying planning，people，and performance [M]. iHorizon，2013.

第 15 章　将碎片拼接在一起

得到最满意结果的人，不一定是头脑最聪明的人，而是最能协调同事的想法和才能的人。

——W. 奥尔顿 · 琼斯（W. Alton Jones）

要 点

- 工程经理经常被要求协助解决问题。
- 解决问题的技巧需要理解许多模棱两可或未知的元素。
- 解决问题的关键包括根据模式和实验对项目进行分类。

如果你曾经自虐要拼一个五百块碎片的拼图游戏，你会问自己，我何苦这样对自己？面对一个让人不知所措的问题或者没有明确的前进方向的项目，是一种很无助的感觉。

或许工程师比大多数专业人士更能应对此类问题。在成为工程师的道路上，我们的导师强迫我们算过变量很多非常可怕的联立方程组。我们学会了通过将合理的初值应用于该方程组并迭代出答案来驯服这头野兽。

在工作中，要解决的问题包括人为变量、组织变量还有有趣的市场变量。作为工程经理，我们经常（每天或每周）收到这样的组织拼图。这些难题有多种形式，可能是新产品的开发、顽固的生产问题的解决方案，或者是公司财务损失的重大危机。

一个管理问题很少只有一个正确的解决方案，如果有，那也无人知晓。通常可能会有多个正确答案，或者有趣的是，可用的选项中没有一个是大家喜闻乐见的，而你只能尽量选一个反对意见最少的。还有，今天选的正确答案，到了下个季度可能就是完全错误的。

工程经理要培养的一项关键技能是能够理解有差异甚至相互冲突的信息和意见，并理清思路得出结论。解决问题的能力是一项涵盖技术能力、领导能力、化解冲突能力和政治能力的综合技能。运用这些能力可以用于开发新产品、开辟新领域，或探寻生产事故的原因等方方面面。但这项能力不应该是单独运用的，尤其是那些重要的解决方案，应当是协作解决的，最好还要依据需求、背景和现实情况。

尽管任务看起来令人生畏，但从一片混乱中寻找出答案并非不可能。就像玩拼图游戏一样，只要有耐心和毅力，难题可以被驯服，从而获得一个解决方案或一组相关的解决方案。所以把你的计划表清理干净，深呼吸，让我们开始拼图吧！

找到所有的碎片

当你玩拼图游戏时发现有一些碎片找不到的时候，总会感到不安。在工程管理工作中，原本可以有更好的解决方案，但缺少一些碎片可能会导致做出的解决方案欠佳。

许多组织职能涉及新产品的开发，并与结果息息相关。这些职能可能包括技术、工程、营销、制造、包装和现场支持。除了明显的角色外，组织中还有许多其他支持功能是成功所必需的。如果你忽略了这其中某一项功能，你的项目将遭受巨大损失，并且可能需要返工。

就像处理工程问题一样，实现目标的第一步是确保尽可能完整地确定和理解问题。这最初似乎是一项不可能完成的任务——因为许多组织的问题都是开放式的。以下是解决问题的三个建议：

首先，将此事看成是人的问题来处理。谁是理解问题或接受和批准解决方案的关键人物？如果可以的话，私下拜访一下他们每个人，了解他们的观点和意见。使用该信息并试着找出可以消除的原因或因素。

其次，可以消除哪些潜在影响？如果你正在寻找管道中多处焊缝开裂的原因，你能否排除个别焊工技术欠佳的可能性？尽可能多地写下你能想到的潜在可排除的因素——很多时候，这些可排除的因素会比不可排除的因素更快地引导你找到解决方案。

第三，考虑将所有单独的信息写在一组便签上，然后全部贴到墙上。这样的笔记非常有助于整理思路，尤其是在小组协作中。把所有便签贴在所有团队成员都可以经常看到的墙上——一段时间后可能会获得解决方案。

通过找到所有碎片，可以避免为以后可能出现的潜在问题而烦恼。你现在可以更清楚地看看情况，或许情况并没有原先想象的那么糟糕。另一方面，也许情况更糟，那么现在就知道要寻求帮助。知道问题已被明确后，你会感到如释重负。

将解决方案图像化

虽然拼图会附赠一张图片显示拼图拼好的样子，但你在面对组织问题的时候，并不会有一张图片来清晰地显示解决方案。在解决难题的细节之前，尝试尽可能地描述解决方案的全景是很重要的。如果你的项目是全新的并且没有以前的情况可参考，那么展望前景是相当困难的。

请记住，在此过程的早期，你面临的问题可能有许多可行的解决方案。许多组织的问题并没有一个终极解决方案，而是一组相关的、需要协同作用才能有效解决的方案。过早地专注于一种方法通常并不是明智之举，这样做往往会促使组织立场更加难以改变。在这种情况下，可能永远不会出现更好的解决方案。如果你是解决问题或决策工作的领导者，明智的做法是，不要从一开始就向团队规定你的解决方案。要寻求的是集体决策或解决方案，而不是独立的方案。真的需要一个难以捉摸且耗时的“完美”解决方案吗？大概率不是！要寻找的是一个“足够好”的解决方案。

在明确愿景时，你和你的同事通常只是非常笼统和宽泛地讨论解决方案。你为可能选择的解决方案设立了一个框架，或是明确了一个可供参考的框架。在任何愿景中，达成最终商定的计划都有多种可选途径。在同一个愿景下，在组织当中，不仅有很多方法来完成特定的拼图游戏，还有很多不同的拼图游戏供我们选择到底为哪一个付诸努力。

如果让你来领导寻找愿景，那么请运用一下你从那些变量很多的联立方程组中学到的方法。在早期阶段对解决方案的可能愿景进行概念化和概述非常重要，否则组织的方向可能永远不会收敛。当定义的选择有限时，团队收获的效果最好。从某个地方开始并不断迭代解决方案。

作为领导者，你需要找到微妙的平衡。采纳很多人的意见，但很可能获得的观点是发散的。请记住，拥有多种视角是一件好事。虽然你可能会寻求折中方案，但如果组织没有多种视角，则任何解决方案都将被视为无效而被拒绝。必须以某种方式达成集体共识，利用你的领导力和政治技能来解决问题并获得支持。

如果你提供的愿景或解决方案是增量式和实验性的改变，则其他人可能更容易接受。通常，如果人们不需要对工作做出重大改变，或者在选用这种方式尝试一段时间之后可以选择放弃，那么他们从一开始就更容易接受尝试。

先放角落和四边

一旦你就手头问题的特定愿景达成一致，你和同事就可以开始着手研究解决方案的各种选项。在某些时候，需要做决定选择某个前进方向，但你和你的团队可能需要做一些功课才能做出明智的决定。

快速识别一些明显的关系通常是值得的。对于拼图游戏而言，指的就是角落和四边的碎片。当你查看笔记时，问题的某些部分会凸显出来，它们可能非常相关或重要，或者是在制定解决方案时应首先解决的问题。

拼图的角和四边使你能够快速地搭建起解决方案的框架，然后你和你的组织有朝这个解决方案前进的动力。你很快就会给自己一种昂扬向上的情绪，这正是后面的步骤中需要的。

突出主题：重要的少数

完成了相对简单的工作之后，你手里还有很多拼图碎片。下一步最简单的就是把剩余的碎片根据主题进行分门别类。查看一下笔记，是不是有许多问题与制造有关？这些可以相应地分组。想要一下子弄清问题的方方面面可能一时无从下手，而通常只有少数问题在工作实施过程中占主导地位。

你能否把与工作有关的信息排个优先级，选出三到五个最重要的问题？知道将注意力集中在哪里，你会感觉好很多。这个过程与帕累托原则有关。在许多情况下，少数主题占主导地位。

这个“重要少数”实践的一部分是要寻找出关键的会导致失败的因素。新型分析仪器的零件总成本是否大大超过了营销部门确定的目标价格？哎呀那可坏了！那么，不要花太多时间做其他事了，先集中精力把这个问题解决了。

还有些重要的问题是跨领域，那些涉及不止一个主题的拼图碎片。有些问题不会完全局限于一个职能或部门。也许在客户支持和现场工程之间的工作交接中存在问题，这需要两个组的代表直接参与。这些问题通常是组织难题中的关键部分。

通过这些分类和优先排序方法，你已经为实现目标取得了实质性进展。你可能已经收集了重要信息，确定了主题。现在你能够促进关键人员做出决定，选取一个或多个特定的解决方案。

例如，在规划过程的这个阶段，你的组织现在已经取得战略规划的进展，准备继续进行战术规划。总体愿景已经确定，需要解决的重要主题也得到了明确。现在可以继续制订详细的战术计划，确保每个小组在与总体战略计划保持一致的情况下继续完成特定战术规划。

实验是必不可少的

在寻找问题的解决方案时，通常需要进行实验。就像拼图的碎片一样，有些拼起来是对的，有些是错的。

工作过程中，无论手头的问题是新产品或新服务，还是现有但需要改进或维修的东西，开发原型或临时解决方案都是无法替代的。你的目标是让团队认同最终解决方案——这通常需要人们查看初步结果或看到、触摸和操作原型。这样做会改变他们对解决方案的看法，这一点绝对是你需要的。虽然距项目结束还差很远，不过这样的尝试能够缓解他们的焦虑，提供解决方案的新视角，从而让他们感觉更自在。细节可能并非一开始就知道，在实施的过程中我们将逐渐获得。

鉴于上述所说，那么在尝试的过程中有其他人参与时，请为他们提供多个解决方案。还记得吗？选择是一种内在的动力。人们容易自然而然地批评和排斥新的或不同的东西。给他们两个或三个选项时，他们不自觉地就会批评其中某些选项，而这会为你提供决策所需的信息。

一种工具叫做实验设计，或许能对实验提供帮助。实验设计是一种统计工具，工程和科学人员用它来识别具有许多变量的问题的主导因素。如果你面临的问题很棘手，但时间或资源有限，实验设计可以通过确定对结果影响最大的因素，用少量数据为你提供合适的解决方案。

置身于组织当中

正如本章开头的引言所讲，你现在的工作是利用可以找到的人力和资源，制定解决方案。可以利用现有的可能与你的需求相关的任何资源或专业知识，这样你无须付出巨大的努力就可以快速覆盖每个领域。不要从头开始发明车轮——先看看你可以从其他轮子上找到多少零件。

领域专家可以极大地帮助你厘清问题的细节、解决问题，你可以将全部问题委托给他们，或者他们可以帮助你更快地解决问题。当然，你可以与组织中职级比较高的人协商解决方案，但不要忘记也要与普通员工进行商讨。

沟通，从而整合

整合指的是将单独开发但最终必须成为一个整体的资源集成融合的行为。许多工程师对这个太熟悉了，就像在项目后期试图将软件集成到硬件中一样。

在尝试将组织拼图中某些碎片组合在一起时会遇到困难。对于你之前创建的跨学科工具箱中的问题，尤其如此。使用锤子硬敲让碎片拼合听起来诱人可行，但实际没用。以下是一些可帮助到你的替代方法，免得你把大拇指都敲伤了。

整合过程中出现的几乎所有问题都可能与交流不当有关。在任何工作开始之前，单独开发资源的各方必须非常明确和详细地描述其接口的细节。一方要给出它将交付的输出是怎样的；另一方要描述出期望获得的输入是怎样的。明确何时完成交接的标准同样重要。

如果一开始就沟通良好，很多问题就可以避免。各方还必须将计划的任何后续变化告知另一方。如果你迫切需要帮助解决集成问题，那么现在是提出大量问题并展示你工程技能的好时机，也有可能是保留退路的时机之一。

终点线

经过所有的辛勤工作，你已经到了一个解决方案的实施阶段，或者更常见的是一组相关的解决方案。它代表了你和你的同事对愿景的理解，以及从中找出的解决相关问题的可行方法。庆祝一下你获得的主要成就，然后退后一步看看。

你的解决方案是如何得出的？你或其他人可能会想要做出一些改动。不要太挑剔。首先，你没有拼图包装盒上准确的图片可以参考，所以最终的解决方案通常是根据手头信息，运用最佳智慧和决策得出的。其次，用于解决方案的时间有限，意味着要在模糊不清的情况下做出决定。第三，因为涉及的人多，所以解决方案代表了对问题的共识。个人可能会选择自己以不同的方式做事，但最终确定的这个实施方法是组织在始终存在且真实的约束下得出的最佳实施方式。只有当我们与其他人一起工作时，才能完成实质性的努力。

我们的出发点是相信合力比任何个人的力量都要强大。为了实现愿景，我们认识到必须在此过程中做出许多决策。

在一个拥有众多不同观点的组织中，确定方向、达成共识和缔结社会契约需要领导力和政治技巧。能够将不同声音融合为和谐的大合唱的人是不可多得的人才。不要忘记把你完成的组织拼图装裱展示出来——这是你工作出色的标志！

推荐书目

HOCH S J，H C KUNREUTHER，R E GUNTHER. Whartonon making decisions [M]. New York：Wiley，2007.

JONES M D. The thinker's toolkit：14 powerful techniques for problem solving [M]. New York：Times Books，2009.

KANER S. Facilitator's guide to participatory decision - making，second edition [M]. San Francisco：Jossey - Bass，2007.

MONTGOMERY D C. Design and analysis of experiments [M]. New York：Wiley，2012.

第 16 章　拥抱机遇

机遇不会自己敲门，你敲门时机遇才会出现。

——凯尔·钱德勒（Kyle Chandler）

要点

- 我们对寻求机遇的态度通常反映了乐观或悲观的倾向。
- 工作时刻都在变化，这要求我们不断寻找方法来创新我们的工作内容和工作方式。
- 创造性思维技巧和实践可以帮助我们在没有机遇时找到机遇。

这杯水是半空的还是半满的？

这是一个古老的问题，旨在让我们思考如何看待世界。我们是乐观的还是悲观的？我们看到的是富足的生活还是匮乏的生活？

答案不仅揭示了当前所见，而且揭示了我们如何看待从当前现实到未来可能性的路径。也许水很难找到，而未来几年我们会很幸运地找到水。也许我们有足够的水，然而我们对此并不感兴趣。又也许我们太忙了，甚至无法停下来关注这个问题。

悲观或一门心思只关注一个点会导致我们忽视其他水源，也许其他水源更丰富且更容易获得呢，也许我们甚至可以找到比水更有价值的东西！

对改善环境的诉求引导着我们寻找机遇。

正如凯尔·钱德勒所讲，机遇不会轻易就出现在门口，甚至机遇出现的时候不会那么明显。机遇是通过系统和勤奋的工作创造的。追求机遇是一种必然——在不断变化的技术市场中，我们不可能依靠自动驾驶。什么都不做或仅仅继续当前有效的业务只会让组织很快就会落后时代。正如未来学家丹·布鲁斯（Dan Burrus）所说，要自己指引未来，否则就会被其他人引领。

幸运的是，我们的世界充满机遇，但很少有人，更少有组织能够看到机遇或有效地利用机遇。机遇思维是以积极的方式向前看的，这是我们能够而且必须采取措施确保未来更美好的态度。

恕我直言，这需要一个重大的转变，从关注现在做事的方式，转变到关注未来做事的不同方式。梦想只是开始，真正的努力来自将梦想变成对许多人有用的现实。

在我们的工作中，我们必须创造机遇。拥抱机遇就是拥抱和激发变革。我们不仅要着眼大局，更要努力创造大局。要成功地把握机遇意味着我们必须智慧、精明且坚定不移。这需要拥有创造性思维、与他人的需求保持一致、进行尝试并且付出相当大的努力。同时需要遵循良好的商业原则，以便在恰当的时机获利。

2000 年到 2010 年间，我们见证了共享经济的兴起。这个词涉及许多方面，例如交通和住房的个人交易等。虽然发展强大平台和商业模式不断发展的重要性不容忽视，但很多人还是将 2007 年开始的大衰退视为主要催化剂。如果一个人失业了且经济拮据，他可以短期将房子里的一间空余房间租出去，这就是一种类似酒店房间的经济替代方案。汽车可以提供兼职出租服务，而且价格比传统出租车更优惠。虽然经济衰退的影响是真实而痛苦的，但一些企业，例如优步公司（Uber）和爱本卜公司（Airbnb）看到了机遇，并通过盘活本来会被闲置的资产而抓住了这个机遇。

现在让我们看看面前充满机遇的世界。我们将探讨为什么人们会错失机遇和对机遇持不同态度。到本章的末尾，我们将探讨有效寻找、创造和利用机遇的方法。

错失良机

如果说机遇足够多，那为什么少有组织善于利用这些机遇？以下是人们及其组织难以看到和利用机遇的四个原因。我们将讨论应对这些挑战的方法。

排斥改变

对机遇的追求通常是以牺牲现状为代价的，一个组织中有很多人对现状很满意，这些人的地位或权力来自当前的现实。如果发生变化，他们可能会觉得自己失去了很多。颇具讽刺意味的是，通常最抗拒变革的是中层管理人员，而不是组织中的高层或基层。组织产生惰性或陷入官僚主义不可避免。官僚主义与可能挑战其权力的事物是针锋相对的。

人们排斥改变还可能是因为改变会让人感到不适甚至惧怕。我们不知道这种变化可能带来什么结果。我们有时被迫学习新技能或新系统。如果我们排斥变化，就会不愿寻找和追求机遇，只有在被危机强迫接受时，我们才会屈服于变革。

虽然在应对危机时表现出适当的决心很重要，但更重要的是我们不要自己招致危机或在危机出现时才采取谨慎的行动。通常，如果细心观察，我们可以很容易地确定我们应该做什么，并且可以预料到将来的麻烦。如果等到危机临近时，我们才发现自己因忙于灭火，而组织已濒于倒闭。

我们可以通过保持警惕和对适当变化持开放态度来避免很多创伤。质量管理运动的大师 W. 爱德华兹·德明（W. Edwards Deming）直截了当地说："没有必要改变。毕竟生存也不是强制性的。"[1]

害怕失败

随着组织体系的建立，大量的工作用于开发和改进体系并使其高效。许多人对这个体系产生依赖。如果我们改变制度，事情可能会不顺利——可能会打乱现有的规划，我们对机遇的追求可能导致灾难。一个有吸引力的机遇可能会变坏，这种可能性不容忽视。

当我们追求机遇时，应该切实地考虑所涉及的风险以及我们承受后果的能力。许多人在投身于一个新的大方向之前，首先采取实验性的举措来有效地试探机遇。通过实验，人们可以更容易地判断机遇的真正价值以及组织对其的接受程度。

保持领先

在体育赛事中，轻松获得优势的球队通常会变得自满或保守：他们处于领先地位。这种策略可能适用于具有明确终点的体育比赛，但在许多情况下，它会适得其反。由于商业游戏没有明确的终点，因此看似保持领先地位是危险的。

当组织积累一定程度的成绩时，就容易出现故步自封的心态。人们可能会表达这样的态度，“如果它没有坏，就不要修理它。”这句格言反映了这样一种心态，即如果组织继续保持好的举措，这种成功将无限期地持续下去。

如果我们的组织存在于静态环境中，这种方法可能会奏效。但是竞争对手正在复制或改进我们的产品或服务，加之技术进步日新月异，其他人正在对客户服务的方式进行创新，而且客户可能善变，会去其他地方尝试新事物。在瞬息万变、快节奏的技术环境中，公司对成功的自满往往会导致其灭亡！我们可能很快就会发现，让我们舒适且看似不可逾越的领先优势业已消失。

忙于灭火

你或同事是不是常使用“到处灭火”一词来描述一天的工作？这句话反映了令人疲惫的工作状态：不断面对和解决危机的苦差事，意味着没有时间解决重要问题。这种感觉令人沮丧——随着时间一天天过去，灭火人觉得越来越落后了。

如果我们一直忙于灭火，就无法把握机遇。我们经常感到有必要对紧迫的需要或请求做出回应，而无法考虑这件事是否值得关注。如果火灾真的很重要，那么灭火是必要和应当的，但如果我们所做的事仅剩下救火，而且如果许多要救的火都无关轻重，我们将永远无法完成重要的事情。

职场中有太多人非常乐意把他们的问题交给你解决。不要对他们漠不关心，但是，给他们提供太多帮助会使他们产生依赖性。对于新手工程经理来说，这点颇具挑战性。你可能想深入探究技术问题的细节，然而，还是劝你克制这种想法，不要过度参与。你必须专注于团队和组织需要你完成的任务。你需要辨别并专注于重要的事情。礼貌地说“不”是经理要学习的最重要的技能之一，也许也是最难的技能之一。

为了实现从应对紧急的事到完成重要的事的转变，必须掌控我们的时间，本书将在第27章中进一步讨论这个问题。

对机遇的态度

爱德华·德·波诺（Edward de Bono）[2]在他的《机遇》一书中描述了人们对机遇表现出的四种典型的不同态度。他通过以下漫画人物表达了这些态度：

火车司机喜欢在轨道上行驶并遵守时间表。他的任务是在一个既定的系统内完美地完成分配给他的任务，他对机遇几乎没有兴趣。

医生主要对解决问题感兴趣。她的兴趣是保持身体系统健康和运行正常，并在问题发生时解决问题。

当一个农民考虑生计时，希望找到一个方法来最大限度地提高土地上的作物产量。她在既定的框架内进行创新和寻找机遇。

最后，渔民感兴趣的是寻找和利用机遇，无论机遇会在哪里出现。他辗转不同的地方寻找上钩的鱼，运用他的创造性专业知识和实验来确定对他有用的机遇。

上述这几种人我们在组织中都会遇到，他们都是组织良好运作所必需的。然而，发现并追求有吸引力机遇的人正是农民和渔民。遗憾的是，许多组织通常没有为他们提供充分的支持。

在很大程度上，企业文化中必须体现对机遇寻求者的鼓励。否则，组织的官僚主义就总有办法扼杀那些拥抱机遇和变革的人。

组织的文化

一些行业和公司的文化对变革很迟钝，也有一些非常具有前瞻性，不断探索有趣的创新方式。在很大程度上，这些倾向既反映了一个行业的大背景，也反映了被该行业吸引的人们的特质。组织文化可以对变革以及参与变革的人产生负面或正面的作用。组织也表现出个性特征，特别是在应对变革时表现得很明显。你所在组织的文化是什么？

大型组织往往会产生某种惰性，使它们非常抗拒变革和新机遇。此类组织有洞察力的领导者认识到了这一缺陷，会采取措施将控制权下放给公司的较小部门，从而在工作组中既赋予决策权又赋予责任。这种方法使得大多数大型组织中的工作小组有相当大的自由来抓住机遇，而不会被庞大的官僚主义所扼杀。

接受风险，但不要处于风险之中

机遇中固然蕴含风险，如果我们想抓住机遇，就必须接受风险。当我们识别并考虑抓住机遇时，重要的是客观地看待风险，既不要偏执，也不要熟视无睹。在评估机遇带来的风险时，需要考虑以下几条准则：

首先，必须认识到因循守旧存在的风险，尤其是如果我们的行业特点是持续创新。如果继续采用现有的方法，我们的技术可能会过时，市场可能会接受竞争对手提供的新产品。延续现状远非一个安全的赌注，它往往是最危险的路，可能导致彻底失败。

其次，当我们识别风险时，必须弄清风险发生的可能性和潜在后果。许多风险相对较小，后果较容易控制。还有很多情况是，风险不太可能自己表现得很明显。

相反，某些风险可能会导致严重后果。我们应该将注意力集中在这些重大风险上，并制订计划来管理它们，减轻它们对组织的影响。

创造性思维

机遇是创造出来的，因此追求机遇需要创新工作方式的能力。把握机遇，首先要构思机遇，而构思机遇需要创造性思维。

我们的思维过程和习惯常常循规蹈矩——我们的生活和那些依赖我们的人的生活必须井井有条。但是，思维窠臼使我们既看不到现在有什么，又看不到可能有什么。创造性思维既需要更全面地观察我们周围生活的意愿，也需要挑战现有的知识、假设和信念，以发现新思维方式的意愿。

我曾促成了一个技术人员团队的转变。该团队表现出许多功能障碍，导致为兑现承诺必须做出巨大努力，成员时常倍感压力。在一次会议上，我引用了德·波诺[3]的创造力练习，它涉及挑战不可动摇的假设。当时该团队正在进行一项为期六个月的重大项目。我发出挑战，说必须（生死攸关一般）要在两个月内完成。为了使新时间表看起来合理，我们研究制定了细节。

我们倾向于默认接受关于工作的假设。如果要求团队将日程安排缩短一周，这不会促进他们认真检查工作；然而，在混乱中抛出一个非常快但非常迫切的目标，他们就需要重新审视并排出优先级。

令人惊讶的是，很快就出现了既有创造性又有价值的答案。10 分钟之内，成员们重新调整了他们固有的工作日活动，很容易找到了某些情况下每天可以节省数小时的方法。几个月来创造性地寻找机遇似乎都毫无进展，有成员常说倍感“沮丧”，而这一次，他热情高涨地说“自己很兴奋”！

可以将这一过程称为创造性破坏。当你审视工作和组织时，你看到了什么？你能观察到你以前错过了什么？如果你更有创意地思考可能获得的机遇，会怎样？

让机遇成为现实

开发和利用机遇的目标可以产生创新的想法，但你的组织和客户可能还没有准备好或接受它们。我们可以拥抱机遇，但方式需要符合人的天性、同事和客户的想法。我们不想太超前，因为其他人可能和我们不同步。我们需要寻找最佳点：机遇带来的改变应得到客户的认可，又不至于太激进而被他们拒绝。

作为工程师，我们习惯于在技术改进中寻找机遇，只要你记住上一段内容就可以了；然而，如果你真的渴望进行彻底和戏剧性的改变，那么客户服务就是你的最佳选择。客户会喜欢你的组织给予的偏爱。

记住，要根据你的机遇进行适当的试验和原型设计。转型中的工程师可能会发现其为之工作的组织不喜欢变革。如果希望带领同事找到机遇，试验的概念对工程师会有很大帮助。随着人们对你的建议有所肯定，他们更有可能接受你提出的追求机遇的想法。

机遇识别的最后一个建议是基准测试，即将组织的流程与其他人使用的流程进行比较。如果我们的组织落后于基准线，那么行业内的基准测试很有用：它可以帮助我们快速赶上。当我们使用基准测试从非典型来源中获取灵感时，基准测试也很有价值。如果基准测试表明你的组织已经做得很好，请戒骄戒躁。无论是基于自我行为还是他人的最佳实践，我们都必须始终努力创新。

寻求机遇并激励变革的途径无非是自主选择或被动应对危机。如果没有陷入危机，我们对机遇思维的舒适感很大程度上来自个人和组织的掌控和自信。当我们不仅局限于救火和涉水，掌控工作和时间相对得当时，就可以对新的思维方式持开放态度。

人们通常喜欢为热衷于创造性思维、鼓励拥抱新机遇的经理工作，也努力成为这些经理中的一员。同样，如果你能够成为组织内发起、推动和成功实现创新想法的人，那么你对组织来说将非常有价值。

自信可能是成功变革的先决条件，因为在大多数情况下，变革是具有挑战性的，需要实验。我们需要具有某种明确的性质，以便在确定和实施可行的变革时，在不可避免的挫折中保持明确的目标。

也许最重要的是，变革就是创造新习惯。虽然瞬息万变的市场要求我们不断地变革，甚至有时面临混乱，但我们努力想要获得的是一个有规律的行动周期，以达到和掌握新的高度。心理学家说，人最成功的改变是一次只着眼于一个合理的改变，并且将其转化为长远的习惯。一旦某事成为习惯，就很容易掌握和维持。

拥抱机遇要求我们乐于接受变革，明智地选择适当的变革，并且在实施这些变革的过程中尊重那些受变革影响的人。寻求和追求机遇的过程中，我们挑战了现状，创造了新的更好的现状。

参考文献

[1] DEMING W E. It is not necessary to change. Survival is not mandatory [EB/OL]. https://www.brainyquote.com/quotes/w_edwards_deming_377112.

[2] BONO E. Opportunities: a handbook of business opportunity search [M]. New York: Penguin USA, 1992.

[3] BONO E. Serious creativity [M]. Toronto, Canada: Harper Collins, 1992.

推荐书目

BURRUS D. The anticipatory organization：turn disruptionand change into opportunity and advantage [M]. Austin，TX：Greenleaf Book Group Press，2017.

MICHALKO M. Thinkertoys：a handbook of creative thinking techniques，second edition [M]. Berkeley，CA：Ten Speed Press，2010.

SNIUKAS M，P LEE，M MORASKY. The art of opportunity：how to build growth and ventures through strategic innovation and visual thinking [M]. Hoboken，NJ：Wiley，2016.

SPENDER J C. Business strategy：managing uncertainty，opportunity，& enterprise [M]. Oxford，UK：Oxford University Press，2014.

原则 3：把事情做好

评判工程经理不是看他们的技术能力和创造力，而是其所领导团队的成就。如果他们把事情做好了，就会有更多的人把事情做好。然而，重要的不仅仅是把事情做好，经理必须把正确的事情做好。在许多组织中，目标是通过完成项目来实现的，因此管理者应该能够胜任项目的运行。在很大程度上，成功的项目管理取决于有效沟通和明确的项目目标得到利益相关者的理解和支持。管理人员还通过躲避麻烦来完成工作——风险管理的熟练程度包括在风险事件发生时规避风险和处置突发事件的能力。我们还确保通过健康的流程（包括决策流程）和富有成效的会议来完成大量工作。

在第 17～22 章中，我们将讨论经理如何通过以下几个方面把事情做好：

- 专注于实施良好的流程，以实现预期的结果；
- 通过实践有效的项目管理技能，在项目上取得成功；
- 通过有效授权完成更多工作；
- 完成会议目标，同时使会议富有成效且过程令人愉悦；
- 遵循良好的团队决策流程。

第 17 章　过程决定结果

信念决定思想，思想决定话语，话语决定行动，行动决定习惯，习惯决定价值观，价值观决定命运。

——圣雄·甘地（Mahatma Gandhi）

要　点

- 提高工程系统质量的洞察力可以帮助我们改进组织流程。
- 实施良好的组织流程将带来良好、可靠的结果。
- 作为一名经理，为了改进组织流程，必须愿意承认有关自己绩效的数据并据此采取行动。

许多读者可能已经熟悉与工程系统相关的各种过程控制。塑料或化工厂可能会配备自动过程控制系统，以确保正确设置过程变量。在制造环境中，人们非常注意了解可能影响差异的因素，以便在容差范围内满足规格。经常还设置组织系统和管理方法，以确保质量和效率。这些方法包括过程控制统计、六西格玛和精益制造。许多工程师和其他专业人士致力于追求和提高质量。

在考虑物理产品或工程系统时，可以根据相关方之间的协议来定义质量标准。通常，可以可靠地测量定义的对象，例如目标尺寸可能是 10.00 mm，公差为 0.01 mm。尽管对于质量的构成以及与更高质量相关的成本增加，可能存在不同的意见或需求，但客观指标有助于就特定情况达成一致。

但在组织的管理和领导的过程中，如何以一种可以客观衡量的方式定义质量标准？诚然，绩效的某些方面很容易成为客观指标——月复一月没有收入是企业失败的明确标志。然而，关于质量、绩效的其他方面的定义是模糊的、微妙的，并且因不同观点和解读而不同。

当孩子还小的时候，我们经常去一家颇受欢迎的三明治连锁餐厅吃午饭。儿童菜单里有儿子喜欢的火腿和奶酪三明治，但他不想要奶酪。但是这家餐厅的订单和交付系统以及培训计划都是围绕着提供优质火腿和奶酪三明治而设置的，没有任何可变化的余地。有时，下单的服务员会坚决说三明治没有办法不加奶酪，或者他会为“持有奶酪”的注册功能进行扩展搜索。通常情况下，服务员会叫经理来，然后经理会通知三明治生产线上的人按顾客的定制要求来做。但半数情况是，送来的三明治上还有奶酪。

什么样的三明治质量更好？从生产过程的角度来看，无奶酪的不合格，但对客户来说，含奶酪的不合格。质量取决于旁观者的看法。

这个故事虽然微不足道，但突出了作为本章主题的一个概念。高质量的结果取决于一个良好的活动过程，这些活动将导致该结果。当我们考虑人类系统领域的管理和领导力时，我们需要密切关注过程，甚至可能比工程系统的关注更多。

简而言之，过程决定结果。

结果目标和过程目标

区分“结果目标”和“过程目标”这两种类型的目标是有帮助的。结果目标是指我们想要达到的未来状态或某一时刻的状态。另一方面，过程目标涉及我们采取的行动。如果我的公司希望扩大规模，我们可以设定结果目标，从现在起六个月内将销售额增加 100 万美元。增加销售额的过程目标可能是在接下来的六个月中每周向至少三个新的潜在客户进行销售介绍。

结果目标和过程目标当然是相关的，将它们一起制定是有意义的，但存在差异，最重要的是在结果控制和结果可持续性方面。我建议最好将注意力集中在过程目标上，这样做可以确保我们养成持续的良好习惯，从而更有可能实现有益的结果。行为的永久性改变不仅可以更轻松地实现最初 100 万美元的销售额增长，而且可以更轻松地实现随后的销售额增长。另一方面，如果全神贯注于结果的实现，我们可能只是执行了一次性的行动，并在实现目标之时放弃了它们。我们的成功可能部分是运气的结果，或者借用流行音乐中常说的一个术语，我们最终可能只是“昙花一现”。

如果没有良好的流程，我们就无法确保取得良好的结果。

尽管有这种观点，但在组织中，人们无法逃避结果目标。我并不是建议取消或否认结果目标，而是更加强调过程，正因为有过程，理想结果才更有可能持续发生。前文引用甘地的话也是强调了这一点，他说的更有说服力，表达的意思更具普适性。只需稍做调整，就可以将这样的方向纳入组织战略规划或质量改进计划中。

理解和改进组织系统

在这里，我们将仅简要介绍工程系统的质量和流程改进。该领域十分广泛，包括统计过程控制、六西格玛、精益以及各种技术标准。关键是工程系统通常适用于客观测量，因此，改进后的流程可以采用相关方容易理解的记分。众所周知，当制造零件的缺陷率从百万分之五十变为百万分之五时，质量得到了提高。

相比之下，客观、有形地度量组织行为和流程可能更具有挑战性。定义不同的质量水平似乎更难。如何给会议效率打一个客观的分数？如何定义和衡量优秀的管理和领导力？

处理此类主题的一种方法是确定提供客观评测的某些指标。我们可以将高质量的会议定义为在议程规定的时间内完成。这样的结果当然比经常延时的会议要好，但按时结束的会议就一定是有效的会议吗？将所谓的质量改进目标固定在大局的一隅，特别是当与奖励或惩罚挂钩时，往往会带来意想不到的后果。我们确保按计划结束会议，但由于会议规范和行为不佳，最终连一半的议程都没进行完。

尽管通过衡量组织过程改进去了解无形资产这一主题，可能十分具有挑战性，但我鼓励你不要缴械投降。提供六个原则供你参考：

1）客观测评可用时，就用；

2）使用多种多样的测评形式；

3）了解背景情况并考虑基准和相对绩效；

4）一定要包括适当的人员调查；

5）注意意外后果和某些人操纵系统的可能性；

6）始终牢记大局，让你的大脑保持专注。

让我们来详细说说。

比如有一些与组织健康相关的客观指标（例如员工流失率）。有趣的工作会降低离职率这种说法是合理的——因为人们更有可能留下，做他们喜欢做的事情。但影响离职的因素很多，包括各种管理行为，比如上级是否进行微观管理。另外，背景情况和相对绩效都很重要。入门级职位几乎总是比中级和高级职位更替率更高。人们可以从小样本中进行一些了解，但具有多种测评类型的大量数据会促进更好、更严谨的理解。

员工调查是必需的，尤其是使用简单快捷的现状调查应用程序。调查提供即时反馈，从而可进行及时改变或干预。虽然员工的判断是主观的，但可以以允许开发更客观数据的方式构建调查。让我们来看一个调查问题和关于员工敬业度的响应工具（图 17－1）。响应包括一个七点式的李克特（Likert）量表，提供可用于构建趋势和突出差异的数值数据。最好将这些数字与更详细的描述相对应，也许可以编写更详细的解释、请求或建议。此类现状调查只需几分钟，因此可以每周甚至每天使用。

你如何描述你今天对工作的参与程度？请选择与你今天经历最相符的数字。						
1	2	3	4	5	6	7
很少或没有参与		中等参与度			高参与度	
你认为什么可以提高你今天的参与度？请选择尽可能多的答案						
• 无须改进。 • 敬业度与工作无关。 • 解决冲突。 • 上级的指导。 • 厘清分工职责。 • 来自同事的信息或决定。 • 其他，请说明。						
请提供任何其他相关信息。						

图 17－1　员工敬业度调查

你能看到一个组织如何以类似于其工程过程的方式获得反馈并改进它的组织过程吗?作为一名初出茅庐的经理,了解自己的管理绩效似乎很难。但是,进入你的工程角色后,你是否会有意识地忽略可以帮助你理解和改进系统特性的数据?你会不会刻意选择避免暂时的尴尬,而在讨价还价的时候,放弃一个提高质量结果的机会?

随着数据分析的使用和应用不断增长,收集相关信息和获得重要见解将变得更加容易。然而,数据可能会被曲解和误用,狭窄的参考框架可能会产生偏离事实的解读。尤其是在奖励或惩罚与某些指标相关联的情况下,人们可能会倾向于聚焦实现那些指标而忽视更有意义的信息。重要的是要看到大局,运用你的判断力,并让大脑保持专注。

单次、首次和习惯性活动

运用工程系统时,流程方法在很大程度上取决于流程的新颖性和重复性。在计划制造新零件时,第一步很可能是构建概念验证原型。为此,我们必须依靠类似组件或技术的专业知识、基准和主题专家的建议。在经历了一代或多代原型之后,我们可能已准备好生产数百个零件。此后,可能还需要一些时间才能拥有稳定的制造过程,以实现高水平的过程控制和质量,并减少缺陷和浪费。

简而言之,我们对流程输出的方法和期望将会发生实质性的变化,这取决于该过程是否是新的,以及它将被执行一次还是多次。

类似观点指导组织过程的方法。第一次或唯一一次通过的过程是以实验表征的。只有通过实践、反馈和改进,我们才能真正理解并实现更高水平的优质体验。同样,我们应该使用多种类型的测评和参与者调查来真正理解质量的含义。专注于一个狭隘的指标通常会产生意想不到的结果。

我曾参加一个项目管理研讨会,会上,一位参与者描述了她以前提供电话客户支持的工作。她的上级认为通话时长是唯一真正重要的指标,用它来评估业绩。无论来电者的需求多么复杂,通话都不应超过一分六秒。毫无疑问,这个时长有些时候不足以回答并解决客户的问题。仓促结束对话导致客户失望、恼怒或愤怒;而延长通话会收到上级的警告和糟糕的评价。压力重重,她很快就辞去了工作。

请注意应如何定义组织过程的质量结果。

创新组织流程

在人类活动中,习惯与新奇之间存在一种天然的对抗力。例行公事是必不可少的,但因为例行公事会变得无聊和令人厌烦,我们喜欢新奇并具有引入变化的能力。不同的人在习惯和新奇的范围内可能有不同的偏好。

这个主题也影响组织流程的框架,为方便指导,我们回到五个内在动力。对于任何活动,尤其是日常活动,我们都在寻求意义、选择、能力、进步和创新能力。为了获得能力，我们通常需要来自习惯的经验，但也希望能够改善习惯。在这方面的关键词是选择和能力。我们需要一定程度的自由来适应流程并对其进行创新，同时仍然依靠足够的重复性来感觉自己有能力。关于团队合同，建议就定期良好行为的期望达成一致，并根据需要定期更新（即调整或创新）。

新行为可能需要时间才能成为有能力并可靠的习惯。对于个人习惯的改变，有些人使用 21 天的经典法则。当涉及群体行为时，时间可能会更长。背景是决定性因素，尤其是变更的重要性、意义和复杂性。

在所有这些考虑中，请记住复杂自适应系统的模型。团队和组织中的所有同事都是聪明的、有感情的人，他们想要并需要参与对自身构成影响的决策。他们不想要强加的秩序；相反，当开发和测试在创造性张力发生后带来紧急秩序的协作解决方案时，他们的工作效果最好。这种张力不一定是戏剧性的，就像一名团队成员建议实验室中的不同工作流程一样简单。随着组织流程中每个新的秩序稳定期，更容易依赖基于结果的目标。从这样的位置，团队可以再次以带来更高质量的方式创新流程。

作为创新流程的最后一点，请考虑结构可能对习惯流程产生的重大影响。从系统的视野出发可以带来显著的改进。正如我们在第 13 章中将组织作为一个系统的讨论一样，当我们使用系统方法来改变习惯时，最可靠和最持久的变化就会发生。对于试图改善营养的个人，通常会建议从家里清除所有不健康的食物。这是一种系统的方法，来避免重新回到导致不良结果的过程。

为了扩展这个问题，让我们回到儿童生日聚会的比喻。家长高度控制的第一个模型导致高度结构化的派对流程，几乎没有变化的余地。第二个模型（或意义构建模型）仍然提供结构，但只提供了相当少但重要的边界。在这种结构中，允许有相当多的选择。

在某些情况下，构建流程将使流程更加可靠并减少出错的可能性。为此，许多快餐店对生产线的布置和设备的形状很在意。在其他情况下，结构有利于过程。我咨询过一个工程团队，该团队通过对团队成员的位置和可用资源进行简单的重组，显著提高了生产力和参与度。习惯使人们很难看到这些有价值且易于实现的结构改进。

正如甘地名言所揭示的那样，我们采取的过程和遵循的习惯最终会揭示我们的信念和价值观，尤其是关于质量和自己参与实现它的信念和价值观。在处理工程系统时，因为所考虑的对象是物理概念或无生命的对象，保持情感距离可能相对容易。通过一个依赖于我的管理能力的组织流程，我成了系统的一部分。我参与的是一场公平的比赛，我知道这可能会引发潜在的挑战性情绪；此外，我们都有盲点，通过了解其他人可以看到的东西，我们可以成为更好的经理。作为系统中的积极参与者，我可以选择接受并参与审查，并利用信息向更好的方向发展。质量的最终选择是拥抱成长和改进的过程，这条道路会提供最好的结果。

推荐书目

DUHIGG C. The power of habit：why we do what we do in life and business [M]. New York：Random House，2014.

HEATH C，D HEATH. Switch：how to change when change is hard [M]. New York：Random House，2010.

KEGAN R，L L LAHEY. An everyone culture：becoming a deliberately developmental organization [M]. Boston：Harvard Business Review Press，2016.

MARTIN K，M OSTERLING. Value stream mapping：how to visualize work and align leadership for organizational transformation [M]. New York：McGraw－Hill，2014.

第 18 章　从混乱到有序：项目

项目工作是没有力量的人获得力量的工具。

——汤姆·彼得斯（Tom Peters）

要 点

- 晋升为项目经理通常是工程师进入主管职位的第一步；因此，重要的是要在角色中表现出色。
- 项目的成败源于开局，因此我们必须做好规划。
- 项目成功的关键包括使项目模型与不确定性水平相匹配、充分的沟通以及可靠的变更过程。

项目是人类创造、发现和改进愿望的表达。它是引领我们从不完美的现在走向未来更美好道路的手段，也是利用机遇的手段。它是从混乱走向有序的通道。

从很小的时候，我们就沉浸在项目中，首先是玩耍，然后是在学校承担更大的责任。我们对知识本身的掌握，部分取决于管理项目的熟练程度。虽然我们形成了一种执行项目的风格，但这个过程不一定有其他人参与。在劳动力中，对项目的重要性和重视程度达到了新的高度。在许多企业中，项目是主要任务，由复杂的工具和流程提供支持。风险很高，项目管理不善带来的影响十分痛苦。不幸的是，许多组织在项目管理方面存在缺陷。

软件开发是项目管理技能欠佳的最让人烦恼的例子之一。斯坦迪什（Standish）集团报告称，根据他们的通信经理詹妮弗·林奇（Jennifer Lynch）的叙述[1]，只有 29%的软件项目是按照原计划的目标完成的。当项目绩效不佳时，大量重要的组织资源就会被浪费。

许多公司高度重视项目管理方面的专业知识，并帮助员工提升这些专业知识。还有很多公司在培训或支持项目经理方面做得很少，但又对他们期望过高。

你为组织的项目在管理上做了多少准备？对于许多工程师来说，进入管理的第一步是项目管理。我强烈鼓励你发展在这方面的技能，因为对于组织和工程经理来讲，项目管理的熟练程度都是非常重要的。

技术组织中的项目管理是一项艰巨的工作，部分原因是对项目及其经理的期望不合理。然而，为了组织的成功，这项工作是能够而且必须完成的。虽然早期的大多数项目都是个人项目，重要程度不算太高，但现在要管的项目涉及很多人，而且风险很高。早年学到的直觉技能必须得到增强，以应对这些需求。需要关注的两个关键因素是良好的沟通和产生结果的可靠流程。

什么是项目?

项目是一种独特的、创造一些有价值的东西并具有可交付成果的活动。它是按照特定时间开始和结束的时间表完成的。项目的概念可以从非常小的工作扩展到非常大的事业。可以将一个主要项目视为一组相关的子项目，这项工作通常被称为一个计划。

项目以劳动力、金钱和时间的形式消耗资源。由于在项目完成的过程中会遇到风险，一些项目未能实现其目标。从定义可以看出，一个项目具有三个不同的元素：范围、进度和预算，通常被称为铁三角。后来，风险、资源和质量这三个相关元素被添加到铁三角中，生成了项目钻石模型。可以看出，这些元素高度交互、需要权衡。扩大项目的工作范围可能会拖慢进度，增加额外的预算。如果我们想加快项目，要么缩小范围，要么增加更多资源。

项目是人类的事业，项目是关于人的。项目因人而成功，因人而失败。虽然许多人可能为项目做出贡献或受其影响，但关键参与者被称为“利益相关者”，因为他们在项目结果中拥有“利益”。

形式的必要性

在个人项目中，范围、进度和预算的具体表达可以是灵活和非正式的。然而，当项目在组织中进行时，对于所有相关方来说，项目的这三个基本要素通常要求高度明确、相互理解和职责明确。在大多数情况下，只有通过遵循适当的管理流程、获得足够的材料，以及重大决策通过所有受影响的利益相关者的审查和批准，才能以足够的形式实现这些目标。形式是必不可少的，因为参与者之间、任务整体与其组成部分之间可能存在很深的相互依赖关系。形式创造了结构，使所有参与者能够依靠信息并自信地完成项目。管理项目的结构还为所有参与者提供了一种问责和记分的方式。

虽然结构和流程必须是正式的，但不应过于烦琐致使团队的工作举步维艰。形式应该能促进沟通、决策和承诺，并给团队成员提供可以自信地依赖的信息基础。当项目还仅仅是一个概念时，这种形式就应该开始。一个关键的起点是了解我们知道多少，然后相应地制订计划。

在项目中实验

项目即创造一些新事物，但它与以前所做的是否略有不同或根本不同？没有任何一种管理项目的方法是万能的，它取决于工作中的无论是技术、团队成员还是市场的不确定性。具有高度确定性的项目有助于更确定的规划。在不确定性很大的地方，很难计划。人们往往难以接受看似非常明显和合乎逻辑的事情。

当各方都接受并相应调整预期时，我们可以在不确定性环境下工作。但许多客户和其他利益相关者希望有确定的路径来完成项目。组织面临着相当大的压力（通常来自客户），他们需要确切地知道将要去哪里，以及需要花费多少时间和金钱。想当然认为事先知道答案，可能会自食恶果。解决这种情况的唯一关键就是真相。

获得生命周期（循环）

如果你在划定范围、进度和预算的合理预测方面遇到困难，那么你的项目很可能处于实验阶段。如果管理层要求你承诺一个你并没有信心的范围或时间表，那么现在是时候承认你无法恰当规划工作的事实了。

最好从由多个连续项目组成的生命周期的角度来处理企业相关事宜。这种方法也称为分阶段。序列中的每个项目或阶段都是有门槛控制的：其目标是将工作的不确定性降低到能够决定是否继续下一阶段的程度，通过这种方法，可以确定地按顺序恰当规划每个阶段。

从生命周期可以认识到这一事实（表 18－1），即对于工作的实质还有许多未知，因此需要进行一些研究和实验。当概念被证明时，人们可以继续确定它们在实践意义上是否可行。如果证明可行，这些概念可以更广泛地作为工作流程或产品应用。虽然可以并行执行某些阶段，但大多数是顺次执行的。在每个阶段结束时，利益相关者将决定是否进一步进行。

表 18－1　生命周期示例

项目或阶段	活动编号
1	概念研究
2	概念可行性研究
3	样机演示验证
4	市场可行性研究
5	概念的全尺寸研究
6	生产设计
7	发布准备工作
8	发布
9	提升
10	退出

当你不愿承诺一个荒谬的项目计划时，老板可能会说你懒惰、害怕或缺乏动力，他可能会质疑你的团队精神。你必须准备好依靠事实讲话了。如果老板不松口，可能是时候准备简历了。

项目规划

有人说项目的失败从一开始就注定了。项目中最关键的工作发生在项目实际工作之前的规划阶段。项目规划做好了，项目的执行才能更顺利、更有把握。然而很少有组织对项目规划给予足够的重视。

很难看出规划的实际价值。如果我们刚开始工作，会因为忙碌而感觉良好，但是规划失败给项目带来的困扰会在往后的时间里显现。规划中没有解决的问题最终必须解决。在计划阶段未能沟通意味着必须在后期以高昂的成本返工。你要么现在为项目计划支付少量的费用，要么当项目遇到麻烦时付出高昂的代价。

由于工作项目的多样性，很难就应该在规划中投入的时间量提供相关的经验法则。一般来说，项目越不熟悉、越不确定、越复杂，就越需要规划。进度延误可能会产生严重的后果，因为对于大多数组织来说，延迟完成项目的成本非常高，甚至每周可能高达数百万美元。项目延期和混乱会给团队成员带来很大的压力，导致的后果是工作成效不佳。所以说，规划的投资回报是非常可观的。

做好规划

我们规划阶段的目标是完全确定项目要实现的工作范围、实现的进度以及要使用的资源。在规划的初始阶段，这三个要素可能在很大程度上是未知的。规划阶段将确定足够的细节，就项目方向做出明智的决策，并使其清晰和可靠，以便参与者可以确定项目最终成功。

一些指导方针可提高规划阶段的有效性并增加所制订计划的价值：

首先，项目的所有关键方都应参与规划工作。在此阶段若未能包括关键人物，将导致以后出现意料之外的坏消息。

其次，要实事求是，避免各种利益相关者常强加于人的臆想。如果无端相信该项目会像极度乐观的小说那样完成，我们以后将为此付出代价。

再次，规划阶段需要多次迭代，每一次都更加清晰。我们从一个一般概念开始，随着添加细节层次，会发现范围、进度和资源这三个元素的组合是站不住脚的。进度安排可能会非常长，促使人们重新考虑工作范围。每次重新考虑项目的要素时，我们都需要与利益相关者核对，看看他们是否同意改变方向。然后继续迭代，直到达成一个所有关键方都可以接受的规划。

最终，规划阶段在利益相关者之间产生本质上具有约束力的合同。该规划是对我们将在项目上执行的工作、需要多长时间以及将应用哪些资源的明确而完整的陈述。不完整、不明确和不具有约束力的文件会给项目埋下隐患。

项目规划具有约束力这一事实并不意味着一旦项目开始就永远无法进行更改。有许多很好的理由说明为什么应该在工作开始后进行更改。知识是在实施项目工作的过程中学到的，新知识可能会促使项目进行适当或必要的改进。

拥有正式的变更流程是项目取得成功最关键的组成部分之一。项目受到来自各个方面的许多压力——有的参与者想要扩大工作范围，还有的参与者想要限制工作范围。有些人想延长进度，而另一些人想缩短。其他项目经理可能想挖走你的团队成员，你自然想阻止。正式的变更和批准过程有助于消除任何可能使项目朝着商定方向以外的方向发展的随机或故意行为。

我们现在花了大量时间讨论项目规划中的一些主要问题点。如果你已经征服或避免了它们，项目规划的具体过程就相当简单了。

规划过程

项目规划的工作首先是完整地确定所有工作，并测算为实现项目目标完成这项工作所需的资源。然后对工作项目进行排序并将工作需求与可用资源相匹配。规划还考虑到项目的潜在风险，并考虑如何减轻这些风险。这里关于规划的介绍比较基础。详细信息可在本章末尾的参考书目中找到。

识别和估计所有工作包

一旦确定了项目的目标，下一步就是提供要完成的工作的细节。由此产生的工作表达被称为工作分解结构（WBS）。

记录所有要完成的工作应该涉及所有相关方。一种是从总体范围开始，并尝试将工作细分为适当的工作包。这是通过分层方法完成的，在最低级别，有可以在几天内完成的单个任务。这种粒度使工作包很容易理解——它们看起来并不艰巨。它还有助于良好的控制，因为可以及时纠正偏离目标的工作。WBS 中的每项任务都应该有明确的、有形的输出，以便任务工作完成情况和将工作移交给下一个任务时一目了然。图 18－1 展示出一个 WBS 案例，它给出可能包含在简单系统升级项目中的任务。每项任务还必须确定负责该任务的个人。确定所有工作后，对完成每项任务所需的时间（例如，以人・日为单位）进行测算。记得在这样的测算中要鼓励诚实。

在确定项目所有工作的过程中，不要忘记项目管理。项目管理通常占项目总工作量的5％～10％。

给工作排序

规划的下一步是对工作进行排序。有些任务可以并行完成；其他的必须按照一系列步骤来完成。建房子时，要先打地基，然后开始搭框架，但室内粉刷和景观美化可以同步进行。

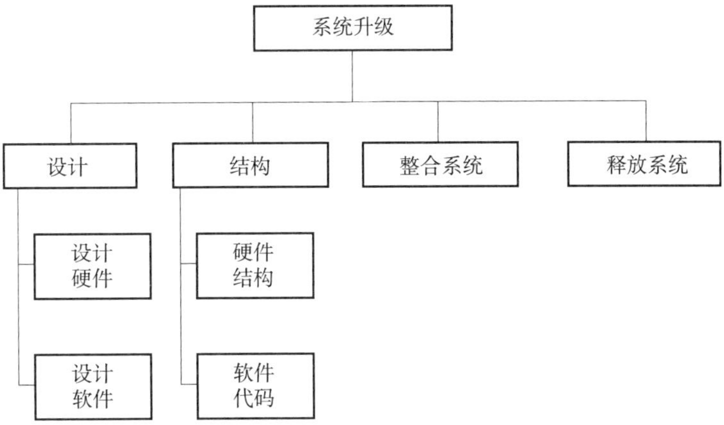

图 18 - 1　系统更新 WBS 示例

排序结果通常以图形形式显示，甘特图就是其中一种（图 18 - 2）。它提供了一个简单软件项目的甘特图示例，传达了有关该项目的大量信息。每个水平条提供有关一项任务的信息：条的长度表示任务计划执行的时间，位置显示任务在日历上的发生位置；箭头表示任务之间具有依赖性的连续步骤的顺序。对于某些依赖关系，根据关系的性质，从前一步骤的完成到后续步骤的开始有一段滞后时间。此示例图表还标识了负责每项任务的人员。

通过给网络中每条路径添加任务持续时间预估值，我们可以确定通过网络的最长路径，称为关键路径，并以更宽、更暗的条形显示。因为关键路径设定了总体的进度，所以它吸引了很多注意力是可以理解的。

项目开始后，项目经理会定期更新进度表，甘特图代表迄今为止的实际进度以及剩余的预测进度。

资源投入

根据日程安排和资源估算，可以开始尝试在任何给定的时间分配参与项目的人员。当投入资源时，我们通常会遇到一个不可能的情况。例如，在甘特图示例中，李（Lee）致力于执行任务 4、5 和 6，这些任务显示为在几天内同时运行。假设每个人在任务期间全职工作，此时遇到了一个问题，图表显示在 3 月 13 日至 15 日期间，李需要每天工作 16 小时或 24 小时。

因为项目规划是迭代的，我们需要回过头来寻找可以消除不可能条件的方案，可以重新安排任务、增加人员或延期。在这种情况下，可能会考虑推迟李的任务 4 和任务 5 的工作，但这样会造成项目延期。也许可以请其他人来帮助李，但这样做可能不太现实或不合适。当变更是实质性的并影响我们的目标时，必须征得利益相关者的同意。

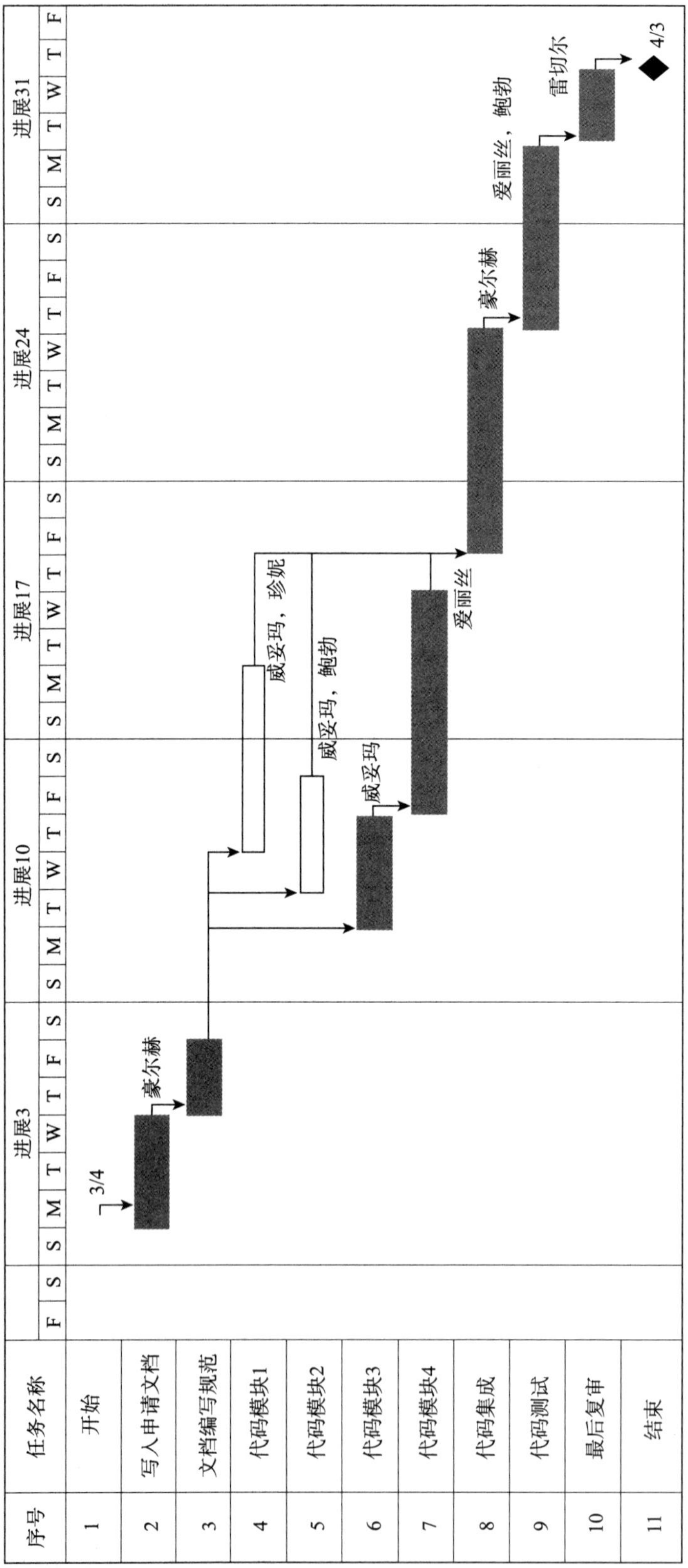
序号
任务名称
1 开始
2 写人申请文档
3 文档编写规范
4 代码模块1
5 代码模块2
6 代码模块3
7 代码模块4
8 代码集成
9 代码测试
10 最后复审
11 结束
进展3
进展10
进展17
进展24
进展31
F S S M T W T F S S M T W T F S S M T W T F S S M T W T F S S M T W T F
3/4
豪尔赫
威妥玛，珍妮
威妥玛，鲍勃
威妥玛
爱丽丝
豪尔赫
爱丽丝，鲍勃
雷切尔
4/3

图 18－2　甘特图示例

风险管理

我们计划的各个方面将基于对未来的一些假设。例如，我们的项目可能依赖于某些原材料的采购。如果我们的假设后来证明是无效的（即原材料短缺），则该项目可能无法实现其目标。

我们需要确定项目的主要风险，并采取措施规避风险、减轻其影响并提供应急措施。从项目中消除风险是不可能的，但可以做很多准备工作规避或化解风险。我们将在第 22 章中详细讨论风险管理。

将合同正式化

或许经过多次规划迭代后，我们希望能够制订出一个合理的、符合项目目标并被所有利益相关者所接受的计划。这是一个很大的成就，由此产生的计划和协议必须正式化。从字面上看，这是所有相关方为了落实工作做出的一项承诺。但这不仅仅是一份合同，该计划是项目各方之间众多分包合同的概要。

到目前为止，可以很容易地对计划进行变更。然而，我们在项目执行过程中越深入，变更带来的痛苦就越大。一旦项目开始后建议变更，则必须启动正式的变更流程：在实施任何变更之前需要进行正式审查并做出正式决策。从这时开始，在项目中严格执行变更过程的必要性再怎么强调也不为过。

敏捷

在结束规划主题之前，有必要先了解一下项目模型的主题，更具体地说是敏捷项目管理，简称为敏捷。由于软件和 IT 项目问题与软件开发中常见的不确定性、复杂代码中的错误，以及集成单独开发的子系统的挑战，该模型具有突出的地位。

在项目的传统（或瀑布）模型中，任务按顺序执行直到完成。相比之下，敏捷模型建立在迭代之上，每次迭代编制工作代码。每次迭代运行很快，通常为 1～4 个星期。规划敏捷项目更简单，这可以通过促进团队成员和利益相关者之间广泛的交叉沟通的流程得到加强。为了让敏捷运作良好，所有参与者都必须完全接受不确定性的模型，同时还致力于快速冲刺、大量沟通和学习以及工作产品的高水平学科知识。

范围蠕变

如果不解决范围蠕变，即项目工作量增加的普遍趋势，对完成项目的讨论都是没有任何意义的。一旦项目开始，几乎总是有人想改变工作范围。工作中的变更可能是合适的，但作为项目经理，你必须强制请求者遵循正式的变更流程。这个过程将使利益相关者能够正确地同意变更，并正式调整项目目标和要素的相应后果。正式的变更过程不鼓励对项目变更提出轻率、武断或单方面的要求。

也许项目经理词汇中最重要的词是“不”。许多压力是由善意的各方施加的，要根据他们的需要改变工作的方向。优秀的项目经理是果断的，执行各方在工作开始前商定的规则。这些规则保护所有相关方。

一旦工作开始，不可避免地会对范围的特定元素产生误解。准备一个项目计划是一门艺术，它应该有足够的细节以供完整的理解，同时又不至于过于详细和烦琐而需要投入太多的精力来准备。消除这种误解往往取决于各方之间的信任程度。建议在项目早期采取措施建立信任，因为以后可能会需要它。

项目管控

如果项目规划做得好，工作的执行会比较顺利。在执行阶段，你作为项目经理的工作从计划转变为管控。保持沟通顺畅，及时了解项目状态，定期向利益相关者报告状态，并在需要时采取纠正措施。

项目管控中的一个常见错误是对本应完成的工作过于乐观，相信某项任务已完成或即将完成，但后来发现事实并非如此，这是非常令人沮丧的。要信任，但也要验证。

关于报告，不同群体对信息有不同的需求。团队成员需要其职责范围内的详细信息，执行管理层只对项目状态的高层次了解感兴趣。许多组织使用交通信号模型来报告状态：绿色状态表示达到目标，黄色表示小问题，红色表示严重故障。与此模型相关的是异常报告的概念。

你的管理层希望工作按既定的目标进行，他们很高兴对这些领域只做一个非常简短的确认。当某些任务状态为红色时，他们会想要更多详细信息，更具体地说，他们会想知道你为纠正这种情况所做的工作。

项目财务管理

项目财务管理的一种常用方法是挣值报告，它很有用，因为它提供了一种将绩效、进度和预算结合起来的好方法。

在规划项目时，将对项目预算和进度进行估算。这些估计的详细信息，可以在项目的会计系统中按任务描述。因为资源的使用可以追溯到任务，并且因为我们将任务的持续时间安排在几天内，所以可以定期准确地了解项目状态，并将其转换为财务指标。

在任何时间点，都可以用金额来表述迄今为止完成的工作量。该数字将包括所用人工和材料的累计成本，称为实际成本（AC）。在项目开始之前，我们已经估计了现在完成的任务的累计成本。这个数字称为挣值（EV）。我们将使用的第三个指标是计划值（PV）。

这个指标来自我们在项目之前制订的项目计划，它代表的是计划在这个时间点花掉的累计金额。

考虑日程安排的费用似乎有些令人困惑。事实上，它是对项目进度的更多信息描述。如果一个项目或活动被报告为比计划晚了 5 天，并且有一个人在兼职从事这项活动，这与延迟 5 天而有 20 人在做的活动大不相同。

图 18－3[2]提供了使用挣值的案例，每条曲线都显示了一个累计挣值指标。在报告日期，挣值大于计划值，这意味着项目提前。实际成本低于挣值，这意味着我们在已完成工作上的支出低于预测。

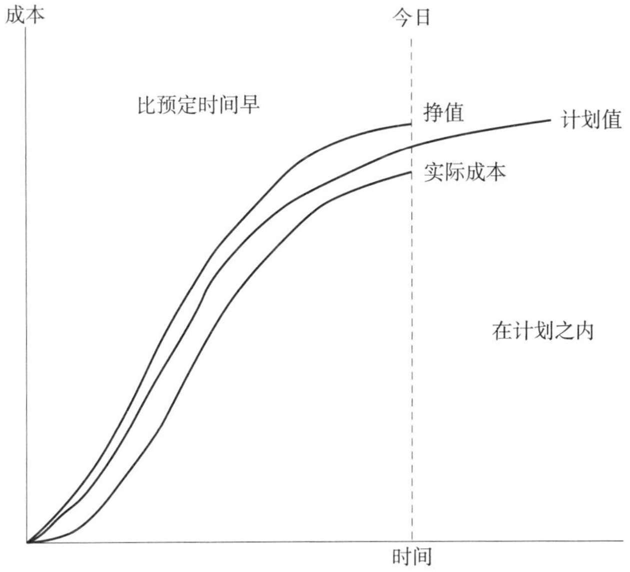

图 18－3　挣值案例

提前完工并低于预算听起来不错，但要小心不要过快下结论。项目绩效报告要求深入了解项目的运作情况。在此示例中，某些工作可能尚未实际完成或质量低于要求。

这些指数还可用于预测项目完成时的绩效。挣值报告提供了一种很好的方法，可以使项目团队及其利益相关者随时了解项目中的项目绩效。

项目成功的其他关键

在结束本章之前，考虑一下影响项目成功或失败的其他三个因素。

沟通至关重要

对于项目经理来说，最关键的工作可能是促进项目相关人和团队成员之间的良好沟通。虽然项目失败的具体原因多种多样，但这些原因几乎总是与沟通中断有关。项目实施中，沟通不畅的一个关键因素是非常常见的问题，即未说明的假设或不同的期望。作为项目经理，应将监控和促进项目的健康沟通视为最高职责。我们将在第 23～25 章讨论更多的沟通技巧。

追踪问题

当一个项目正在进行时，经常会出现关于项目特定方面的问题或争议。当需要对产品规格或资源可用性问题进行澄清时，必须持续追踪和记录这些问题。一种常见的做法是根据团队或利益相关者提出的意见生成问题列表并根据需要对其进行更新。清单上的每个问题都分配了一个责任人，该责任人将采取任何适当的措施来解决该问题。

权限不足

项目经理的一个常见问题是权限不足，当一个组织中的正式权力等级被组织成一个矩阵时，这个问题经常发生。在这样的组织中，大多数员工将向职能经理汇报（例如工程师向工程总监汇报）。组织项目团队后，团队成员仅出于项目目的向相应的项目经理报告。

在图 18－4 中，苏珊（Susan）是项目经理，团队成员有雅克（Jacques）、叶林（Erin）和希思（Heath）。当在职责或时间分配上不可避免地发生冲突时，雅克将服从工程总监而不是担任项目经理的苏珊，因为工程总监批准他的薪水并评估他的绩效。由于苏珊缺乏奖励或惩戒团队成员的正式权力，因此她必须依靠她的影响力和政治专长。

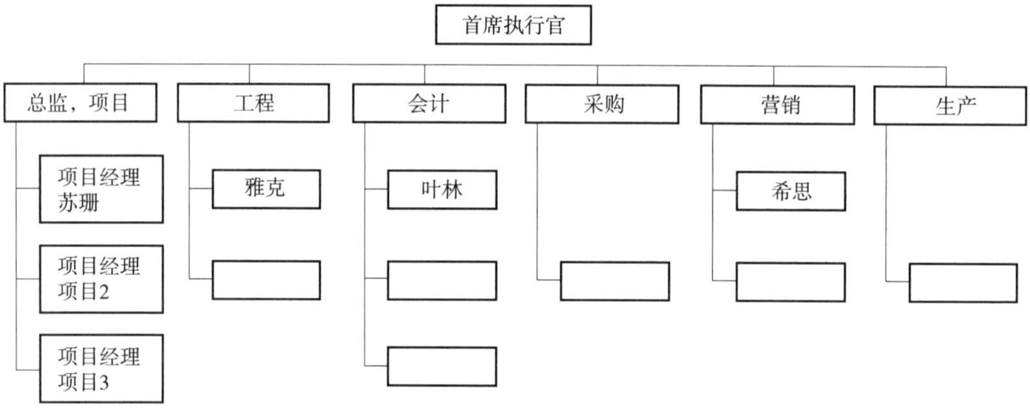

图 18－4　矩阵式组织流程示例

项目是现在和更美好未来之间的桥梁。项目是伟大的事业，组织中一些最有价值的工作以项目的形式出现。项目对组织非常重要，毫无疑问对你的个人职业成功也很重要。精通项目管理对你大有裨益。

我们内心深处渴望从事项目——这项工作满足了我们创造和掌控世界的愿望。遗憾的是许多项目一片狼藉。虽然有些人将责任归咎于项目管理，但究其根本，还是与人性的局限有着更深层的联系。有时沟通不畅，常常想要不切实际的东西。有了正式的流程、良好的沟通以及适当的期望和态度，项目才能成功。组织中的大多数项目都可以通过非常简单且容易实现的技能进行管理。

参考文献

[1] HASTLE S，S WOJEWODA. Standish group 2015 chaos report - Q&A with Jennifer Lynch [EB/OL]. InfoQ (blog)，C4Media，Inc. [2015 - 10 - 04]. https：//www. infoq. com/articles/standish - chaos - 2015.

[2] NEWELL M W. Preparing for the project management professional (PMP) certification exam [M]. New York：AMACOM，2005.

推荐书目

AUCOIN B M. Right - brain project management：a complementary approach [M]. San Francisco：Berrett - Koehler，2007.

KOGON K，S BLAKEMORE，J WOOD. Project management for the unofficial project manager [M]. Dallas，TX：Franklin Covey，2015.

SCOTT D J. Project management：a quickStart beginner's guide for the serious project manager to managing any project easily [M]. SC：Create Space，2016.

VERZUH E. The fast for ward MBA in project management [M]. New York：Wiley，2016.

第19章　授　权

决定不做什么和决定做什么一样重要。

——杰西卡·杰克利（Jessica Jackley）

要　点

- 有效的授权始于主管对只有其自身才能履行的独特角色的理解。
- 授权关乎团队内部以及团队与更大组织之间的协调和整合。
- 良好授权的一个关键要素是提供必要的支持以促进内在动力。

在公司，你可能遇到过精益方法的术语——最小可行产品（MVP），它抓住了为新产品的早期用户确定最低限度必要功能的概念，并认为以后会有增强功能。产品是解决客户问题或需求的手段，因此，一些情况下可使用短语——最小可行解决方案（MVS）——来表达我们正在构建解决方案的观点。

开创性的线上鞋店 Zappos 一开始就采用了 MVS 方法。它始于一个简单的网站，上面有创始人在当地鞋店拍摄的鞋子照片。当顾客想订购时，他在当地商店以全价购买鞋子，然后自己发货。在早期，MVS 是一种简单地确定人们是否会在网上买鞋的方法；如果顾客拒绝以这种方式购买鞋子，那么额外的服务就无关紧要了。

假设你在贵公司已从一般员工晋升为团队领导职位。像许多刚开始担任第一个主管职位的工程师一样，你的情况让你生畏：职位描述占了半页，工作日程发生巨大的改变，技能有待于扩展，你可能会觉得不适合这个职位。

深呼吸并考虑以下几点：在这个新职位上，你的任务是为问题或需求制定解决方案，并且该解决方案具有一些监督元素。从问题或需求开始，你必须为组织提供的最小可行解决方案是什么？尽可能简洁地提出这个答案，它会给你一个开始了解你的新角色的地方。请注意，此练习将你的想法从任务转移到结果——从待办事项转移到愿景。你的 MVS 应以公司战略为指导，并根据上级的意见进行制定。

如果你的团队负责产品开发，则 MVS 可能与该产品的 MVP 相关。然而，这两个概念的主旨将有本质的不同。MVP 描述功能，而 MVS 描述结果；因此，MVS 明确或隐含地包括管理功能或操作。

同样，假设你是团队负责人，你的总 MVS 将汇总团队成员的所有 MVS 以及你自己的个人贡献。后一项应该成为目前的重点，因为它是你短期内新角色的核心。

你的个人 MVS 是你（只有你自己）可以并且将会为组织提供的价值。这是只有你能做的工作；如果不完成此功能，你做的任何其他工作可能都无关紧要。这个练习的目的是让你专注于必须做的事情，并帮助减少这种晋升自然带来的恐慌。你可以并且很快会为MVS添加更多内容，但现在这已经足够了。

个人MVS可能是什么呢？如果你在加工厂工作，你可能会说："在接下来的60天内将J-7反应堆的正常运行时间从98%提高到99.5%"，或者如果你在基于项目的软件公司工作，你的MVS可能是"在6月30日之前交付集成和测试过的C-39软件包"。这两种解决方案都包含向你报告的团队成员的多个MVS。请记住，它是指定的（最小）C-39软件包，而不是具有很好功能的软件包。

让我们从MVS的反面解读一下。如果我没有看到J-7的正常运行时间在60天的窗口内从98%提高到99.5%，那么不管我做出其他什么大成就，作为经理的工作都是失败的；同样，如果指定的C-39没有交付，我取得的其他任何成就都不重要。

请注意，我负责的是整个解决方案。我似乎要完成所有解决方案的工作，但因为我们谈论的是团队环境，解决方案太复杂，任何人都无法单独实现，我必须将大部分工作分配出去。个人的MVS和下属的MVS之间必然存在联系，这就引出了授权的特定主题。

授权的成功因素

我们值得花一些时间来区分一下新手经理可能会混淆的行为。授权任务的行为意味着通常将由自己执行的工作交给下属。分配任务的行为只是意味着分配工作，无论这个工作是我自己经常干、偶尔干还是从来不干的。我们将在本章中重点讨论授权，因为你需要克制住"我自己可以完成任务"的冲动，这样才能专注于你必须完成的任务。但是，请注意，如果你只是简单地分配原本就不做的工作，我们在此介绍的一些原则也适用。

我听人说过，要想真正富有成效，只做别人做不到的事。换句话说，这意味着外包MVS之外的所有工作。走这个极端不一定适合你的情况；尽管如此，本标题的概念是专注于自己必须独自完成的工作——而且必须做得好。我的MVS包含三个主要组成部分：（1）协调和整合团队的工作与组织其他成员的工作；（2）确保每个团队成员都能完成各自的MVS；（3）协调和整合团队不同成员的贡献。我工作中的这些元素对他们来说具有明确的系统风格。

还有一种明确的支持导向，即确保每个团队成员都有交付个人MVS所需的东西。授权中要解决的关键问题是我的团队成员需要什么支持？在回答这个问题时，主要依靠五个内在动力：意义、选择、能力、进步和创新能力。我需要考虑团队的独特需求，但以下是常见的需求类别：

• 大局观——团队成员需要了解他所承担的工作如何适应团队其他成员的更大工作以及组织的更大工作。也许更关键的是，需要理解可交付成果对组织的使命有何重要意义。

• 明晰——工作包和结果需要明确的定义，以提供清晰的目标，同时允许个人在细节上仍然有选择。

• 指导原则——这些原则阐明了将要做出的选择和优先事项，特别是在遇到意外情况时，而这其中包括关键的成功因素。理解这些原则使个人能够以与解决方案一致的方式即兴发挥和创新。

• 责任与权力——授权的概念建立在为了实现结果而移交责任和权力之上。责任与问责密不可分。移交权力意味着适当地将决策权下放给团队成员，避免微观管理或事后猜测他们的决策。

• 期望——与团队合同一样，授权的一个关键主题是表达对彼此的期望。这种表达方式不是单向的：在明确我对工作范围、质量和及时性的期望的同时，我的下属也必须阐明他们对我的监督和同事行为的期望。使用良好的沟通技巧和反馈，以确保清晰地理解彼此的期望。

• 资源——必须确保我的下属拥有成功所需的资源。建议慷慨提供团队所需的任何工具、材料、用品和支持功能。

• 社会基础设施——我们在本书的其他地方使用了这个概念来指代团队合同和使团队及其成员能够进行出色协作的要素。

• 能力和成长——一项任务如果远低于或远远超出一个人的技能水平，这很令人沮丧。给每个人授权的时候要注意与每个人的才能、长处和技能相匹配，同时也要给他们一点去延伸进步的空间。

• 信心——下属需要在内心感受到上司相信他们的能力并相信他们会成功；同样，下级需要看到上级对自己的角色充满信心。

• 兴趣——当个人觉得很重要的某个人，尤其是上司，对他们的工作活动以及他们在工作之外的身份感兴趣时，信念感就会增强。

• 及时沟通——定期并在其他必要的时候进行沟通，有助于进步。

• 反馈——团队成员需要知道他们何时走上正轨或是否偏离了轨道。

• 倡导——团队不可避免地会面临来自团队外部的问题，需要解决了才能取得成功。团队成员非常看重让他们远离琐碎的政治和上级的干预。

• 教练、导师和榜样——教练以任务为导向，旨在确保近期的绩效和技能。导师关乎整体、长远的发展。虽然上级需要指导下属，但组织中的其他人通常会为他们提供指引。然而，我的工作是确保每个团队成员都有一名导师。下属通过观察上级来了解工作的重要行为和文化方面，因此意识到自己是他们的榜样是值得的。第 29 章将详细介绍这些主题。

如果你觉得自己处理所有这些领域不知从何下手，那么现在可以理解为什么我建议你最初的重点是针对新职位的最小可行解决方案。这些元素是协同的，所以当你解决一个问题时，必然会解决其他几个。

表现出尊重

人类的大脑对同事之间的相对社会地位非常敏感。有趣的是，这种关注与“战或逃”

反应有关。如果我感到被某人轻视或蔑视，可能会自动和无意识地产生退缩或反击的反应。可以说，战斗或逃跑的反应是为了确保我们的身体和社会生存。

相对地位并不意味着所有同事都具有平等的社会地位；这意味着每次交互都有一个预期的状态。虽然我承认 CEO 拥有很大的权力和责任，并且在等级制度中的地位比我高得多，但我希望上级会认可我的职位和角色，认可我是一个积极进取的专业人士。CEO 与我互动的形式可以提高或降低我们之间的相对社会地位。

工程经理应该牢记大脑的这种功能，尤其是在授权方面。很多人认为授权只涉及自上而下的任务分配。虽然这个想法有一定的道理，但授权的方式既可以显示和促进对下属的尊重，也有可能让人觉得不被尊重。

在向下属授权工作时，我想确保是在提升内在动力。我还想将每个人都视为聪明且积极进取的专业人士，他们拥有独特的视角来完成任务。我想避免告诉他们该做什么以及如何做；相反，我希望以一种允许他们将议程和目标内化的方式进行合作。

表达尊重的一种方式是，在讨论明确属于下属职责或专业领域的工作时，从给出指示转变为适当提问。例如，团队成员基姆（Kim）正在编写代码，但总出问题。我可以用自己的方法探究一下，然后找出问题告诉她怎么改。更尊重她的方法可能是，询问基姆认为问题出在哪里以及可能存在哪些解决方案。但是，不要将这个方法玩成套路了，要真诚地了解下属的想法并信任这个过程。

有效授权中的问题

授权既是技巧也是艺术，而糟糕的结果是出现问题的症结。有效授权的第一个问题是授权太少。作为一个完美主义者，我常常不愿意将结果的控制权交给他人。对我来说，放手并依靠别人来做我自己可以做的事情常常是一种挑战。

第二个问题是，很难找到监管者行使监管权的最优解。过多的监督令人窒息，这通常与完美主义或对下属缺乏信心有关。而上级太忙或对其监督技能缺乏信心时，可能会导致监督太少。

解决这两个问题的方法在于上面列出的授权成功因素。

要授权的时候，请考虑以下重要发现。人们常说，与其说辞去工作不如说是炒掉老板，这句格言对于无良的老板来说当然是正确的。然而，更深层次的离职原因来自工作本身：正如 Goler 报道的那样，员工通常在工作不愉快、长处没有得到发挥以及职业生涯没有发展的时候才会离职[1]。换句话说，当工作的内在回报严重缺乏时，员工会离职，而对组织这项工作负有最大责任的人是其上级。所以这句格言是正确的，但进一步考虑，还有更深层次的意义。

当授权不顺利时，员工更有可能离开。有效的授权可以促进提高参与度和巩固团队的内在动力。首先要了解我的角色，我可以和必须做些什么来支持和实现最佳协作。

参考文献

[1] GOLER L, J GALE, B HARRINGTON, A GRANT. Why people really quit their jobs [J/OL]. Harvard Business Review [2018 - 01 - 11]. https://hbr.org/2018/01/why-people-really-quit-their-jobs.

推荐书目

COOPER C M. Delegation: the key to leadership [M]. CreateSpace, 2015.

GENETT D M. If you want it done right, you don't have to do it yourself!: the power of effective delegation [M]. Fresno, CA: Linden, 2004.

MALONE C C. The art of delegation: maximize your time, leverage others, and instantly increase profits [M]. [S. L.]: CreateSpace, 2015.

第 20 章　会议管理

会议是耗时间且浪费时间的事情。

——节选自詹姆斯·T. 柯克（James T. Kirk）上尉，《星际迷航》

要点

- 会议几乎普遍无效且不受欢迎，这种状况为提升领导力和大幅改进工作提供了现成的机会。
- 只有当所有参与者都对一个好的结果负责时，会议才会有效。
- 与团队合同一样，执行有效的会议规范为奖励体验提供了坚实的社会基础设施。

在我主持的团队领导研讨会中，进行了一个关于会议管理的练习，旨在呼吁采取行动提升领导力和进行革新。这是个罕见的组织，其成员都喜欢甚至热衷于参加会议，所以这个练习在我去的每个地方都会产生共鸣。该练习是一种反向最佳实践过程，参与者识别问题群体的行为，然后将这些行为转化为积极或最佳实践策略。会议分三部分进行，前两部分大约五人一组。最后一部分是所有小组一起完成的。

在第一部分，我邀请每个小组列出他们讨厌会议的 10 件事，并将它们写在活动挂图上。这一步很容易。有些团队喜欢这种任务，很高兴地将批评清单扩展到 15 个或 20 个。第二部分，每个组编写第二个列表，要将第一个列表中的每个项目反转为正策略；例如“我们的会议开始晚了”，反转为正策略“我们所有的会议都将准时开始”。这一步也很容易。在这个阶段结束时，我邀请每个组的一名代表展示他们从每个列表中选出的前五项，各个组之间有很多重复项。

第三部分在全体小组中进行，首先我会问是什么让这些明显合理且有效的策略无法实施。参与者提供了很多很好的理由，例如“跑题就是我们会议文化的一部分”，或者“我们得等老板来了才能开会，而她总是迟到”。我听着，点头回应，这些都是完全可以理解的。

然后我进行断言：“我可以在一年后再来进行相同的练习，各个小组可能还会给我相同的列表。你们自己都很清楚，不是吗？实现这些有价值的政策变化需要什么？”因为我们在之前研讨会上都谈到了承担责任，所以最后我问了一个问题：“你会怎么做？”

房间里静得落针可闻。

我们安逸于无效但习惯性的行为。在这里开始明白为什么人们普遍对会议感到沮丧：每个人通常都知道一个好的会议是什么样子，但一想到试图改变根深蒂固的习惯就会不舒服。将责任推卸给其他人或文化陋习更容易。

正如卡梅伦·赫罗尔德（Cameron Herold）所说[1]："问题不在于会议本身差劲，而是我们不擅长管理会议。"

这个练习总是能在大多数参与者中产生共鸣。这通常是他们第一次面对这个不可否认的现实，即他们要么自己有些行为导致会议变得很糟糕，要么是默许了其他人这样做。这一点他们知道了就不会忘，他们的意识和行为之间的差异最终会促使他们采取行动。最终会有一天，研讨会中的某些人将大张旗鼓地规划并承诺做出改变。

你对组织中的会议有何看法？你是否愿意发挥领导作用来改善会议的效果？当然，前景令人生畏！就像领导力中的其他一切一样，从你自己开始做起。

这一切都不是为了做出评判。很少有人学习过良好的会议管理技能，也很少有组织认真对待会议以树立健康的规范和行为。就好像有一种广泛流传的不言而喻的理念：如果我们见面了，我们就会知道该怎么做。

出于目的，我们将重点关注所有与会者都应积极参与的定期团队会议，还有其他类型的活动，例如数十人参加的有独特需求的主题演讲。为了更了解会议且使会议更有效，下面来介绍一些原则。

建立有效的信念

谁对我现在参加的会议负责？当然是指定的会议负责人。传统观点认为，会议的成功和与会者满意与否取决于会议负责人。但这听起来很像领导者一人独大的模式，而会议上的其他人都是被动的。我们的观点当然更正确，应当是会议上的每个人都对会议的进展负责。

不可否认，会前和会中必须有组织者，不一定两个阶段都是同一个负责人。每个会议都必须有一个负责人，即为特定结果接受任务的人。负责人通常（但并非总是）准备邀请单和议程，并在会议之前及时分发。至于会议期间，我更喜欢用主持人或司仪来形容主持会议的人。这种用词有助于转变态度，不再使用"领导者"这样的词汇，因为这个词意味着相应存在着被动的"跟随者"。

其余参与者应当为会议做好准备并在会议期间保持活跃。参与者的动词形式是参与！参与的一个主要部分是有责任遵守和执行良好的会议规范和行为。或者重申一下，虽然司仪被寄予有某些重要的期望，但会议室里的其他人也肩负同样重要的期望。这种会议管理模式减轻了司仪的负担，司仪只负责处理流程和结果，这会显著改善会议室内的动态。

请注意，不同的与会者可以主持会议的不同部分。我建议团队定期轮换角色，以便所有成员都能掌握多种会议技能。该模型还体现了所有成员对实现结果负责的规范。

最后，检查一下我们对会议性质的看法。会议无处不在，以至于我们认为对会议和参会人员的性格都了如指掌。作为职场人士，时间是最宝贵的资源之一，应该珍惜时间。即使是定期会议，也应该表达出对时间和工作重要性的重视。除此之外，还会有社交场合的会面，这些应当会适当放松一些。

在此基础上，让我们继续进行一套最佳实践，以便你和同事提起会议能打起精神来！

重塑会议

某些会议通常有一些模型，但这些模型并不是一成不变的。习惯性行为使我们容易故步自封。但实际上，我们应重新审视一下固有想法，甚至有时从一张白纸开始。下面的列表当然不是详尽无遗的，但有一些建议可能有助于激发你的创造力。

• 必要性——这次会议真的有必要吗？议程能否以其他方式完成，如在协作平台上非同步完成？

• 出席——谁必须出席？谁必须是积极参与者？虽然我们可能会考虑邀请其他人，但他们可以拒绝参会或以观察员身份参会。

• 持续时间—— 会议时间应尽量短，这样就有更多的时间完成更多的工作。

• 预期——一些参与者将在会后立即参加其他会议，并且大多数会议在整点或半点时候开始。与其开 30 分钟的会议，不如少于 25 分钟，以便能在准时到达下一个会议前去趟洗手间。

• 环境——在设计会议时要注意会议环境和地点，并不时改变一些小事情。有的小组站着开会，这样参与者就会因为不太舒服而不再拖拖拉拉延长会议。可以考虑换换节奏，在大堂、自助餐厅或咖啡店开会。

会议规范

在第 9 章中，我们介绍了团队合同的概念及其在态度和行为期望上达成一致的用途。团队合同中通常会有一个关于会议管理的部分，这对于定期召开会议的人来说至关重要。作为启动的一种方式，请考虑在本章开始时运行你自己的练习版本。

在探索对会议的期望的时候，你要考虑执行规范。非强制的规范等同于没有规范，但执行过程中要避免刻薄或严厉。许多团队采取轻松的方法。很多时候，人们只是在跑题或啰嗦时才需要温柔的提醒。当我在会议开始前忘记将手机静音时，挂在墙上的提醒列表可以轻松地予以提示“迈克，看 8 号”。

那么临时会议或与会者名单定期更改的会议规范应当如何？在这种情况下，组织或部门最好有一个标准的会议规范简短列表，可以张贴在会议室里或作为第一张幻灯片播放。在这里，主持人将在执行行为方面发挥更多作用，但这并不会减轻其他参与者的责任。对于此类会议，建议在会议之前发送的议程中包含会议规范。

我们可以在这里提供一份大清单列举正面的和负面的会议行为，但这不是重点。正如反向最佳实践练习所证明的那样，我们都知道一个好的会议是什么样的，并且当团队成员参与（这里又强调参与）制定规范时，效果会好得多。

良性的参与和获得良性结果的过程

我们希望设计会议结构，最大限度地提高效率，其中包括各方合理参与的策略。有些人滔滔不绝，而另一些人说得很少或一言不发。如果任其发展，这些个性之间的动态就会自我强化。可以要求所有与会者就重要事项进行轮番发言，把这作为会议规范的一部分。每个人说话时，其他人都不说话。这种做法为内向者提供了一个受保护的窗口。我们还可以给每个发言设置一个时间限制，比如两分钟。这样做可以使会议按时结束，避免某个人过多占据讨论时长。

我们嘴上说会议很重要，但更应该用实际行动来证明。在会议期间使用手机发送消息是不礼貌的。然而，有时确实会出现紧急情况，联系与会者也是可以的。一种解决方法是指定一名在会议之外的联系人助理。助理可以礼貌地打断会议，将紧急消息传达给与会者，这样与会者就可以将注意力集中在重要的会议上。在笔记本电脑上工作同样是不礼貌的，除非是和手头工作相关的而且可以快速解决的。

会议的一个常见问题是开始时间延后。人们可能会按时进入会议室，但花好几分钟时间打招呼、闲聊、倒茶、就座和准备。制定一个政策，让每个人在规定的开始时间前有3～5分钟的缓冲时间。如果会议定于上午 8：30 开始，那就 8：30 准时开始。

关于做好准备，我们可以从 2001 年一部喜剧电影《律政俏佳人》中吸取教训。瑞茜·威瑟斯彭（Reese Witherspoon）饰演艾丽·伍兹（Elle Woods），一个看似轻浮的大学生，为了赢回她的男朋友而进入哈佛法学院。在上课的第一天，严厉的斯特罗姆威教授问了艾丽一个必读读物中的问题。艾丽毫无准备，她说：“我不知道有这个作业。”斯特罗姆威教授立马让她不要上课了，准备好了再来。

每个参与者都应在会议之前完成自己相应的任务，做好准备，在会议当中呈现出自己工作的成果。

项目管理的最佳做法之一是使项目的任务说明简洁凝练。团队在每次会议上都会阅读这份声明，以提醒他们的目的是什么。该团队的负责人表示，会议进行得异常顺利，项目出现的问题比通常预期的要少。当团队朝着新的方向出发时，重要的是他们能够找到“回家”的路。

在休会之前，建议简要总结主要成果和行动项目，这样参与者就可以大致了解完成的工作。

议程

在旅行开始之前，我们会进行组织和准备工作，以便顺利到达目的地。当涉及多人时，这种准备就显得尤为重要。对于即将召开的会议，议程提供了会议路线图、如何准备会议的说明以及任何其他相关的会议特定信息。

典型的情况是由某一个人负责会议的效果，同时也是制定议程的人。议程规定了受邀者、开始时间、持续时间、要完成的议题以及子主题及其各自的持续时间。与此相关的是，议程还可能包括行为规范的提醒，特别是如果会议的参与者不定期以团队形式召开会议。必须分发议程，以便参会人员有足够的时间进行准备，并且应该有一个接受或拒绝会议邀请的流程（例如通过协作平台）。

在大多数情况下，小组应在会议期间密切关注议程。然而，在适当的时候偏离议程是一门艺术。主持人应与参会者核实是否同意对议程进行实质性偏离。

会议结束后，应在 24 小时内提供包括会议记录、决定和行动项目在内的笔记。虽然经常是会议负责人准备笔记，但也可以指定其他人做。

视频会议

视频会议给会议管理带来了新的挑战，值得特别关注。从好的方面来说，相隔很远的参会者能在协作平台上完成如此多的工作，非常了不起。然而，两个现实问题使视频会议可能不如线下会议有效：1）沟通的丰富性和清晰度降低了；2）参会者的精力更容易被其他问题分散掉。

因此，我们必须竭尽全力确保高质量的体验，从而引起人们对完成手头重要工作的关注。为协作平台使用最强大的技术，并特别注意音频质量。在可能的情况下，让每个人都使用网络摄像头和耳机，以获得最优质的音频质量。努力使演讲和讨论具有吸引力，这样参与者就不太可能跑去网上购物或观看宠物猫视频。在会议开始时收起手机并关闭计算机上的所有其他窗口也很重要，这样可以将注意力集中在会议上。严格执行健康的会议行为，特别是为各方安排定期参与的机会。如果你的会议中一些参与者位于同一地点，而另一些参会者远程参加，那么最后一点绝对至关重要。如果没有各方齐心协力完全参与，远程参会者很容易被认为几乎没有参与。

文化与抵制

如前所述，功能失调的行为是有原因的，即使这些行为看起来令人不快，也会令人觉得舒服和熟悉。人们可能会抱怨功能失调的文化，但又不得不接受它。文化不是一成不变的神秘力量。吉尔特·霍夫斯塔德（Geert Hofstede）[2]将文化描述为共享的心理编程。因为文化体现在行为上，如果要改变文化，就必须改变行为。

通常，当有人承担起领导职责，让会议行为朝着更好的方向发展时，会受到各种形式的阻碍：翻白眼、嘲笑、消极的拖后腿，甚至是公然的挑战。完全放弃或避开冲突可能很容易。然而，如果没有人改变，功能失调将继续存在。要始终努力塑造有效的会议行为，表现得像个成年人一样。包含着有效会议规范的团队合同是你最好的工具。一个人试图改变其他六个成年人的行为，与七个成年人事先同意遵守某些行为之间存在天壤之别。重复前面的建议，将事情朝更好的方向发展的、危害较小的方法是与本章开头一样的反向最佳实践练习。当协作制定规范时，规范更有可能得到制定、承认和执行。

在职场文化中，会议有时是如此普遍和草率，以至于我们对会议的态度也是随意、轻率和愤慨的。更好的态度是将每次会议都视为最重要的事情。想想看，既然我们是在做重要的工作，所有与会者的时间也同样重要。

回想一下我们的内在动力：意义、选择、能力、进步和创新能力。当会议执行得好时，会促进所有这些动力因素，从而大大提高所有参与者的参与度。

参考文献

[1] HEROLD C. Meetings suck：turning one of the most loathed elements of business into one of the most valuable [M]. Austin，TX：Lioncrest，2016.

[2] HOFSTEDE G. The cultural relativity of organizational practices and theories [J]. Journal of International Business Studies，1983，14 (2)：75-89.

推荐书目

AXTELL P. Meetings matter：8 powerful strategies for remarkable conversations [M]. Corvallis，OR：JacksonCreek，2015.

LENCIONI P M. Death by meeting：a leadership fable about solving the most painful problem in business [M]. SanFrancisco：Jossey-Bass，2004.

第21章 决 策

我看到自己坐在这棵无花果树下，饿得要死，只是因为我无法决定选择要哪个无花果。每一个我都想要，但是选了一个就意味着放弃了其他。我就这么坐着，无法抉择，果子开始脱水变得又皱又黑，它们一个一个落到地上，就落在我的脚边。

——西尔维娅·普拉斯（Sylvia Plath），《钟形罩》

要 点

- 不同的环境需要不同类型的决策过程——选择最适合的。
- 如果参与者支持过程，他们也更有可能支持决策的结果。
- 我们决策最终依靠的是基于事实信息的情感。

要么全力以赴，要么索性放弃！

如果你陷入困境，你朋友可能会用这句话来劝你做出决定。无关紧要的、非正式的或个人事务的决策是一回事；涉及工作场所团队、部门或整个公司的决策是另一回事。通常，此类决策是团队行为，需要过程有效、结果良好的决策方法。

上面的引述中，西尔维娅·普拉斯（Sylvia Plath）形象地描述了我们面临任务时的场景。我们通常有很多种选择，而且很多时候没有哪一种明确看起来更优。做出选择后就有可能错过了其他更好的可能性，那么到底哪个才是最好的选择？这就是决策的本质：我们的选择可能会带来一个不太理想的结果。迟迟不做决策，最后所有的机会都会消失，只剩下最糟糕的结果。

为了在现有的无花果中做出很好的选择，我们需要一个协作过程来理解决策背景，探索和考虑选项，并集体做出决策。最终，寻求一个高质量的决策，无论这意味着什么。这种考虑将我们引向决策背景。

理解决策背景

想一下你过往做决策的经历，有些是个人的，有些则涉及朋友、家人或同事，大事小情都得你做主。有些决策需要数天、数周或数月才能做出，还有些决策必须当机立断。这些不同的考虑突出了这样一个事实，即所有决策都是在特定背景下做出的。当我们处理组织决策时，必须清楚并阐明特定决策的背景，这样做可以显著提高决策质量。

对于许多（不是大多数）组织工作，在继续之前需要收集一些数据并进行后续分析。虽然我们在搭建框架和解决问题方面做得很好，但可能仍然缺乏对具体细节的洞察，这些细节将使结果变得有形和具体。

以下是尼尔（Neal）和斯普瑞兹（Spritzer）[1]的列表，为组织中的决策背景提供了建议，以促进高质量决策。请注意，此列表假定已完成了一些为了决策而进行的基础工作，例如开发一组候选选项，也许这项工作最好是由我们的团队完成，并从相关专家那里得到适当的研究或支持。建议为开发候选选项设定合理的时间限制。

- 适当的框架——清晰理解要解决的问题，给决策设置一个框架。
- 有价值的可选方案——根据需要，应制订一个既富有创意又可行的备选方案的简短列表。如果一个选项能够满足需求并能实现预期的结果，那么它就是可行的。
- 有意义的信息——我们希望了解每个选项的信息，以便进行考量。我们寻求的信息是可靠且公正的。任何相关的不确定性和模棱两可的信息也包含在内。
- 结果的清晰性——我们需要清楚地了解所选方案的目的，以及愿意为达到目标而做出的权衡。

通过了解决策的背景，我们可以很好地做出高质量的决策。

过程的重要性

结合第 17 章的主题，由于未来的不确定性和无法控制的外部因素，我们无法保证一定会取得巨大的成果。然而，遵循可靠的决策过程会大大增加做出高质量决策的可能性。

与团队合同概念一样，我们寻求表达对彼此的期望，以及将采取的达成决策的过程。根据背景不同，决策过程或类型不同（下一节将详细阐述）。一般而言，我们希望在流程中达成一致，保证公开透明。也许更重要的是，所有利益相关者都必须同意参与这个过程，在集体通过决策后给予全身心的努力并提供支持。表达并同意这种期望会大大减少一些负面情况，比如如果没有达到预期的结果，人们会抱怨他们的观点没有得到考虑或批评决策的正确性。

麻省理工学院的研究表明，更好的决策源于输入和观点的多样性[2]。有趣的是，在多元化的群体中，存在分歧的概率很高，而我们倾向于同意同质的群体。在审议过程中，我们希望有不同的意见和分歧。我们希望人们具有共同理解基础，但以不同方式看待事物，且人们并非都属于同一群体。

我曾经担任 NASA 事故调查委员会的成员，当时是针对一起发生在地面上的事故进行调查。和我们现在讨论的主题不谋而合，NASA 贯彻了一项政策，要求每个委员会都要有一名外部顾问，不能是 NASA 的员工。

从本质上讲，麻省理工学院的研究和NASA的政策印证了过程中需要促进传播多种不同的观点和信息的重要性，即使这些观点和信息一开始不受待见。我们的审议过程应该容许不同意见的存在，因为恰恰是不同意见显著提高了决策的质量。我们的流程必须相应地包括一种管理冲突的方法，确保冲突的焦点是思想观念，而不是情绪。第23章将有更多关于鼓励异议的内容。

决策方法

组织中没有也不应该有一种万能的决策方法，所使用的方法应适合具体情况。在给定情况下选择哪种决策方法合适，需要考虑三个基本因素：需要决策的紧迫性或及时性、决策的影响以及利益相关者支持的重要性。表21－1总结了几种类型的决策方法和何时使用的指南。

表21－1 决策过程种类

决策过程种类	如何做决策	何时应用
指令型	一人决策	无关重要的事；时间紧迫时；团队束手无策时
协商型	决策人在独自决策前征求他人的意见	略微重要的事或团队束手无策时
民主型	大多数人投票	可能适用于不需要全员达成共识的事项
共识型	团队内共同决策；全员要么进行投票，要么全心全意支持	重要事项且时间允许
全员一致型	所有团队进行投票并完全达成一致	需要全员一致的重要事项，且时间非常充裕

在组织环境中，许多重要的决定由领导者做出（经过协商后）或有某个小组参与。决策越重要，影响力越大，就越需要达成共识甚至完全一致通过。这些趋势表明更需要形式化，但在许多情况下，这种方法不是必需的，或者可能既不明智也不及时。当建筑物着火时，需要一个知识渊博的人来负责并发号施令！

实施这些不同决策方法的关键是，尽可能就决策的过程和方法达成一致。换句话说，第一个决策是关于过程，解决了之后，下一个决策就是关乎手头的事情。例如，我们可能会达成共识，即项目领导对范围的变更做出具体决策，但是决策前必须有协商的过程。

我们谈谈适当支持和承诺对决策的重要性。一个关键的观点是：每个人作为个人可能会做出特定的决策，但组织环境需要尊重群体的决策。假设一项决策既不是非道德的也不鲁莽，我们同意支持并致力于完成该决策所包含的活动，即使个人可能另有选择。

也许对决策结果最重要的支持是支持达成决策的过程。在包括体育和选举在内的各种比赛中，都有赢家和输家。输家或输家的支持者会为失败感到沮丧，但只要过程透明、遵守规则，他们就会承认比赛的获胜者。同样，在组织中，个人最看重的是他们输入的过程是公平合理的。

优柔寡断

警惕“分析瘫痪”。团体可能会因为缺乏信息而不断推迟决策。在商业世界中，永远不会有足够的信息。作为决策工作的领导者，知道何时收集更多数据、何时促使人们做出决策是一门艺术。建议给决策设置时间限制，即强制要求根据可用信息在某一日期前做出决策。另一方面，如果仍然缺失关键信息，但时间所剩不多，那么可以试试用不同的解决方案进行尝试。

如果你正在领导决策过程，请注意团队的动态以及你自己的直觉。如果你感觉决策应当趋于一致但却没有，这可能表明现有的选择不令人满意或参与者无法达成共识。这时候可能应该尝试不同的方法了，以下方法供你参考。

多一点创意

虽然不管做什么决策的时候有创意的想法都是好的，但当我们面临僵局时，尤其需要创意。此处需要借用第 16 章中的一个挑衅练习版本。你可能还记得，这个练习的关键是违反既有的假设。在这种情况下，此类假设可能会阻碍决策的进展。

实验

如果前进方向仍然十分模糊，而参与者仍需做出具有长期影响的、分配大量资源的重大决策，那他们肯定会感到焦虑。把决策分成多个阶段的话有可能会达成共识，我们或许可以达成一致，开展一个试点项目或进行一轮快速实验。

当某一个备选方案普遍达成共识但又不愿意为此动用大量资源时，不妨试试运用试点项目的方法。这种方法本质上是一个概念验证项目，可帮助利益相关者获得对全面推进计划的信心。试点项目结束后，应重新组建团队，努力做出最终和正式的决策。

参与者可能不会就某个特定方案达成一致，事实上可能确实是有不止一种选择方案，不同的人有不同的想法。在这种情况下，进行一轮试点实验，或者平行的试点项目，可以指明前进的方向。再重申一遍，在实验阶段结束后要将团队重新召集起来，以就主要项目做出最终决策。

决策中的感性部分

职场中的许多人，都相信应该通过评估利弊并基于数据来做出理性决策。不是说这种方法不重要，但实际上每个人最终做决策的时候总有感性的成分，这一点听起来可能挺新奇。人们先感性地做出决策，然后再用逻辑和选定的数据来支持决策。

安东尼奥·达马西奥（Antonio Damasio）博士是南加州大学的神经科学家，他研究了情绪对决策的影响。他讲述了他的病人埃利奥特（Elliott）[3] 的故事，埃利奥特是个睿智且成功的律师，不得不接受脑部手术切除肿瘤。手术很成功，他也康复了。手术前后，认知测试证实埃利奥特的智力没有受到损伤，他康复后重回工作岗位，但还是出现了严重问题。

他行事作风变得平淡，没什么动力。切除肿瘤需要切除埃利奥特大脑中处理情绪的部分。奇怪的是，埃利奥特失去了做决策的能力，即使是很小的决策。后来他的婚姻破裂了，也失去了工作。尽管他很聪明，但人们发现很难与一个没有感情的人互动，他连吃什么穿什么的决策都做不了。

埃利奥特的悲惨案例表明，我们是根据对可用选项的感受来做出决策的。仔细想想，人类大脑的这种特征是完全有道理的。如果我对某个选项或机会感到兴奋，我可能会为了支持自己的想法或是决定，过滤掉一些看似“客观”的信息。相反的，如果一个方案会给我带来负面情绪，那我更有可能抵制这个方案，无论其他人觉得它有多好。

假设，我刚刚发现项目中的一个重要设备供应商突然倒闭了，作为项目经理，客观上我有责任与项目赞助商分享这个消息。根据以往的经验，赞助商对类似情况的反应很冷静，并积极合作寻找好的替代解决方案。我的情绪会相应地趋向于向赞助商透露这个坏消息。但如果以前这个赞助商收到这样的消息后就会暴怒，并责怪告诉他的人，在这种情况下，我的情绪可能使我瞒下这个消息。

情绪对我们决策的影响确实是无法回避的。不管作为个人还是团体，最好接受并承认自己的情绪。充分感受情绪，有意识地朝与情绪相反的方向行事，并且对决策感觉更好，是成熟的标志。

本章开始时我们考虑了这样一个现实，即风险伴随着决策而来。最重要的是要相信，即使决策带来的结果不尽如人意，我们仍然可以调整、适应和随机应变。使用本章提供的方法，将降低出现不良结果的可能性。我们可以从容而自信地继续前进，因为我们知道与同事一起遵循了一个可靠流程，即促进观点的多样性、鼓励对话和对决策的支持。也许最好的决策就是遵循一个可靠而稳健的决策过程！

参考文献

［1］ NEAL L，C SPETZLER. An organization - wide approach to good decision making［J/OL］. Harvard Business Review Online［2015 - 05 - 27］. https：//hbr. org/2015/05/an - organization - wide - approach - to - good - decision - making.

［2］ CLEARFIELD C，A TILCISK. Meltdown：why our systems fail and what we can do about it［M］. New York：Penguin Press，2018.

［3］ DAMASIO A. Descartes'error［M］. New York：Putnam，1994.

推荐书目

BAZERMAN M H，D A MOORE. Judgment in managerial decision making，eighth edition [M]. New York：Wiley，2013.

DUKE A. Thinking in bets：making smarter decisions when you don't have all the facts [M]. New York：Penguin，2018.

KANER S. Facilitator's guide to participatory decision-making [M]. San Francisco：Jossey-Bass，2014.

KROGERUS M，R TSCHÄPPELER. The decision book：50 models for strategic thinking [M]. New York：W. W. Norton，2012.

第 22 章　当事情出错时从难处下手

天降横祸！

——保险杠贴纸

要　点

- 事情出错是不可避免的，为可能发生的风险事件做好计划和准备对我们有好处。
- 风险管理涉及一些识别风险，并根据风险的可能性、影响和预警程度对它们进行优先排序的简单工具。
- 准备和实践有助于我们在意外危机发生时做出良好反应。

打过高尔夫球的读者都体验过从长草区击球——长草区即为每条球道的边界，这里有树木、高草和其他障碍物。即使是最优秀的高尔夫球手有时也会身陷草丛，需要相当的技巧才能在球洞上获得不错的成绩。这是比赛的一部分，可以从长草区打出好球也是高尔夫球技巧的一部分。

因为我们能胜任工作，所以事情通常都很顺利。但即使在最好的情况下，也会偶尔遇到麻烦。

有些困难只是巧合，而有些困难是因为我们做的工作有风险。然而，工作中所有人都必须承担风险，市场竞争如此激烈，因循守旧是有风险的。

把事情做好的一个关键部分是处理逆境的能力——知道如何避免它，如果可能的话，知道如何从逆境中翻盘。风险管理和问题解决技能是工程经理工具包中的宝贵工具。善于处理危机的人是不可多得的人才。但也许最好还是先避开麻烦。通过良好的规划，许多危机是可以预防的，或者可以将其影响降到最低。

我们如何让自己不要身陷长草区？如果不幸身陷长草区，应当如何优雅地脱身？在高尔夫球场上第一次挥杆之前就应该开始准备。在工作中，风险和危机管理技能从规划之初就应当开始。

风险简述

介绍风险管理的主题前，有必要先定义和描述术语。风险是未来可能发生的对工作产生不利影响的事件。如果风险确实发生了，我们称之为风险事件或问题。对于先前确定并已计划的风险，我们会在风险事件发生时实施响应或应急措施。如果风险事件是意外的，我们可能需要应用解决问题的技巧。如果问题很严重，则称之为危机，我们的行动更准确地说是危机管理。

区分那些涉及健康或安全的风险事件与其他可能影响业务的成功或稳健的风险事件是有帮助的。当然，健康和安全问题必然会引起高度关注，而且在许多情况下，法规强制要求减轻此类风险。在本章中，我们将主要关注业务风险。

风险事件的形式和规模各不相同，它们对工作产生的影响也不尽相同。一些风险事件是比较温和的，即使发生了，也没有什么严重后果。有一些风险事件非常严重，即使不是致命的，也会产生巨大的影响。

风险管理方法的很大一部分可能是通过从环境中得来的经验和反馈来学习的。一个不小心接触到火的孩子经历了火带来的伤痛，以后就学会了避开火或小心处理火。通过这样做，培养了孩子的风险管理的直觉、技能。

通过经验，人们各自形成了对风险的适应程度和承受能力。有些人无惧风险，对自己应对风险的能力充满信心。还有些人喜爱稳妥，喜欢规避风险带来的安全感。

说到底，没有办法在生活或工作中完全规避所有风险。不冒风险就意味着也没什么收获。我们的目标是制订和实施计划，保持良好的心态，把风险控制在一个合适的水平。

组织障碍

由于种种原因，许多组织在管理风险方面做得很差。在很大程度上，这种糟糕的表现是由几种错误态度和信念造成的，以下我们来列举并讨论。

对负面的否认和恐惧

组织未能实施风险管理的根本原因之一是否认风险的存在。相信我们永远不会遇到麻烦，或者如果确实遇到麻烦，也可以轻松解决它。在许多情况下，执行管理层担心员工的动力和承诺。管理层可能害怕承认潜在的未来风险，会使员工产生消极态度并失去为实现目标而努力的决心。风险和问题只存在于脑海中，如果我们只是谈论它们，它们可能会成为现实。管理层还希望向客户传达积极、能干的形象。虽然否认可能是权宜之计，但它也违背现实。

关注注意力分散和效率低下

有些人可能认为考虑可能永远不会发生的潜在事件是浪费时间，但有效的风险管理使团队能够更自信、更高效、更成功地实现目标。良好的风险管理工具旨在简化规划过程，因此不会过度考虑不重要的风险事件。

时间不足或优先级低

组织中的大多数人每天都很忙。当他们忙着灭火时，通常很难说服他们投入时间来规划未来的风险，组织也通常不会将风险规划作为优先事项。诚然，规划风险需要时间，但只要付出一定的努力，就可以制订出有价值的风险管理计划。

担心担责任

最后一点，许多人讨厌不管问题出在哪儿，解决问题的人都要承担责任。他们害怕承认危机出现，给出解决方案后就意味着承认错误并有可能招致指责。对于许多危机来说，创伤是长期的，因为每个人都推卸责任，许多人会尽可能地否认危机的存在。快速反应本可以减轻损害，而逃避责任则会放大损害。良好的危机管理包括迅速承认危机存在并立即寻找解决方案。

风险管理要素

正如普里查德（Pritchard）[1] 所说，建设性的风险管理计划包括以下三要素：风险识别、风险评估和风险策略。完整的三要素组成了一个综合过程，该过程可以根据适当或需要的方式简单或复杂。我们现在来详细地讨论这些元素。

风险识别

除非我们意识到风险，否则不可能制订任何具体的风险计划。风险管理的第一步是努力识别工作的风险。

风险识别最好通过集体努力来进行，因为很多有价值的风险知识都存在于管理之外。我们不仅应该邀请专家，还应该邀请那些可能对工作有新观点的人。列出过去发生的错误，并采取措施规避再发生此类事件，是有帮助的。

人和组织都倾向于更加重视最近的风险事件。这种偏见不一定代表未来可能发生的事情。最好广撒网，多考虑其他可能性。

可以通过尝试列出为使我们的工作取得成功而必须做对的所有事情来促进识别过程。这样做通常会迫使我们确定一系列假设，包括许多看似微不足道或理所当然的假设。这项工作有时看起来可能不太正常或很荒谬：是的，我的工作假设是世界没有被热核战争摧毁。但是在某些情况下，一些看似荒谬的想法实则非常有道理。你可以提出几个宽泛的类别来将奇怪但不常见的潜在事件汇总起来考虑。

你谈成的许多项目都值得密切关注，但不在此时。识别练习只是为了捕捉工作中所有可能面临的相关风险。你是否依赖材料或设备的交付？这些物品可能无法按时提供。也许你的项目范围有一些不明确的领域，如果是这样，就有可能在以后需要返工，从而对进度和预算产生影响。

你的项目是否涉及新技术或不成熟的技术？项目的成功通常存在重大风险，因为该技术可能会在实施中失败，或者只有投入大量资源才可行。

当你觉得已经在识别风险方面付出了很大的努力时，没有必要非要把列表写完——这个列表永远也写不完。一旦有意识地了解风险，大脑就会以一种奇妙的方式处理它们，甚至会在无意识的情况下处理。让大脑继续来处理吧，我们来看下一步。

风险评估

不同的风险对工作有不同的意义——有些是微不足道的，有些是至关重要的。为了充分利用时间和资源，我们需要给风险排个优先级，将重点放在最重要的风险上。在团队内有一个对潜在风险进行评估或评分的团队流程是有利的。在集体评估风险时，要注意那些提供重要少数观点的"荒野中的声音"。评估系统应该考虑到具体风险的几个特征。

首先，一些风险事件极为罕见，而另一些则更为普遍。我们可能会接受与罕见事件相关的风险，但会采取措施避免更常见的风险。例如，在分析低洼地区的洪水时，土木工程师有一些术语来描述不同时间段内洪水可能到达的程度。他们讲"十年一遇的洪水""百年一遇的洪水""五百年一遇的洪水"。第一种情况指经常发生的降雨或洪水事件，第二种和第三种情况指的是不经常发生的洪水事件。我们可以接受在五百年一遇的洪泛区建房的风险，但不能接受在十年一遇的洪泛区建房的风险。特定风险事件的可能性是需要考虑的关键特征。

要考虑的第二个特征是对工作的影响。一些风险事件对我们的工作结果影响相对较小；另一些风险事件可能会产生灾难性影响。评分系统应该考虑风险事件对我们想要完成的目标的最终影响。

第三个评估要素是将收到的关于即将发生的风险事件的预警程度。如果风险事件突然出现，我们没有时间做好准备，此类事件的风险等级应当更高。另一方面，当看到远处有麻烦逼近时，我们就有时间做好准备。

比如即将到来的飓风的警告。通常，沿途的居民会提前几天收到通知，并有机会采取预防措施甚至疏散。相比之下，地震不会提前宣布它的到来。

现在，可以将三要素——可能性、影响和预警程度——融入对风险事件的综合或整体评估中。

有许多不同的风险评分方法，从非正式的技术到正式的数值方法。最重要的是保持评分的一致性，并使用评分结果，突出显示与列表中的其他事件相比总体得分相对较高的风险事件。

表 22－1[2,3]展示了一个风险评估工具，涉及桥梁建造的项目中可能发生的两种假设风险。我们在这个例子中考虑的风险是那些可能会阻止我们实现项目目标的风险，这些目标体现在范围、进度和资源中。列表中的第一个风险是根据简单的"低—中—高"等级评分的，其中"高"代表更高的风险。总分主要基于对其他三个评估组成部分的影响的直觉印象。第二个风险问题的评分范围为 1～5，其中"5"表示风险更大。在这种情况下，总体

分可以是分量的标量或加权平均值。实施的评分系统可以是对组织有意义的任何系统。

表 22－1　桥梁建造项目风险评估工具示例

风险事项	发生的可能性	影响	各项的预警等级	总分
天气不佳	中	高	低	中
原材料无法按时运抵	4	5	3	4.0

当对“整体”类别中的分数集进行评估和决策时，应该对“影响”类别的贡献给予额外的考虑或权重。在可能导致严重伤害或死亡的情况下，这种影响可能会影响总分。当影响很大时，即使总分很低，也应该进一步核查这种风险。

回想一下挑战者号航天飞机灾难，事故归因于低温下的 O 形圈失效，这种风险被认为发生的可能性很小。但由于事件——宇航员死亡——的影响非常大，因此需要格外小心。“当人们认为某件事情发生的概率很低时，就会把谨慎抛诸脑后。”[4]

评估步骤的目标是，将最初冗长的列表解析为一个更易于管理的列表，其中仅包含最关键的潜在问题。当进行下一步时，我们只会考虑那些对目标来说总体风险相对较高的风险问题——这些就足够我们忙的了。

风险策略

现在必须逐一审查短列表上的问题，以制定策略来规避或减少它们带来的风险。寻求的策略分为三类：规避、应对和转移。我们更喜欢能够帮助完全避免风险事件的策略。如果无法完全避免风险事件，我们将需要确定应对事件的步骤，以减轻其影响。在某些情况下，我们可以将部分风险转移到别处。与第 16 章一样，风险策略的制定是另一个练习创造性思维技巧的好地方。

许多步骤是在风险事件发生之前采取的，也有许多是在之后。但是，只有在风险事件发生之前采取了一些措施，才能在之后采取相应的应对措施。

驾驶汽车的一个风险事件是燃料耗尽。如果发生这种情况，可以用车内备用罐中的额外燃料加满油箱。这是一个很好的应对，但只有在提前计划好携带备用罐且把它装满的情况下才能实现。

尽管尽了最大的努力，许多风险事件仍然会发生。我们应该在流程中加入应对事件并减轻其对我们工作的影响的计划。建议提前确定具体的响应行动和对这些行动负责的人。在许多情况下，由于缺乏特定的一个负责人，因而无法实施良好的应对计划。

表 22－2 提供了制定风险策略集的简单示例，它使用了我们在表 22－1 中提出的风险事件之一，即桥梁建造项目的材料可能延迟交付。表中列出了风险规避和应对方法，但给定行的条目之间没有直接关系。

表 22-2 一组风险策略示例

规避	应对
只选用过往按时交付记录良好的供应商	评估重新安排建造工作的顺序和时间表
要求材料提前至少两周交付	寻找原材料替代供应商

除了规避和应对措施之外，第三个风险策略是风险转移，包括风险集中。这种策略的一个例子是汽车保险。任何司机都有卷入车祸的可能性。这些司机可以通过保险将风险集中在一起，这样每个人都可以支付一笔可接受的保险费来获得保险。任何一方都不会因事故而遭受巨大的经济损失；从本质上讲，所有各方都分担了一小部分损失。

可以在工作的其他方面采取类似的方法。也许你已经发现项目雇佣熟练技工存在潜在风险。你自己可能无法雇佣额外的员工，但也许公司的其他部门可以把他们的员工派给你。

最后，对风险事件的一种合理反应是重新考虑目标。例如，在项目发生风险事件后，可能需要更改范围、进度或资源，甚至可能完全放弃该项目。

风险管理行动

我们现在可以检查策略列表并选择要实施的策略。强调一下，有效的风险管理必然依赖于行动。那些规避或转移策略的要素是我们肯定会实施的行动。如果满足特定条件，要施行的是应对策略。

我们在此处研究的过程简单、直接且易于实施。正式技术覆盖风险管理要素更深的层面。许多工程师可能熟悉其中之一，即故障模式影响及其关键性分析（FMECA）。虽然 FMECA 更具体地用于产品或系统故障的分析，但这些概念可直接适用于更一般的风险管理问题。

我们现在已经制定并采取措施，针对预期的风险实施风险管理系统。对于那些完全出乎意料的风险事件，该怎么办？

为意料之外做计划：培训与随机应变

我们都受到过随机不幸的影响，在工作中也时常会遇到这种情况。在这种情况下，风险规划乍看似乎是无效的，但风险规划有助于我们培养解决问题和危机管理的信心和技能。

这里具体谈谈培训和实践。军事部队和运动队花费大量时间训练和准备比赛或战斗。培训过程，尤其是在具有挑战性的情况下，可以帮助他们培养信心、毅力和洞察力，这些在他们遇到新情况时都很有价值。

另一方面，我们在工作场所很少花时间为意外进行培训。许多危机管理或解决问题的技能都是在面对严峻的局势中发展起来的。但是，当我们进行有效的风险规划和风险管理时，会发展并提高这些技能，更好地学习和掌握如何随机应变。

危机管理

发生危机时，我们比以往任何时候都更需要依靠信心、创造力和果断。为了避免不知所措，我们需要将问题分解为更易于管理的几个部分。摆脱危机最重要的是坚持冷静决策。

优秀的危机管理事例之一是强生公司，有七人死亡后被追溯到曾经买过强生的一款热卖止痛特效药泰诺。有人从商店里拿了几瓶泰诺，加了砒霜，然后把它们放回货架上。

公司的反应很果断，通过媒体要求所有用户停止服用泰诺，并立即以超过 2.4 亿美元的成本召回所有泰诺产品。在回收过程中，公司首创防篡改包装，并迅速成为行业标准。泰诺的销售很快反弹。

强生公司的高管承认，没有为这场危机做好准备。然而，他们确实对一个长期存在的公司信条深信不疑，即公司对消费者和社会的责任[5]。事实证明，他们迅速决定承担责任并做道德上正确的事情，这也是最好的长期商业决策。

从我们自己组织的个人经验和其他组织的经验中研究危机管理、解决问题和风险管理计划的案例是有益的。值得从重大事件中获取经验，以帮助制订未来的风险管理计划和危机管理工作。

当我们在技术或其他方面挑战极限时，会在项目和运营中面临相当大的风险。但在不断变化的市场中，任何业务都会受到干扰。我们需要一个良好的风险管理计划以及伴随该计划而来的培训和准备。然而，如果我们不把工作或系统推向极限，情况会好得多。工程师们多年来都知道这一格言，将安全因素植入设计和操作的系统中。

我们生活的世界的确充满风险，但在工作中遇到的大部分风险都是人为可以控制的。有效应对逆境，会加强个人的工作和组织的实力。实行有效的风险管理使我们有信心避免或减轻许多可以预见的风险，并应对那些不能预见的风险。

事情出错时，我们面临着一个关键的决策。诅咒命运或指责他人很容易，但这些通常收效甚微。如果我们不断寻找，通常有机会在逆境中获益。

参考文献

[1] PRITCHARD C L. Risk management：concepts and guidance，fifth edition [M]. Boca Raton，FL：CRC Press，2014.

[2] LEWIS J P. The project manager's desk second edition [M]. New York：McGraw－Hill，2000.

[3] Ibid. p. 306.

[4] Ibid. p. 307.

[5] Johnson & Johnson, "Our Credo," 2018, Johnson & Johnson, https://www.jnj.com/about-jnj/jnj-credo.

推荐书目

CARLSON C. Effective FMEAs: achieving safe, reliable, and economical products and processes using failure mode and effects analysis [M]. Hoboken, NJ: Wiley, 2012.

DEZENHALL E, J WEBER. Damage control: the essential lessons of crisis management [M]. Westport, CT: ProspectaPress, 2011.

KENDRICK T. Identifying and managing project risk: essential tools for failure-proofing you project [M]. New York: AMACOM, 2003.

原则 4：有效沟通

当同事之间沟通不畅时，工作就会受到影响并会产生挫败感。经理必须学习和练习有效的沟通技巧。良好的沟通能力通常被认为是经理最重要的能力。经理必须熟练地倾听和理解信息，并以各种形式清楚地传达信息。经理密切关注利益相关者的理解，确保团队成员协同工作也很重要。

第 23～25 章描述有关转型到管理岗位的工程师如何开发有效沟通方法的技巧。经理必须做到：

- 努力促进理解、共识和行动；
- 成为团队成员之间有效的信息交流中心；
- 学习并练习良好的人际沟通能力，尤其是使信息简单明了的能力。

第 23 章　有目的的沟通

这个世界上，只有平等的人之间才存在沟通。

——肯·伯恩斯（Ken Burns）

要　点

- 工作中良好的沟通需要理解并采取行动。
- 要真正理解，必须谦虚地承认我们确有不理解的地方，并参与有效的沟通。
- 交流的情感内容很重要，但往往被忽视；情商对经理来说很有价值。

在工作中，我们进行交流通常出于三个原因：相互理解、（希望）达成一致，以及形成行动的基础或动力。我们进行交流，期望从一种状态移动到另一种状态，然后使用这种移动来改变——即采取行动。

沟通的过程是为了一个目的而改变的过程。如果我们为了某个目的而交流，那么最好是带着目的交流。此处所说的有目的的交流，意思是有意识地明确目标且熟练地交流。

这种理解、共识和行动的三元素，在工作中多种类型的沟通上，起到框架的作用。这个框架，使我们从利己走向互利，这是一个促进进步的过程。

人类的精神状态是紧张与放松之间持续的相辅相成，或者正如我们之前所说的辩证法缺一不可。可以将这种现象描述为从势能到动能的路径，循环往复。我们带着不同的理解、意义、解释、议程和定义开始对话，在这个现实的紧张局势中，要么找到一个合作共同点的空间，要么得出我们缺乏共同目标的结论然后分道扬镳。

在接下来的章节中，我们将更详细地讨论沟通技能和技巧。在这里，我们想强调在你作为经理的角色中认真对待沟通的心态。这种心态为这些技能提供了基础，因为它可以帮助你全身心都参与到沟通中，而不是试图简单地调用一个快速技巧。

一切从互相理解开始。

质疑我们认为已经理解的东西

在很大程度上，我们是在人际关系中发现自己，无论是在工作中还是在个人生活中。在各种各样的关系中，我们会遇到共性和差异，而这些都在沟通中体现出来，沟通的质量对我们理解这些与情况相关的共性和差异的准确性有重大影响。

任何交流都必须从某个地方开始，必须至少有一些共同点才能有些理解。为了效率，任何相互交流都依赖于共性的基础。在这里，语言、文化和经验的共同点使得我们能跳过许多基础工作。然而，臆想的共同点和臆想的差异会阻碍健康的交流，包括基于人的某些特征对他人的刻板印象。我们还会遇到人与人之间传递的不同类型的信息。信息既有事实成分，也有情感成分，我们往往更相信后者。由于这些原因，即使我们看起来有很多共同点，也有无数的情况会产生误解。似乎解决方案之一是将关系限制在与我有很多共同点的个人上。然而，成功的工作成果绝对取决于共同点和差异。当我们从多样化的信息和观点以及健康的异议中受益时，会研究出更好的解决方案。组织如果因循守旧并抵制其他观点，风险就会凸现。

理解这个话题不容易，甚至很复杂。与此同时，团队和组织的高效和成功依赖于良好的沟通。这些考虑表明我们寻求的是共同点和差异的健康平衡。更重要的是，寻求一个健康有效的过程来探索什么是相似的，什么是不同的，以及如何处理这些。

一切从理解开始，真正的理解始于挑战我们自认为理解的事物的假设。作为经理，将对团队的有效性负责，这在很大程度上取决于沟通的有效性。积极承担自己在沟通和促进理解方面的责任是有益的。

必须记住，领导力包括改变意愿，而最大的控制点是对自己的控制。当我愿意质疑自身对另一个人和我们互动的理解时，就意味着我愿意让我们的沟通更顺畅；同样，当我质疑集体理解时，我会让团队的理解更清晰，变得愿意积极促进更丰富的交流。

在场和积极参与

工作中很多事情阻碍沟通，尤其是持续的责任和吸引我们注意力的各种资源。人们经常会想到过去发生的事情和未来要发生的事情，例如，一位同级经理可能正在和我谈论软件的功能，但我心不在焉，脑子里想的是两天后将要举行的重要审查会议。控制我们头脑中的神经白噪声并聚精会神，去关注当下正在发生的事情真是不容易。如果我心不在焉，那我就是一个被动的交流者，这意味着我既没有接收也没有输出重要信息。

作为工程师，我提供的是专家证人的证词。对于法律事务中的任何证人来说，清楚律师提出的问题至关重要；精神上的分心可能导致思考的问题与实际提出的问题不同。有人曾经就证人如何克服跑神提出了很好的建议，他的建议适用于任何寻求更多参与互动的人。他的方法是开动我们的感官，尤其是触觉。方法很简单：注意一下椅子给我的感觉，感受前臂放在桌面上，感受鞋子下面的地板。效果几乎是立竿见影的，我的思绪被带入房间和现在，并帮助我聚焦到现在所说的事情。

当存在感建立时，我就成为当下交流的积极参与者。此外，我养成了主动沟通的习惯。积极参与是有效和成功的沟通并产生预期结果的决定性因素。

将倾听的过程纳入考虑是值得的。在我们的世界里，人们很容易觉得自己的声音无关紧要。你有没有注意到有多少人只是想被倾听？尊重他人的基本行为是表明我在倾听，认可并验证他们的观点，表明我理解它，并（在适当的情况下）将他们的利益纳入我手头的事情中。

这种对待他人的方法通常用术语“积极倾听”来描述。这个术语强调在场的重要性，同时也指导我们花更多的时间和注意力来接收信息——而不是发送信息。我赞同这种偏好，但选择将这种行为描述为在场和积极参与。这些概念更具包容性，可以捕捉到有效理解所需的思维方式。

情商

人与人之间的交流包括事实信息和情感信息。虽然情感成分可以用语言表达（如“我真的很兴奋”），但大部分内容都出现在声调和肢体语言中。我们倾向于以无意识的方式发送和接收情感内容，更相信这种方式而不是事实内容。此外，情绪在决策中起着重要作用。因此，培养对自己和他人的情绪意识并学习有效管理是值得的。

这种技能被称为情商（EI）。提高情商水平的好处是能够将自己的想法和行动引导到更有帮助的方向，同时也将与他人的互动引导到更好的地方。虽然情商的一部分被认为是一种很像性格或者个性的特质，但另一部分被认为是一种任何人都可以提高和掌握的技能。也许最广泛使用的情商构造是由戈勒玛（Golema）[1]提出的（表 23－1[2]）。在矩阵型组织中工作时，情商技能与更好的项目绩效和有效性有关。我们使用情商来加强沟通和协作。

表 23－1　情商构造

了解自己的情绪	识别自己情绪的能力；懂得情绪、思想、行动之间的关联
管理情绪	管理情绪的能力；控制情绪或将不良情绪转变为更有效的情绪
激励自己	选择进入情绪状态的能力；唤起情感以实现目标
识别他人的情绪	同理心的能力；理解并照顾他人的情绪
处理关系	维持令人满意和有益的关系的能力；引导和影响他人的情绪

虽然组织决策中使用客观数据和理性思维，但不能忽视情绪的重要性。我们经常选择一个行动方案，要么使用选择性数据，要么以支持已经做出的决策的方式解释数据。所有人都用大脑来表示现实的叙述——没有大脑，我们不可能理解所有传来的信息。你可能觉得职场的决策中掺杂情绪，代表的是人性的缺陷，但这样的想法不会有成效。最好接受情绪并尝试了解其背后的原因。

让我们回到与同级经理讨论软件功能的场景，而我却跑神了，思考的是即将举行的审查会议。情商的一部分是意识到自己的情绪并将其管理好。在这次谈话中，我意识到对即将到来的审查感到焦虑。我也意识到，全神贯注于焦虑阻碍了我对当前谈话的关注。管理焦虑意味着可以至少暂时不想它，这样就可以把注意力集中在同事说的事情上。当我集中注意力并积极倾听时，我从对方的肢体语言中感觉到很乐观，并且对方的表现似乎不是在谈论软件需求的状态。我说："你今天似乎对软件很满意，还有什么开心的事吗?"她回答说："我偷偷告诉你，因为这事还应该保密，我升职了!"我咧嘴一笑，表示祝贺，并告诉她这是她应得的。这是情商的第二部分：觉察到他人的情绪——并适当地予以回应。

在跟进某一个正在实施的主题时，要理解情商指的是关于我的所想、所说和所做的。这不是试图操纵他人的情绪来实现我的个人目标，我们允许人们按照他们现在的样子出现在我们面前。我们阅读对方的情绪，并用健康和有益的方式做出回应。

谈判协商

可以说许多互动都涉及谈判，无论是琐碎和非正式的，还是复杂而正式的。简单的如商量一起看什么电影；复杂的如各国代表谈判贸易协定。无论谈判的性质如何，都可以通过解决过程的三个基本方面来获得技巧。

第一个方面是你对这次谈判的总体方式和态度。许多人认为谈判必然会导致有输有赢。鼓励你寻求双赢的结果，尤其是考虑到与另一方的长期关系。如果在谈判中遇到了似乎只有非输即赢的情况，那就对相关问题进行创造性的思考，可能会将情况转变为双赢。

人可能很容易觉得这将是自己与特定一方进行的唯一交易，并且对在非输即赢的竞争中胜出感到很自在。根据我的经验，我们总会低头不见抬头见，你可以把这叫做机缘、巧合或其他什么。建议你最好养成尽可能多地寻求双赢结果的习惯。

第二个要素是深入了解你和其他相关方的利益。通过了解对方的立场和利益，你将处于更好的位置进行有效的谈判，更有可能取得双赢的结果。这里的重点是有意识地关注自身认为重要的事情以及自己可能愿意承认的事情。最好在将要进行的谈判之前进行此类考虑。

第三个考虑因素经常被忽视，但与前两个一样重要。它是我确定的谈判协议的最佳替代方案。对于特定的谈判，我制订了一个替代方案，它可能不是第一选择，但如果没有在第一个协议达成双方都同意的条款，那么它仍然是可以接受的，这是第二佳选择。

假设我想从家附近的经销商那里购买一辆特定的新车。在这种购买中，通常会有很多情感依恋在起作用，汽车销售人员会利用这一点。确定最佳替代方案有助于我们避免为昂贵的附加组件支付不合理的价格。我的替代方案可能是去不同经销商处购买相同型号的汽车、不同制造商的类似汽车，或者我的汽车再开六个月。有了这个决心，我就可以在心里设定一个不会支付的价格。在谈判之前制定最佳替代方案可以减少达成交易的压力，因此更有可能实现双赢。

异议与争论

在包含有关沟通和协议内容的章节中，我将异议和争论列为主题似乎很奇怪。然而，从大局来看，我们希望团队决策和协议基于可以考虑的最有效和最好的信息。为了实现这一目标，我们需要认识到并管理偏见，其中可能包括最严重的偏见，即我们反对考虑任何与我们坚定的信念相悖的信息的偏见。如果没有考虑不受欢迎但有价值的信息，或者不善待提供此类信息的人，我们就会冒着糟糕的结果和破坏关系的风险。

让我们首先定义术语，再来深入研究这个主题。争论是对论点的陈述，它与表达立场或观点并用事实支持是同一个意思。在法庭上，当律师向陪审团作开场陈述时，正在提出一个论点。高中或大学的辩论俱乐部会参加以辩论为主题的比赛。比赛结束后，正反方代表队会握手、交流、互动——一点不会伤感情。人们实际上通过提出任何立场来学习辩论，即使是与个人信仰相反的立场。请注意，该术语与表示各方之间愤怒交流的“争吵”的含义明显不同。相关词语“异议”表示意见不同，通常意味着代表少数人的意见。例如，当美国最高法院做出不一致的决定时，除了多数裁决和意见外，通常会有一名或多名不同意该决定的大法官发出正式的异议。这是没有赢的争论。

在工作中，如果充分考虑了合理可用的信息，就会产生最好的结果。为了达到这个目的，我们需要积极推动异议和争论；这样做，有助于克服习惯性拒绝与我们自己的信念相冲突的信息的倾向。与辩论比赛一样，我们要以健康的方式进行。

然而，迎合不同的观点可能会让人感到压抑。每个人都有充分的理由提出意见，我们的信念往往与自我概念和自我价值交织在一起。当一位同事发现我的观点存在缺陷时，我的大脑情绪可能会感到受攻击。情商对于管理此类互动至关重要，因此我可以将自己与团队正在为组织考虑的想法区分开来。我发现认识到我作为员工的“角色”与我的“自我”不同是值得的。在第 32 章中更多地讨论这个概念。

我们需要一个健康的过程，以一种不会激怒对方的方式提出意见和论点。当团队有意识地致力于这样一个过程时，就会降低某人感觉受到威胁的机会。一些团体采用辩论小组的方法，在这种方法中，个人可以讨论不同意的观点。在其他情况下，会议规范将包括积极尝试找出争论中的缺陷。团体通常旨在寻求客观数据，以减少个性和武断意见的影响。快速研究和实验可用于进一步阐明采用替代方法的可能结果。最终，我们寻求发现集体对真理的最佳理解，而不是主观或有偏见的版本。这一过程通常会显示出所有参与者的谦逊，并因此愿意在理解和愿景上成长。绝不是勉强“接受”相反或不同的观点，而是对改变观点的深深尊重，甚至是乐意改变观点。

最重要的是，我们建立规范和程序并遵循之，以促进对意见、研究、数据和建议的健康理解和尊重。没有人可以拥有真理，去探索是我们共同的责任。

协议——包括不同意的协议

交谈、辩论、谈判最终都会有结果。我们很自然地达成协议，或者在另一种情况下，认识到我们在前进道路上没有达成协议的基础。与组织中的同事一起，我们通常会朝着一个共同的目标努力，因此通常会达成一致。达成一致后，我们就进入下一步：采取行动。然而，不要把同意和不同意视为相互排斥的结果。最好对结果进行更细致入微的解释，其中可以包括“同意有异议”的一些结果。是集体决心或结果以及实现新的平衡，使我们能够向前迈进。

行动

组织中的生活就是从一个点到另一个点的运动。沟通是产生这种运动的重要推动力，其最终目的是富有成效的行动。透明、高效、有效和丰富的沟通有助于促进富有成效的方向、有益的行动和成功的结果。

后续章节介绍这些概念的进一步发展，并提供一些应用它们的具体技巧。本章的主题是磨炼对沟通及其重要性的正确态度。这种态度总是从两个谦卑的想法开始：我理解的没有我需要理解的那么多，也没有掌握全部的真相。从这时开始，我可以参与手头的交流，然后寻求理解、改变和行动。如果我们进行了良好的沟通、相互理解、探索并检验了不同的观点、有效地谈判并达成一致，就已经完成了在组织中完成工作所需的重要部分。这就是有目的地进行了交流。

参考文献

[1] GOLEMAN D. Emotional intelligence [M]. New York：Bantam Books，1994.

[2] Ibid. pp. 43 - 44.

推荐书目

BEEBE S A，S J BEEBE，D K IVY. Communication：principles for a lifetime，sixth edition [M]. New York：Pearson，2015.

CORNWALL M. Go suck a lemon：strategies for improving your emotional intelligence [M]. SC：CreateSpace，2010.

LEWICKI R J，B BARRY，D M SAUNDERS. Essentials of negotiation，sixth edition [M]. New York：McGraw - Hill，2015.

MAHER M. The seven levels of communication：go from relationships to referrals [M]. Dallas，TX：BenBella Books，2014.

第 24 章　沟通交流中心（你）

摆在我们面前的是无法沟通。

——选自酷手卢克（Luke）

要　点

- 有效和主动的沟通可能是工程管理成功的关键性决定因素。努力成为沟通交流中心。
- 沟通中一定要注意情感的意境。
- 做好准备并善于沟通，从而表现出对他人的关心。

在很多情况下，语音识别设备会严重曲解我们的命令或请求。根据情况和我们的迫切需要，结果可能是欢笑、沮丧或浪费时间和精力。

也许人机交互也可以代表人类之间交流的特点。

沟通不畅的后果很严重。对于项目和企业而言，这是造成悲痛和失败的主要原因。在许多情况下，沟通的中断始于不完整甚至不存在的互动。应该共享的信息却没有被共享，当事人之间可能会产生误解，他们可能会做出错误的假设并产生不适当的期望。当沟通不畅时，随之而来的不信任感不断增加，可能会导致冲突并升级。

沟通能力被认为是项目经理最重要的技能。在从工程师到经理的转变过程中，沟通方面的专业知识很可能是最重要的和需要关注的技能。你应该把自己想象成一个沟通交流中心，一个有效地发送和接收信息并促进同事之间良好沟通的人。切记每天（如果不是每小时）都要考虑组织的沟通需求并采取行动。

作为工程师，你可能专注于技术交流。例如汇报工程测试的结果。作为经理，沟通的主要内容可能会从技术信息转变为业务信息。你的受众也可能从技术人员转变为具有不同背景和兴趣的个人。沟通内容和风格应该相应改变。

作为经理，将被要求在正式场合进行书面和口头交流，这将对组织和个人产生重大影响。许多组织容忍工程师有限的沟通技巧，但经理绝不可以。

良好的沟通需要时间和精力。不这样做可能会产生代价高昂的大量问题，甚至关系受损。作为工程经理，当然应该关心自己与他人沟通的有效性。但是，为了自己的利益或组织的成功，还需要促进他人的交流。你的许多同事要么不擅长沟通，要么太忙而无暇顾及良好的沟通。如果你可以促进和帮助同事之间相互理解，那么你将为组织提供出色的服务。

为了提升沟通技巧，我们首先谈谈沟通的一般组成部分以及这个过程中可能出现的问题。

沟通的组成部分

人与人之间的交流可以用图 24－1 中提供的简图形象化，许多工程师应该熟悉这个概念。沟通始于发送者心中的想法，然后通过信件将其传输给接收者。接收者捕捉到信息，然后根据信息创造出他或她自己的想法。

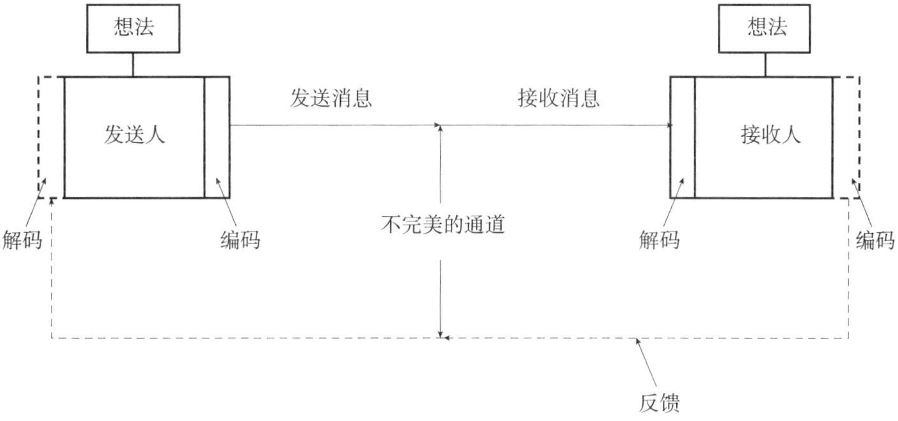

图 24－1　个人之间沟通流程图

理想情况下，参与者希望这个过程在发送者和接收者的头脑中以相同的想法结束。但是接收者的头脑中的想法不一定与发送者头脑中的想法相同。造成信息失真的原因很多，可以初步将它们分为三类：首先，发送者可能有意或无意地对想法进行编码，但编码有可能失真。其次，沟通渠道本身可能不完善，导致消息在渠道中发生变化，甚至阻止接收。最后，接收者可能再次有意或无意地解码，信息有可能失真。

这些沟通障碍已经够麻烦了，但还不止于此。有时一方会假设另一方应该理解一个想法，而无须发送任何消息。有时，发件人原本不想表达某个意思，但接收一方觉得自己感觉到是这个意思。一条消息可能包含一些信息或实质性内容，但情感内容也是信息的一部分，它可以是有意的，也可以是无意的。此类内容可能是明确的，也可能以非语言交流或意图的形式隐含，也可能是人们感受到的“言外之意”。

图 24－1 中的反馈显示了解决沟通问题的最佳通用方法之一。反馈路径包括类似的编码、解码和信道缺陷，以虚线形式显示。因为在许多情况下，既不寻求他人反馈也不给他人反馈——通常只是假设，结果可能不正确。与工程系统一样，反馈可以改善人与人之间的交流功能。它有助于各方达成共识并纠正任何误解。

从图中可以看出，消息在过程中的许多点可能会失真。以下是消息从起点到终点传递过程中潜在的问题。

编码

在工程通信系统中，通常使用编码和解码来确保公共频道上的私人消息安全。在人际通信中，编码和解码不会提高安全性，但它们可以充当扭曲或破坏消息的传递函数。

可以说，当一个想法起源于发送者的头脑时，它就处于纯粹的状态。信息被破坏的第一个地方可能是发送者传递编码时发生的。编码可能是故意进行的，例如故意对坏消息进行正面评价。根据不同情况，这种错误陈述可能会受指责，也可能无可厚非。通常情况下，编码是在潜意识中发生的。

如果我在做演讲时非常紧张，声音可能会颤抖，可能会试探性地说话，可能会犯更多的错误。这样传递可能被解释为对信息缺乏信心。意外编码可能会显著改变信息的内容。发件人知道正在添加到信息中的潜在编码是有益的，这是寻求反馈的一个很好的理由。

来自通道的破坏

通信通道也会影响信息。如果通道完全阻塞，则信息永远无法通过。如果频道嘈杂，接收者可能会听到乱码或分心。在我做的一个重要的商业演讲中，一名工人在附近操作着一台声音很大的搅拌机，当工人关闭和打开搅拌机时，我不得不调节音量。

解码

接收方也可以在解码过程中破坏信息。解码的结果受许多因素影响，包括态度、文化和关系的性质。它通常是无意识的。例如，如果接收者不信任发送者，则接收者可能会带有偏见地曲解信息，从而证明不信任是合理的。

情感内容

除了信息的客观内容外，交流还可以传达情感内容。在许多情况下，情感成分在信息中占主导地位，这一事实经常被忽视。对于习惯于以合乎逻辑的方式共享信息的工程师来说，不能识别交流中的情绪可能会陷入陷阱。人们有时会选择仅仅基于感知到的情感内容来消极地解释信息。为了帮助接收者理解，请确保情感内容符合你的意图，并且与信息的实质相符。

假设你收到了供应商发来的电子邮件，写道："你的订单将不会在预定日期交付。这不是我们的错，代表会打电话给你。"

该信件提供了重要信息，但留下了很大的解读空间。如果我收到这样的消息，很容易相信发件人并不关心此事对我有何影响。以下的说法表达了相同的实质性通知，但它清楚地传达了发件人关心情况并将积极尝试解决的信息。

“很遗憾地通知你，由于供应商意外罢工，我们无法在预定日期前发货。我们知道，延迟交付订单可能会影响你的业务，因此我们正在研究可以满足你需求的其他方案。代表今天会打电话给你，看看是否可以安排合适的替代方案。”

我们都收到过不愉快的信息，通过反思和同理心，我们可以轻松地编写信息，能认知接收者的潜在情绪反应。这样做通常会加强彼此之间的关系。

非语言交流

如果我们认为语言交流由所说的话组成，那么非语言交流包括可以传达信息的其他方式，可以包括“肢体语言”、语气和手势。交流时，多少是语言的，多少是非语言的可能取决于情景，但可以说接收者从发送者那里接收的一大部分信息都是非语言信息。当非语言信息与信息的实质不匹配时，人们会更相信前者。强烈建议，要了解通过非语言信息描绘的任何信息，无论是有意的还是无意的。

在互动过程中适当的眼神交流会促进信任。如果你希望别人相信你的信息，请进行适当且舒适的眼神交流。开朗的外表也能促进他人对信息的信任程度。当一个人交叉双臂时，它通常被解释为表示对接收信息“封闭”。适当和自然的手势通常被解释为发送者富有活力并对其信息感到能量满满。语气和音量的动态变化同样传达了一种能量感，表明发送者相信自己传达的信息。但请注意，发送者和接收者在沟通的过程中都摆脱不了自己的社会或文化背景，例如虽然眼神接触通常是可取的，但在某些文化或环境中，它可能具有负面含义。一个国家的友好姿态在另一个国家可能被认为是粗俗的。对某些人来说，双臂交叉表示关注，而不是对信息封闭。所以按你的习惯来，如果可以的话，根据情况和文化来寻找非语言信息相关建议。

收件人是客户

你不希望将客户与产品或服务混淆。如果你是沟通过程中的发送方，那么接收方就是你的客户。收到你信息的人更有可能相信你、关注你，如果你的实质和情绪一致，他们就会像你希望的那样做出回应。当你对客户/接收者表现出真诚的关注和关怀时，他们会做出积极的回应，真诚地对待你的沟通方式。不要以为你可以侥幸凭借一些沟通噱头达到目的——人们离得老远就能发现欺诈行为。

没有人愿意关注草率、无聊、乏味或偏离目标的信息。采取适当的步骤使你自己和你的信息变得有趣和优美。

我们团队曾经与美国国防部的一个单位签订了合同，我被要求在现场与其他几家承包商进行简短的启动演示。从发起人邀请的语气来看，这次会议似乎是小型和非正式的。我准备了一个非正式的幻灯片演示，其中包含一些小幽默，我没带打印稿。

当我到达会议室时，里面挤满了人，估计超 75 人，其中许多人穿着军装，前排还坐着一位别人都称呼“海军上将”的军官。哎呀！这是一次正式的项目审查！所有其他演讲者都有精心制作的幻灯片和讲义。我的幻灯片已经上传好了，但我说服了赞助商让我临时抱佛脚地整理了一些讲义材料。

因为我的介绍从形式上远远低于期望值，对赞助商来说很尴尬。很简单，我可以责怪他没有告诉我会议的形式，但他是客户，学习游戏规则是我的责任。绝对没有人嘲笑我（回想起来）愚蠢的幽默尝试。

交流类型的质量

在各种交流类型中，面对面交流通常提供的内容最丰富。这种类型提供的信息可以涵盖我们所有的感官，但在职场中，主要提供听觉和视觉信息。在重要关系的初始阶段，通常需要双方亲自互动；否则，很难充分建立信任。

以书面交流方式传达事实信息或正式传达信息，通常是非常有效的。我们通常不认为达成了重要的协议，除非是以书面形式记录下来。口头交流包括电话交谈，有利于非正式交流，比书面交流更能表达情感。

与性格类型一样，人们以不同的形式更轻松地处理和传递信息。图形插画家叶林对图表感到再舒服不过，而曼努埃尔（Manuel）擅长技术写作。你对什么形式的交流感到舒服？

改善沟通

所有人都可以提高自己的沟通技巧。以下是一些指导方针，可显著改善职场中的相互理解。

倾听！

改善沟通的最佳方法之一是成为更好的受众。演讲者讲话的时候要全神贯注并积极倾听。积极倾听包括进行眼神交流、理解要点时点头，以及提供适当的面部表情。可以通过将消息转述给演讲者来证明你理解了该消息。当你真正了解对方时，可以在准备发送信息时更好地编制自己的信息。

利用冗余

确保按预期收到消息的一种极好方法是多次发送。在演示过程中，你可以重复关键点并在讲义中强调它们。可以通过信件或电子邮件然后再次通过电话向客户或顾客传达信息。但是再好的东西太多了也不行，不要重复次数太多，以免变得烦人。正如谚语所说，告诉他们你想说的，然后讲一遍，然后再讲一遍你已经讲了什么。

记住反馈

为了显著提高沟通质量，请提供并寻求反馈。提供关于实质内容的反馈可以让发件人知道你对信息的理解，并允许纠正任何误解。如果你提供关于发件人风格的反馈，最好先检查对方是否接受它，然后再温和地提出意见。当你寻求反馈时，注意任何实质性的不一致并纠正它们。关于风格的反馈可能非常有价值，尽管它可能会让人感到有点难为情。举起你的心灵盾牌，把评论作为可以帮助你更好地沟通的信息，然后接受这些评论。

检查情绪

注意交流中的情感内容，尤其是任何非刻意的情绪。当发件人的情感内容似乎与其实质内容不同时，可以要求澄清。

要主动

通常双方变得懒惰或忘记互动时，沟通容易出现问题。许多人对你的工作很重要——定期与他们交流是值得的，即使只是联系一下。

要简单、直接、清晰

职场中的许多交流都难免烦琐和乏味。有了适当的态度和准备，交流就会变得清晰易懂。我们将在第 25 章中讨论这个原则。

研究听众

要考虑听众的背景和兴趣，并适当地调整你的输出。当你准备正式的演示文稿或提案时，这样做尤为重要。

表现出关怀

你可以通过多种方式展示关怀。尊重听众的时间——为你要传达的信息进行适当的准备和组织，且要直截了当。为了向客户进行 30 分钟的演示而花两天时间准备是非常合理的。

遵循正确的拼写和语法规则。许多人在电子信息中特别草率。应该在所有的商务交流中避免拼写和语法错误，除非是特别非正式的情况，如与亲密的同事交流。如果你在电子邮件中遵循正确的拼写和语法规则，你的邮件将脱颖而出。

要有趣

职场中的大部分交流都是枯燥乏味的。受众会喜欢发件人愿意花心思使信息变得有趣、好玩，或充满幽默感。但是记住过犹不及——毕竟这通常不是商务沟通的目的。

有一点人情味

你上次收到一封手写信或用精美的文具写的感谢信或鼓励信是什么时候？它让你感觉如何？在快节奏的世界中，人情味的沟通方式可以大大加强与同事的联系。

实践！

沟通的能力随着实践而增长。抓住一切可能为组织做演讲或撰写报告的机会。完成公共演讲课程可以让你受益好几年。

准备的回报

亚瑟（Arthur）和吉娜（Gina）是来自不同公司的工程经理，他们向客户提交了建议书，客户将选择其中之一签订合同。

亚瑟一直等到最后一刻才开始准备。他迟到了五分钟冲进会议室，径直走向讲台开始。他讲了一半的时候讲义才发到客户手中。对幻灯片中的拼写错误他轻描淡写，也为其中一些打印错误表示歉意。亚瑟觉得看着观众讲不舒服，就低头看稿读，几乎不抬头看观众。最后，原计划讲 30 分钟，他讲了 40 分钟。

吉娜花了大量时间准备她的演讲，包括在团队成员面前练习。她确保幻灯片上的文字在整个会议室都可见，并要求同事校对她的讲义。吉娜带着她所有的材料提前到达，并整理好了。她有时间与客户团队的每个成员会面并进行非正式交谈。因为她很了解她的材料，吉娜在演讲中与每位观众进行了眼神交流并做出适当的手势。她在 25 分钟内完成了演讲，留出时间提问和解答。

让我们假设二人方案的技术优点大致相同，并且任何一个组织都可以完成合同。你认为哪个组织会获得这份工作？

当演讲者表现出几乎没有准备且缺乏一定技能时，观众很容易认为演讲者缺乏能力且漠不关心。这项测试你肯定不希望失败，而且绝没有理由失败。

在商业环境中，工程师总被认为是在沟通中略显笨拙和效率低下。作为转型中的工程师，你如果投入时间和精力来提高沟通技巧，那么你将在组织中脱颖而出。具有技术能力和良好沟通能力的个人受到高度重视。

虽然个人精于沟通至关重要，但我帮助同事进行有效沟通或许更有价值。这样做，你将显著提高组织的绩效，并带来相应的好处。这才是成为交流中心的真正意义。

通过改善沟通，你可以成功地施加影响力。沟通的最终目的是让发送者以某种方式影响接收者，良好的沟通绝不是操纵性的，而是在工作中带来有价值成果的重要手段。

推荐书目

BERKLEY S. Speak to influence：how to unlock the hidden power of your voice，second edition [M]. Englewood Cliffs，NJ：CampbellHall，2004.

KARIA A. own the room：presentation techniques to keep the audience on the edge of their seats [EB/OL]. AkashKaria. com，2014.

LAMB S E. Writing well for business success：a complete guide to style，grammar，and usage at work [M]. New York：St. Martin's Griffin，2015.

ROMAN K，J RAPHAELSON. Writing that works：how to communicate effectively in business，third edition [M]. New York：HarperCollins，2015.

第 25 章　有效地提出你的观点

主祷文有 66 字，葛底斯堡演说 286 字，独立宣言 1322 字。然而，政府关于白菜销售的规定总共有 26911 字。

——大卫·麦金托什（David McIntosh）

要点

- 良好的商务书面沟通应当清晰、简洁、务实和真实。
- 那些写得好的想法，会比传达得不好的类似想法获得更多的关注和更大的影响。
- 良好写作的实践包括欣赏听众、建立思想共享、促进改变和以人为本。

《我的观点是……嗯我确实有个观点》（*My Point … and I Do Have One*）是埃伦·德杰尼勒斯（Ellen DeGeneres）写的一本书的书名。当我们讨论如何有效地进行沟通时，幽默的标题很重要。通常在商务沟通中，受众必须努力理解工作消息的要点。消息可能会令人困惑、无聊、乏味或费解，接收者可能会沮丧地放弃。更糟糕的是，他们可能会因为时间被浪费了而故意拒绝该信息。

沟通的目的，特别是商务沟通，是为了产生影响。其目的是激发知识、观点或行为的变化。然而，如果交流令人困惑或没有吸引力，它就不能产生影响，甚至产生负面影响。传递信息的人本质上是在“销售”信息，而受众是客户。正如餐厅经理努力提供美味、令人愉悦且价格合理的食物一样，商业信息的提供者也应努力提供吸引人的东西。

工程师因沟通技巧不佳而著称，这个名声的部分原因是他们专注于技术而不是人，工程界对这件事也难辞其咎。工程师习惯了在技术环境中枯燥无味的交流方式，这种坏习惯会延续到与不同组织听众交流的过程中。

然而，写作技巧差的并不只有工程师。无处不在的公司新闻稿经常充斥着糟糕的商业写作案例，包括不必要的套话，甚至有意隐藏现实。以下文字选自花旗集团发布的新闻稿的开头段落，请读一下[1]。

花旗集团今天宣布了一系列重新定位的行动，将进一步降低整个公司的开支并提高效率，同时保持花旗为客户提供服务的独特能力，尤其是针对新兴市场。这些行动将提高业务效率、流水线式运营并优化跨地域的消费者足迹。

这段积极向上的文字直到读到第三段，我们才了解到这种“重新定位”包括取消 11000 多个工作岗位。这些“幸运”的员工中有人会使用“重新定位”这个词来解释他们是如何失业的吗？更糟糕的是，文字没有对这些被“重新定位”的人表达出一丝遗憾或同情。

专业人士的时间是非常宝贵的——如果浪费的话，代价也很大。因此，商务沟通应该简洁、清晰、务实和真实。一些组织对相关类型纪要有严格的长度限制。长度超过一页就会“退回给发件人”，作者要重写，尊重读者的时间。

工程师通常很少接触和实践良好的写作习惯。要取得成功，工程经理必须传达干脆、清晰、有趣且人性化的信息。幸运的是，精于沟通并不难。培养和练习有效的沟通技巧将帮助你完成很多事情，避免精神创伤，并从人群中脱颖而出。

通过熟练的沟通，你可以确信信息要点已被理解并得到欣赏。它将影响其他人，以利于个人的工作和组织。

表达你的观点：构建模块

现在介绍可以让信息更有效的六个模块：

- 欣赏受众。
- 建立思想共享。
- 简单明了地表达。
- 促进改变。
- 有趣。
- 有人情味。

这些模块可以帮助你的沟通变得更有效更成功。下文详细讨论。

欣赏受众

传递信息时要记住的最重要的格言可能就是“受众是你的客户”。我们在第 6 章中介绍的原则也适用于沟通。内化这个方向并据此采取行动，必然会帮助你考虑受众的需求和兴趣。它将引导你以令人愉悦的方式传达信息。

我们都曾经收到过传达得很差劲的信息。那么请一定要掌握娴熟的沟通技巧，这样你的受众或客户就会明白你的意思。应用本章中的其他五个模块将帮助你了解受众的需求。建议你通过浏览本章末尾的参考书目，进一步提高交流技巧。

沟通和与客户的任何其他互动一样，第一步都是要研究并了解他们。他们的兴趣是什么？他们的特点是什么？哪些问题对他们很重要？他们不喜欢什么？沟通不是一个一刀切的过程。如果你根据不同的受众去调整要表达的信息，那么更容易被接受。当你能够理解和阐明受众的特征时，将能够更好地定位信息。

以下是两个假设的智能手机应用程序“Genie”的促销信息，请研读一下：

• 积极的生活方式依赖信息，Genie 是协调日程、预订晚餐或向朋友发送消息的完美工具。

• 工作依赖于信息。Genie 是安排会议、收发电子邮件或随时随地记笔记的完美工具。

你能看出第一则促销针对的是消费者，而第二则针对的是商业专业人士吗？也许通用信息可能对这两个群体都适用，但量身定制的方法更能让受众感受到意义和认同感。

在传递信息时，那些投入时间和精力关心接收者的人，比那些不考虑受众的人更有可能被听到和得到理解。

建立思想共享

我们身边充斥着无数需要关注的问题。由于过度劳累和信息过多，我们的注意力持续时间变得很短。我们不耐烦地寻找组织和划分信息的方法，以便能够快速理解。我们对需要很长时间才能表明观点的信息来源变得焦躁不安。商业环境中的受众注意力持续时间很短，必须尊重他们的时间！他们只允许发件人在不超过一到两分钟的时间内提出观点。

即使你的演讲安排是一个小时或你提交了一份 50 页的报告，这个原则仍然适用。大多数人都愿意在短时间内投入注意力，来看看你说的话是否有趣和切题。如果你不能快速表达，他们将失去兴趣。如果可能，他们甚至会离开，即使走不了，他们的大脑也会跑神。

你的消息当中，最吸引人的核心点是什么？

在交流中，你需要为输出的信息找到一个“核心点”，以便受众在一片混乱中很容易记住。将一个复杂的想法概括为 25 个字或更少是不太容易的，但如果能做到这一点，你的想法将具有更大的影响力。

最令人难忘的一段话是约翰·肯尼迪（John Kennedy）总统在宣布启动载人登月计划时发表的一句话：“这个国家应该致力于实现这一目标，在十年之内，实现载人登月并安全返回地球[2]。”

在这短短的一段话中，肯尼迪总统完整地描述了最终需要数千人参与的 250 亿美元的事业。虽然还有很多细节需要补充，但他的话是有史以来使命宣言的最佳范例之一。

标题要便于浏览

大多数人只关注他们所看到或遇到的一小部分信息。我们只关注关键信息（例如标题），然后可能会选择我们感兴趣的主题进行更深入的阅读。各种形式的社交媒体、广告和新闻来源不遗余力地制造“点击诱饵”。

不要指望有人会完整阅读你 200 页的报告。在报告中制作章节标题，就像你在报纸上的标题一样，让读者在即使没有阅读其他内容的情况下，也能够完全理解信息要点。

简单明了地表达

大多数人无意识地把传递的信息复杂化，还是建议把信息简化明晰。这里有四个要素可以帮助接收者理解和记住你的观点。

编辑的时候要狠心！

准备文档或演示文稿时，花在编辑上的时间至少要与起草时一样多。文稿在进入重要时刻之前进行四到五次修订并不罕见。编辑时，要狠心！

直截了当，生动活泼

遗憾的是，许多工程师被教导在技术出版物中使用第三人称被动语态。这种方法会使思路延长并使意思混乱。要使用听众容易理解的语言，并使用更简单的陈述句。不要害怕使用第一人称（我，我们）写作。使用主动动词并尽可能将名词转换为动词——动词可以让信息更生动有活力。以下陈述选自一份商业报告，请阅读：

12 月份，执行去离子功能的系统接受了评估过程。

现在修改一下，把同样的句子使用第一人称，主动语态：

我们在 12 月评估了去离子系统。

第一个陈述使读者理解起来有些费劲；第二个陈述切入正题。请注意，我们还将修饰语和名词“评估过程”转换为动词“评估”，从而为句子注入了更多活力。

记住过犹不及！整篇都用简短有力的句子对你的读者也是一种折磨。最好混合一些较长的句子，包括使用被动语态的句子，以使写作更具多样性，更受欢迎。然而，大多数人会错误地倾向于修饰句子并使其更加生动。

如果要进行幻灯片演示，请确保幻灯片上的文字非常简短并充分利用视觉效果。不要在幻灯片上打很多小文字或很多要点！你希望观众看着你，听你说话，而不是盯着你的幻灯片。

使用重点标志

人们喜欢视觉和听觉信息中的模式——这些模式有助于组织信息。在书面文档中标题和副标题的一致使用有助于读者轻松理解材料。在演示中，你的重点标志可以以摘要幻灯片的形式出现，概括演讲的每个部分。

在规划重点标志时，请记住，几分钟后人们的注意力往往会动摇。在流程中加入适时的变化可以保持他们的注意力。

重复重点

简单而令人难忘的信息中，最后一个要素是重复。在传达信息过程中，关键点要至少传达 3 次。在开始时，提供结论和主要观点；在中间，提供细节、论据和应用；最后，再次总结观点。然而，一切都要适度。如果重复太多，就会变得很烦人。不要每次都逐字重复信息——要学会改写。

促进改变

组织和个人在工作中易形成惯性。除非另有选择，否则人们将继续沿着现有的方向前进，甚至可能墨守成规。与他人沟通时，使用说服的方式来影响改变。也许你希望他们改变知识和观点或者采取一些戏剧性的新行动。只有当你的行动呼吁具有说服力和明确性时，他们才会考虑改变或采取行动。

在这个模块中，你要做销售宣传。清楚地展示你的想法能带来什么好处，并清楚地说明你希望接受者做什么。让你的收件人清楚地看到、同意并采取下一步行动。

假设你需要为实验室购买一个新的通风系统。根据对不同产品的研究，你可以通过备忘录将调查结果和建议传达给上司（图 25－1）。该文档简短、直接且易于理解。它证明了你的结论是正确的，因此读者可以得出相同的结论。最后，它清楚地确定了下一步的适当行动。

备忘录

致：莎莉主管

来自：马克经理

主题：对供应商 A 通风罩的推荐

我建议从供应商 A 处采购实验室通风罩，因为他们的产品满足我们的需求，并且性价比最佳。

我根据功能、价格、可靠性和支持的标准评估了来自供应商 A、B 和 C 的信息。评估使用我们的标准评分系统，如下表所示。如您所见，供应商 A 的产品在三者中得分最高。

供应商	功能	价格	可靠性	支持	总分
A	3	2	3	2	10
B	2	3	1	3	9
C	3	1	3	1	8

我很乐意为您提供背景信息或回答任何问题。如果您同意此建议，请在下方空格处签名并将备忘录寄还给我，我将立即进行采购。

谢谢您。

批准：

图 25－1　建议采购通风罩的备忘录

请注意，主题行经过精心设计，仅用七个字就包含了备忘录的整个信息。老板可以看一眼主题行和评估表，然后加上她的姓名首字母。不到 10 秒，她就能搞定这件事。

你作为发件人，很可能是该主题的常驻专家，退一步讲，你也是自己意见的专家。作为专家，可以自信地阐述你的观点和建议。接收者通常不想单靠他们自己投入时间和精力来达到专业水平。他们会感谢你在帮助他们快速理解要点方面所付出的努力。在绝大多数情况下，他们会欣然同意你的结论和建议，并承诺进行下一步。

另一种看待促进变革原则的方式是"以终为始"这句格言。在示例中，备忘录中最不愿意看到的是什么？是你主管的姓名首字母。备忘录中的所有内容都以达到这个目标为基础。同样，在电视或网络的烹饪节目中，厨师几乎总是首先向你展示完成的菜肴以吸引注意力。

有趣

在职场中交流的很多内容都是枯燥乏味的。尽量让交流变得有趣些。有很多方法可以做到这一点且不用装可爱。当有人愿意不厌其烦地使信息赏心悦目和凸显人情味时，就好比清风拂面。以下三个建议可以让信息焕然一新：

- 扩大写作中的词汇量。
- 添加照片或图片以补充信息。
- 表达时借助道具。

但也许为信息增添生命力的最有力方式是适当将人的情感融入其中。

有人情味

大多数商务沟通都是传递枯燥的信息，这无可厚非。在适当的地方，有人情味的感觉是非常受欢迎的，它可以有多种形式。我们都喜欢不突兀的、有品位的幽默来达到放松目的。有时可能会暗示你的信息中含有情感成分。再思考一下上面讲到的花旗集团新闻稿：不仅应该发布有关裁员的信息，还应该表现出对失业者的关注、对其工作的欣赏以及帮助其找到新职位的承诺。

好消息固然值得庆祝。在传递坏消息时，也要承认接收者可能对此事有负面情绪。如果你要传达的信息可能会引发冲突，请强调解决方案。永远不要放弃表达感谢、赞美、鼓励或哪怕是关心——这些在工作中永远不嫌多。

朱迪思·乌姆拉斯（Judith Umlas）[3]讲述了她在邓肯甜甜圈（Dunkin'Donuts）甜品店与一个连续三天服务她的新员工互动的故事。第三天的时候，朱迪思·乌姆拉斯惊讶地发现，该员工没有等她下单就为她提供了咖啡——服务员已经记住了前两天的情况。朱迪思·乌姆拉斯称赞服务员是个天才。服务员惊呆了，说："从来没有顾客赞美过我，以前只听过抱怨投诉，谢谢你。"

故事是什么？

对于需要交流的人来说，最重要的技巧之一就是讲故事。人类天生就会从他人真实或虚构的经验的普遍性中获得智慧和安慰。如前所述，对于领导者来说，讲故事是一种很好的方式，来描述他们希望效仿的价值观和行为，或者需要引以为戒的行为。讲故事也给传播者在如荒漠般干燥而贫瘠的商业交流中提供了创造一片绿洲的好方法。通常没有比通过故事中的人际关系更好的方式来表达观点。人人都有这样的经历：在工作中出丑，得知其他人在这方面取得了更大的成就，总是令人欣慰的。

我自己创立的"有创造性但不一定聪明的沟通奖"授予了在一次难忘的会议中遇到的一个人。我在一家国家机构工作，该机构的章程是发展技术型公司。该章程被解释为公众可以向我们的办公室提交发明想法。回顾所有疯狂的发明创造，包括每周都有的永动机，非常有趣。

该奖项的申请人声称已经开发出一种令人难以置信的多功能液体。它是"一款出色的工业强度地板清洁剂！令人愉快的漱口水"！

但也许它最大的功用是保健产品，在我们的会面中，发明者说他的发明可以很好地用于治疗烧伤。然而，通过传统医学研究证明这一说法需要多年的价格高昂的临床试验和官方机构的批准。我们勇敢的发明家相信不应让患者因为繁文缛节而忍受漫长的等待，他已经为了人类做出了极大的牺牲。

是的，我们的英雄故意把自己烫伤：他把开水倒在他的两条大腿上。然后他用商业烧伤疗法治疗一条腿，用自己的灵丹妙药治疗另一条腿。在我们的会议上，他说他的发明比商业烧伤疗法治愈得更快更彻底。然后他说："不要只相信我的话，让我演示给你看 。"

发明家站起来，脱掉了裤子。

在我的职业生涯中，开了几百次的会，但那次是唯一一次有人脱衣服。在接下来的会议中，工作人员几乎无法抑制住笑声。你可能猜到了，我们没有和这位先生做生意。

在觉得自己出丑的时候，我有时会回想起那个故事，笑一笑，感觉好多了。当其他人做出更鲁莽的事情时，我们总是能感到一丝欣慰的。

没有什么能比得上一个伟大的故事。

同事的脑子里满是思绪，当与他们交流时，你的信息必须与这些想法竞争，必须与自然而然的短暂注意力做斗争。你只有一个短暂的时机来植入你的信息，要明智而有效地投入时间和精力。正如军队中有时所说的那样，"要简洁明了，说完就滚蛋 。"

在本章中，我们提供了以下六个使表达有效的模块：

- 欣赏受众。
- 建立思想共享。
- 简单明了地表达。
- 促进改变。
- 有趣。
- 有人情味。

这种方法将使你的观点简单、清晰，并让你的听众满意，显著增大他们认同你并采取行动的概率。通过这样做，你将巧妙地达到沟通的目的：产生影响和促成改变。

参考文献

[1] CITIGROUP Citigroup announces repositioning actions to further reduce expenses and improve efficiency [EB/OL].（2012－12－05）. http：//www. citi－group. com/citi/news/2012/121205a. htm.

[2] KENNEDY J F. Special message to congress on urgent national needs [EB/OL].（1961－05－25）. https：//www. jfklibrary. org/Asset－Viewer/Archives/JFK－POF－034－030. aspx.

[3] UMLAS J W. Grateful leadership：using the power of acknowledgement to engage all your people and achieve superior results [M]. New York：McGraw－Hill，2012.

推荐书目

DIRESTA D. Knockout presentations：how to deliver your message with power，punch，and pizzazz，revised edition [M]. Worcester，MA：ChandlerHouse，2009.

HEATH C，D HEATH. Made to stick：why some ideas survive and others die [M]. New York：Random House，2007.

ROMAN K，J RAPHAELSON. Writing that works，how to communicate effectively in business，third edition [M]. New York：Harper Collins，2010.

WILLIAMS J M，J BIZUP. Style：lessons in clarity and grace，twelfth edition [M]. Boston：Pearson，2016.

原则 5：明智地使用资产

一个组织及其工作人员只能通过利用各种资源来为客户服务。当这些资产得到有效利用时，组织就会蓬勃发展；当资产利用不当时，组织就会遭受挫折。

第 26～32 章重点介绍企业资产的有效使用和开发。经理可以通过以下措施明智地使用资产：

- 以产生收入并符合其核心理念的方式使用组织的资源；
- 有效管理优先事项，从而有效管理时间；
- 认识到员工的才能是组织最宝贵的资源；
- 培养员工的热情和动力；
- 了解个人品牌并确保其与经理的角色一致；
- 关心自己的幸福和动力。

第 26 章 平衡法则：管理权衡

良好决策的艺术是寻找平衡点并庆祝找到平衡点，而不是假装它并不存在。

——塞思·戈丁（Seth Godin）

要点

- 因为我们不能拥有一切，所以必须做出权衡。
- 我们做出的权衡必须以优先事项为指导，并以符合组织核心价值观和使命的方式进行。
- 寻求价值点，即特性和成本的平衡点。

一则啤酒广告用妙语总结了这种诱惑："谁说你不能拥有一切！"

为了销售产品，广告商希望顾客相信可以拥有一切——不必做出选择。我们暂时搁置现实并上当了。我们出入吹嘘"最好的质量，最低的价格"的商店，为了利益，竟然违背"事出反常必有妖"的常识，以为天上会掉馅饼。

最终我们发现幻想不可能成真，我们再次面对现实世界。鱼肉和熊掌不可能兼得，在质量和价格之间只能选一个。我们必须权衡取舍，必须做出选择。

作为工程师，我们非常了解权衡的必要性。无论系统是如何定义的，我们都擅长调整系统以实现优化。航空工程师希望将战斗机设计得既快速又灵活，但这样做也会使其不稳定。通过分析探索，达成了一个可行的折中方案。发电厂工程师寻求一种廉价且无污染的燃料来源，但可用的燃料选择往往是其中一种。他也必须评估权衡，做出明智的选择。

这些选择可以确定我们、我们的工作产品和我们的组织。如何选择取决于我们认为什么是重要的。在某些情况下，这些选择都有优缺点，但它们通常存在于一个连续的统一体中，我们寻求的是最佳结果。

工程师可能会在技术权衡领域感到得心应手。然而，在过渡期间，工程经理面临着可能不太熟悉的权衡分析：涉及特性、成本、进度和政治的权衡分析。必须掌握促进涉及这些权衡的集体决策的技能。就这些重要问题达成共识需要工具。

在本章中，我们将讨论权衡以及如何使它们为组织服务。作为个人做出选择已经足够具有挑战性，而在组织中集体决策要困难得多。造成这种困难的一个原因是一种集体错觉，即我们相信鱼肉和熊掌可以兼得。

核心权衡

我们在组织中面临的决策通常涉及两个基本的权衡。

首先是收益与成本之间的关系。在起亚和宝马之间选择一辆车，哪个更好呢？答案取决于你如何取舍。如果你的评估标准偏向于技术、质量和功能，宝马可能就是答案。另一方面，如果以低成本作为评估标准，起亚就更好。权衡讨论的核心是收益和成本之间不可避免的权衡。没有免费的午餐——好处是有代价的。我们在组织中面临的许多决策基本上都涉及这种核心权衡。

这种权衡有多种方式。我们希望高速公路有更多的车道来应对额外的交通问题，但增加车道就会增加高速公路的成本。在设计中，我们想采用更强大的计算机芯片，但该芯片会产生更多必须消散的热量。

第二个核心权衡是，在许多情况下，可用选项是相互排斥的，它们由合意和不合意的属性组成。选择一个选项意味着必须接受它的缺点，并且不能享受其他选项的优点。假设我们在实验室测试仪器的两个供应商之间进行选择。供应商 A 提供一种功能优越的仪器，但该装置缺货，三个月内不会发货。供应商 B 提供可以立即发货的基本单元，但它的维护记录很差。

我们无法让供应商 A 的产品按照供应商 B 的发货时间表交付，也不能让供应商 B 的产品具有供应商 A 单元的优越功能。我们可用的选项是“原样”的，有“缺点”。假设这两个选项都满足最低要求，我们必须根据实际需求和愿望，对给定选项的优缺点进行整体权衡。

价值点

当我们试图确定权衡中的平衡点时，即正在尝试定义所谓的价值点。价值点是功能和成本的平衡点，换句话说，在功能的喜悦和成本的痛苦之间达成平衡。

作为个人，需要不断做出这样的权衡决策。我们经常在不知不觉中这样做，尤其是对于花费很少的物品或事项。对于重大决策，可能会更仔细地评估备选方案，但许多人基于情感或本能做出这样的决策，然后使用逻辑来证明该决策的合理性。

对于个人而言，在权衡中确定价值点可能是具有挑战性的，但在团队中这样做可能要困难得多。我们需要用工具来实现。其中第一个工具是与决策相关的人的核心理念的陈述。

信念和宗旨的陈述

当我们能够清楚地阐明价值观和目标时，就更容易做出决策。如果做得好，价值观和宗旨的集体定义可以让团队避免在方向和决策上产生不必要的争论。

集体价值观和宗旨的陈述在组织之间有不同的名称。一般来说，可以使用以下概念：

• 愿景陈述（未来的组织文字景象）；
• 价值观或理念的陈述（指导思想和行动的集体原则和观念）；
• 使命陈述（组织希望达到的目标）；
• 经营理念陈述（行为规则描述）；
• 核心宗旨陈述（公司开展业务的原因以及最初成立的原因，描述组织的业务范围）。

这些陈述是相互关联和重叠的，但在我们的讨论中，最关心的是价值观、使命和宗旨的陈述。价值观陈述提炼了组织的重要理念，可为组织的经营决策提供指导。使命陈述阐明了组织的发展方向。宗旨陈述有助于为工作提供总体方向，并且通常将价值观陈述转化为行动。

编写这样的价值观或宗旨陈述，其方式没有正确或错误之分，但需要反思和迭代，应该真实地反映对组织人员来说重要的事情。随着时间的流逝，此类陈述也要与时俱进，但通常保留核心要素。

许多组织的理念陈述是平淡无奇的。谁能对诸如“我们代表质量”这样的陈述提出异议，但这究竟意味着什么？企业理念和宗旨陈述往往成为想要一切的另一种方式。他们给人的印象是所有目标都可以实现，并且几乎没有帮助员工知道什么是最重要的。最好的陈述对他们来说是具有超然的品质。它们以简单著称，只专注于最少的关键原则。

一些最好的企业理念陈述，是将指导方针提炼成简单的概念。与平台上的字符数限制保持一致。推特的使命宣言[1]是“让每个人都能立即无障碍地创造和分享观点和信息”。这样的宣言会使推特员工能够就无数问题做出无数的决策。每个决策都可以根据它是否有助于为每个人提供这种“权利”来评估。

将理念和宗旨提炼成容易记忆的短语或图像通常很有帮助。几十年来，比尔·休利特（Bill Hewlett）和大卫·帕卡德（David Packard）开始创业的车库形象一直是科技巨头惠普发明和创业的动力。

虽然公司的信念和宗旨陈述很重要，但为单一项目编写的陈述也很重要。在这些情况下，客户的意图比公司的意图更相关，更重要。

获得理念和宗旨的一种有效方法是五个为什么。从描述性陈述开始，“我们制造 X 产品”或“我们提供 X 服务”；然后问“为什么这很重要”五次。在几个为什么之后，你会发现你正在深入了解组织的基本宗旨[2]。表 26 - 1 提供了几个组织核心宗旨的单行陈述。

这些例子展示了简单而有力的价值观和宗旨陈述，可以帮助员工知道该做什么。请注意，这些陈述触及灵魂。它们并没有解决利润、市场份额或股票价格的问题。

表 26-1 几个组织的核心宗旨陈述[2]

公司	核心宗旨
3M	创新解决未解决的问题
Cargill	提高世界各地的生活水平
HP	为人类的进步和福祉做出技术贡献
Mary Kay	给妇女提供无限的机会
Nike	体验比赛的情绪，赢得比赛，碾压比赛
Wal-Mart	让普通人有机会买到和有钱人一样的东西
Disney	使人们快乐

理论和实践相结合

理念和宗旨的陈述对于团队工作的总体方向非常有帮助。但是，将这些全局的陈述转化为具体的选择仍然具有挑战性。需要其他工具和流程，特别是当一群人必须集体决定方向时。在这项工作中，参与者仍然很难不想兼得鱼肉和熊掌。该过程必须迫使参与者处理和解决权衡问题。

以下四步流程可以帮助参与者确定可用选项的优先级，并决定采用哪个选项：

1）生成属性的愿望清单；

2）优先考虑属性，特别是将需求和愿望分开；

3）确定要求的成本和进度，以及需要的增量成本和进度；

4）打包几个属性组合，以促进决策。

为了说明这一点，让我们想象一个产品 iChampion。它是一款适用于中等强度运动员的可穿戴的成绩监测器。假设我们正处于产品开发的概念阶段，需要先就产品功能达成一致，然后再进行设计。

在产品的概念阶段，利益相关者通常什么都想要。我们希望流程和工具能够帮助快速通过这一阶段迈向现实。

该过程的第一步是让相关小组成员制订产品属性的愿望清单，包括特性、功能以及成本和进度目标。在这个阶段不应该进行评估。

有了制订好的列表，第二步是根据各项属性的重要性进行排序。这一步强加了一些条件，迫使“必须拥有”与“最好拥有”分开。这里我们使用一个比较分析工具。产品属性被组织成一个阶梯矩阵（图 26-1），每个属性都要与其他属性进行比较。

图中的每个单元格显示出正在考虑的两个属性，左侧表示行属性，上方表示列属性。作为一个团队，我们需要决定这两个属性中的哪一个最重要，并突出优先级——在这种情况下，它会在选项周围用一个框标出。例如，在由选项 A 和 B 组成的单元格中，认为监测血氧浓度的能力比监测出汗量更重要。

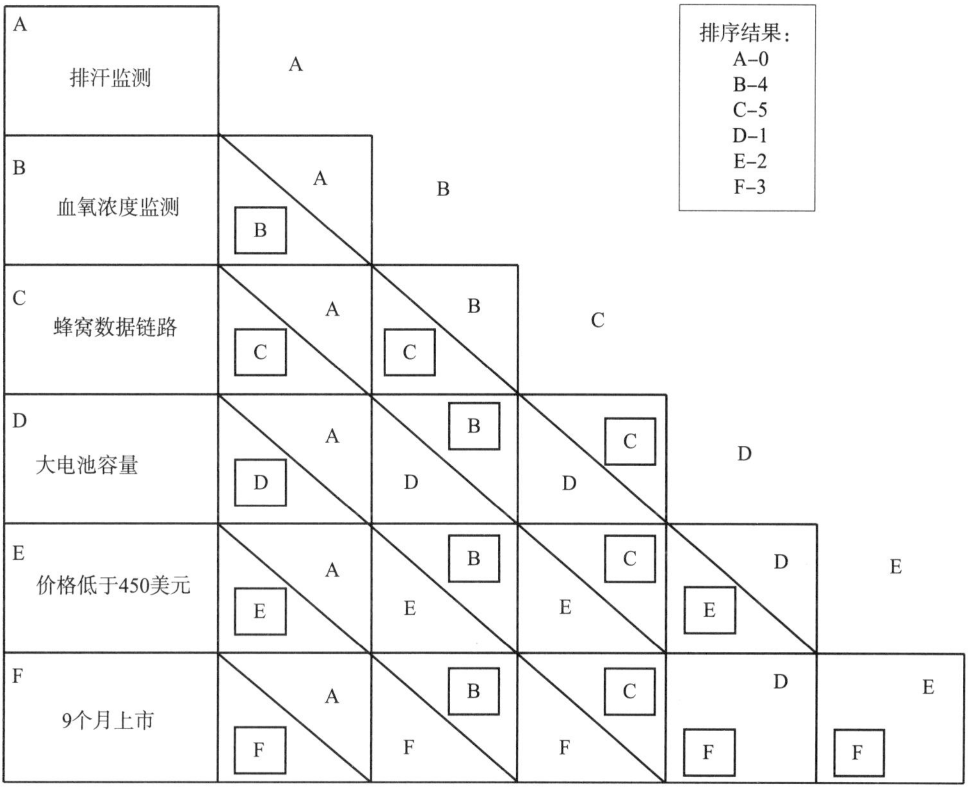

图 26 - 1　比较分析工具

遍历整个表格，并在此过程中将每个属性与所有其他属性进行比较。完成表格后，计算每个属性的选择数量，并根据分数从高到低对它们进行排序。在示例中，属性的排名见表 26 - 2。

表 26 - 2　图 26 - 1 中的可穿戴式成绩监视器的样本属性排序

	属性
C	蜂窝数据链路
B	血氧浓度监测
F	9 个月上市
E	价格低于 450 美元
D	大电池容量
A	排汗监测

我们现在已经对属性进行了排序，可以使用这些信息来指导对产品的进一步规划。这种比较工具的价值在于它迫使我们克服期望拥有一切的障碍。

在此非常有价值的是，将排序中的顶级属性分组为具有相应成本和进度特征的基线配置。本质上，这代表了最小的项目。在我们的可穿戴成绩监测器示例中，假设我们已经决定基准产品应该包括血氧浓度监测和实时安全蜂窝数据链路属性。这些功能对于教练亲历现场的专业运动员的比赛可能很有价值。

我们不想完全消除列表中剩余的“最好拥有”项，所以这是开始权衡分析的地方。下一步，确定排序列表中每个剩余项目的增量成本和进度。结果信息可以以表 26－3 中所示的形式呈现。图顶部的属性代表基准产品及其相应的开发成本和进度。在表格的下端，列出了我们“最好拥有”的属性、对成本和进度以及未来利润的相应增量影响。请注意，每一行都给出该项的增量效果。

表 26－3　增量成本和进度分析工具

	属性	研制成本（百万美元）	研制进度（个月）	利润（百万美元）
C	蜂窝数据链路	1.5	10	3
B	血氧浓度监测			
	增量分析			
F	9 个月上市	+0.2	－1	+0.5
E	价格低于 450 美元	+0.4	+3	+0.2
D	大容量电池	+0.2	+2	+0.1
A	排汗监测	+0.1	+2	+0.1

最后一步是决策过程。如果所讨论的问题很简单，属性很少，小组可以很容易地使用表 26－3 之类的表格来决定，把最终选择添加到基线的选项。另一方面，具有许多选项的复杂问题，可以从确定组合选项以促进决策的一揽子方案中受益。这种方法类似于汽车制造商提供选项包而不允许选择单个选项的做法。由于各个选项之间紧密相关，通常需要将这些选项包作为一个整体进行评估。例如，蜂窝数据链路可使教练能够发送指令，但也可能需要更大的电池容量。在这种情况下，将这两个产品增强功能一起包含在一个选项包中是有意义的。

我们的比较分析工具有多种应用，包括决策选择。这些工具以及其他类似工具为促进团队就优先事项做出决策提供了切实的成果。当然，在应用此类工具时应包括利益相关者。该工具的真正价值在于帮助集体有效取得进展，评估存在多种选择且必须做出权衡的情况。

正如本章前面和其他地方所指出的，我们根据情绪做出决策，并且经常选择性地使用逻辑或数据来支持决策。比较分析工具一开始似乎只是基于冷酷的二元逻辑，但实际上，它可以让我们更好地了解自己的情绪。在团队中使用该工具时，在参与者做出每个二元选择时或之后以及在获悉团队投票结果后，主持人问参与者什么感受是有帮助的。如果一些参与者对结果感到不舒服，可能值得讨论相关要点并重新进行第二次操作。

我们生活在一个必须做出选择的世界，因为我们不能拥有一切。如何做出这些选择，在很大程度上反映了我们的价值观，以及作为个人和作为组织的集体的身份。我们做出的选择，为权衡取舍的价值体系提供了证据。当然，我们不会做出完全偏向于某一工作属性的决策，例如通过向员工支付微薄的报酬来实现利润最大化。

棒球中的击球手经常谈论球棒上的“甜蜜点”，本质上是球棒在击球时不会振动的地方。当球直接击中甜蜜点时，从击球手传递能量到球最为有效。这是产生本垒打的地方。

我们寻求“甜蜜点”，即在属性之间存在最佳平衡的价值点，无论我们如何定义它。在一个方向上推得太远会导致系统变得不稳定和振荡，所以我们纠正它并再次寻找平衡点。甜蜜点往往难以捉摸且不断变化，但我们必须不断努力找到它。

在工作中，我们寻求最佳点。它始终伴随着应用、挫折和实践。在一天结束时，平衡点——甜蜜点——是在肠道中感觉到的一个“感觉良好”的地方。

参考文献

[1] Our mission [EB/OL]. Twitter，2018，https：//about. twitter. com/en _ us/com - pany. html.

[2] COLLINS J，J I PORRAS. Building your company's vision [J]. Harvard Business Review，1996，74 (5)：No，96501.

推荐书目

HAMMOND J S，R L KEENEY，H RAIFFA. Smart choices：a practical guide to making better decisions [M]. Boston：Harvard Business School Press，1999.

MACKECHNIE B. Achieving strategic alignment：how to harness its power to exceed your organizational goals，second edition [M]. Renton，WA：Double Bee Publishing，2013.

SINEK S. Start with why：How great leaders inspire everyone to take action [M]. New York：Penguin，2009.

第 27 章　时间就在你身边

时间是最稀缺的资源，除非管好它，否则什么都管不好。

——彼得·德鲁克（Peter Drucker）

要点

- 管理时间的方法根本不是管理时间，而是管理优先级。
- 考虑一个简单的系统，根据高、中、低优先级对任务进行分类来管理优先级。
- 在时间和优先级管理上的困难通常是情绪的表现，这是可以理解和值得解决的。

"要是我有更多的时间就好了。"

这是专业人士普遍的抱怨。许多人感到时间紧迫，总是觉得自己落后得更远了。不断追赶的生活是一种压力很大的生活。

我们每天都被分配相同的小时数。没有办法创造更多的时间，只能更好地利用我们拥有的时间。那么我们如何才能更好地管理时间呢？

在第 26 章中，我们谈到了拥有一切的诱惑。关于时间，诱惑在于我们可以做到这一切。与权衡一样，时间管理不善的解决方案是，了解优先事项并采取行动。

有效时间管理的目标根本不是管理时间，而是管理自己——我们作为专业人士的关注点和产出。

如果我们希望更好地利用时间，必须管理优先事项以及明确如何采取行动：专注于重要的事情，然后完成这些事情。当我们这样做时，时间基本上会自我管理。作为一名正在成为经理的工程师，对你的要求将急剧升高。除非采取积极措施来管理自己和时间，否则你可能会发现自己不知所措。在本章中，我们将讨论时间，以及作为专业人士如何与它相关联。我们还将讨论具体方法，以确保优先事项得到处理，并且时间得到充分利用。

对时间的态度

许多专业人士谈论他们有多忙，可用时间多么少。对他们来说，时间几乎是敌人，因为指针无情的滴答声总是提醒着所有未完成的事情。这种态度会导致沮丧、压力和失败。

另一种态度是将时间视为盟友。只要有足够的时间、耐心和努力，我们几乎可以完成任何想做的事情，即使我们不能做所有事情。时间真的站在我们这边，因为有效地利用时间使我们能够完成伟大的事情。对时间有这样的态度可以让人感到轻松和振奋。

性格类型也会影响对时间的态度。我认识一些人，他们的日程安排是按分钟计划好的。也许是我的个性，这样的方法总是显得过于局限。我永远无法忍受如此明确地规划生活，所以我个人的方法既简单又灵活。生活不能控制到分秒必争，我们需要在生活中留出空间来应对意外……并做一个有人性的人。在某种程度上，时间管理系统可以激发活力并帮助你变得更加人性化，这是值得的。

无论你对时间的态度如何，都可以通过更好地管理优先事项和行动来改进时间管理。许多人从未重新考虑过优先事项或优先事项与当前活动的关系。他们因习惯或随大流而盲目地度过一生。几个月甚至几年过去了，也许人们才越来越意识到有些事情不太对劲。控制时间的第一步是，承诺将一个我们都理解的简单概念付诸实践：我们所做的某些事情比其他事情更重要。

优先事项和回报

我教授的项目管理课程中，进行了有关管理项目优先级的练习。在练习中，我们注意到公司管理层通常认为一切都很重要。如果一切都很重要，那么没有什么是重要的。如果要认真管理时间，必须内化并采取行动，即有些事情确实比其他事情更重要。

以相关的方式，一些活动必然会产生比其他活动更理想的结果。作为专业人士，将这些影响大、高回报的活动与在工作中设定的优先事项相匹配，对我们来说是有利的。让我们看看两位经理的日常活动。

凯莎（Keisha）花了大半天时间与团队成员和其他利益相关者开会，讨论工作目标和进度，以确保工作按计划完成。另外一边，史蒂夫（Steve）非常关心用品的支出，所以他整个上午都在寻找散落的铅笔和回形针。虽然史蒂夫是虚构的，但我实际上遇到过像史蒂夫这样的经理，他们为了能影响 10 美元利润的事情忙几个小时。凯莎的方法显然比史蒂夫的方法更有成效，并且将获得更大的回报。

为了更好地将自己的活动与高回报的活动相匹配，有必要停下来总结一下。

识别当前优先级：时间日志

大多数时间管理指南建议，以时间日志作为控制日程安排的更好起点。我们在任何具体的时间所做的事情，都代表着目前认为重要的事情。我们记录活动以及在一天或一周内在每项活动上花费的时间，以显示我们目前是如何利用时间的。

根据个性和强迫程度，记录时间日志既可以简单也可以详细。这项活动不是为了增加内疚感，而是帮助我们确定当前的优先事项。使用时间日志通常是一种令人大开眼界的体验，我们开始意识到自己在低优先级任务上浪费或花费了多少时间。

旅行计划

在第 18 章讨论项目管理时，我们提到了一种系统化的方法来确定项目的总体目标，然后将这些目标转化为要采取的具体行动。

这个项目管理过程可以直接应用到优先级管理上，作为一个有效的计划来掌握时间的有效利用。我们确定工作中的关键优先事项和目标，然后将其转化为要采取的具体行动。专注于使我们朝着目标前进的当前具体行动，我们要有效地利用时间。

对于这种时间管理方法，旅行计划是一个很好的类比。

假设我们从圣路易斯出发，乘汽车前往两个目的地之一，在到达时可以获得奖品。我们可以开车去洛杉矶，会见一位著名的电影明星，或者开车去迈阿密，得到 5000 美元。无论哪种方式，我们都必须在 72 小时内到达目的地才能获得奖励。我们对目的地的选择反映了优先事项，然后它定义了我们的目标。对我们来说，如果现金奖励比见电影明星更有价值，那么目标就是开车去迈阿密。

为了实现目标，我们必须善用时间。我们不希望沿着任何旧公路蜿蜒而行。我们需要在路线图上沿着适当的路线，并且需要持续前进。我们决定，从圣路易斯开车到亚特兰大，以便朝着迈阿密的目的地前进。如果计划好路线和行程，我们将毫不费力地在充足的时间内到达所选的目的地。

反思：将优先事项和目标转化为行动

旅途中，我们经常考虑相对于目的地的位置以及可能需要的任何纠正措施。反思是优先级管理的重要组成部分。为了重新安排时间，我们必须停下来思考什么是重要的。反思的过程是以有效的方式将过去、现在和未来联系在一起。

我们反思时间、确定目标、优先考虑目标，并制订旅行计划，以实现目标。当我们在旅途中时，会有很多分心的事情，而且通常其他人会把我们从既定的路线上拉下来。如果不停下来反思旅程，我们可能永远无法到达目的地。

这种反思过程是一项应该定期（最好每天）进行的活动。不需要很长时间——每天开始和结束时的几分钟通常足以安排我们的活动。我们需要定期摆脱生活的忙碌，以确保当前的活动能够将我们带到想去的目的地。

一个简单的成功计划

专业人士可以使用许多工具来安排活动并有效地利用时间。这些很有价值，而且即使是一张简单的纸，也可以成为有效的时间管理工具。

反映和写下一个人的目标和完成这些目标行动的简单行为，是专业人士可以使用的最有效的时间管理方法——假设一个人根据工作表上的信息采取行动。时间管理的全部内容只是确定优先事项并采取相应行动来完成它们。记载着优先事项的纸张是实现优先事项的工具。

如旅行计划一样，我们将制订重要的长期目标，而这些目标是一天无法完成的。

作为日常反思的一部分，写下 10～20 件想到的需要做的事情，确保考虑到你的长期目标。清单上的一些主要事项不是一天就能完成的，此类任务应分解为更易于管理的部分。回顾你的列表并进行分类——将每个事项归入以下三个类别之一："高重要性"用于最关键的项目，"中等重要性"用于那些不太重要的项目，以及"低重要性"用于那些优先级仍然较低的项目。把注意力集中在"高重要性"列表中的项目上。你今天可以完成哪些关键任务？人们希望你每天都能完成所有关键列表项和"中等重要性"列表中的几项。你可能会或可能根本不会访问"低重要性"列表中的项目。为了进一步集中注意力，请考虑根据项目的重要性使用颜色代码使分类列表突出视觉效果。

这个简单的程序，也许比其他任何程序都更能帮助你很好地管理时间和优先事项。无论你的目标清单是在信封背面、计算机上还是智能设备上，它都是使你能够充分利用时间的关键。

你的所有目标都属于关键列表类别吗？你盘子里的每样东西都是看似至关重要的吗？你仍然需要优先考虑列表，否则你会感到沮丧。我们在第 26 章中介绍的比较分析工具将帮助理解所有迫切需要你注意的事情。

图 27－1 再次展示出这个比较分析工具，这次是工程经理目标列表中的活动。我们再次对目标进行正面比较。正如前文所述，我们应该根据真正重要的事情来确定目标的优先顺序，而不仅仅是根据可能紧急的事情。完成比较矩阵单元格后，计算每个项目的选择次数并对列表中的所有项目进行排序。

从排序来看，为部门评审做准备似乎是最优先的目标。其他三项似乎是中等重要，另外两项似乎是低等重要。正如我们在图 27－2 中所做的那样，现在使用分类过程将我们的列表分为高、中和低优先级项目是有帮助的。

图 27－3 采用一个高优先级目标，即部门评审，并制定具体任务以确保实现目标。人们可以很容易地跟踪目标的进展情况，也许是通过在每项任务完成时使用复选标记。

对于这个例子，我们专注于确定目标以及实现这些目标的后续步骤。与项目管理一样，完整的时间管理计划包括目标文件和实现目标所需的所有步骤。如果你的目标是一个特定的活动项目，你可能已经为它构建了一个 WBS，而 WBS 可以作为时间管理的重要信息来源。示例省略了后面的步骤，因为我们知道这些步骤也需要记录。

这个管理时间和优先级的简单工具将对实现目标和优先级有很大的帮助。

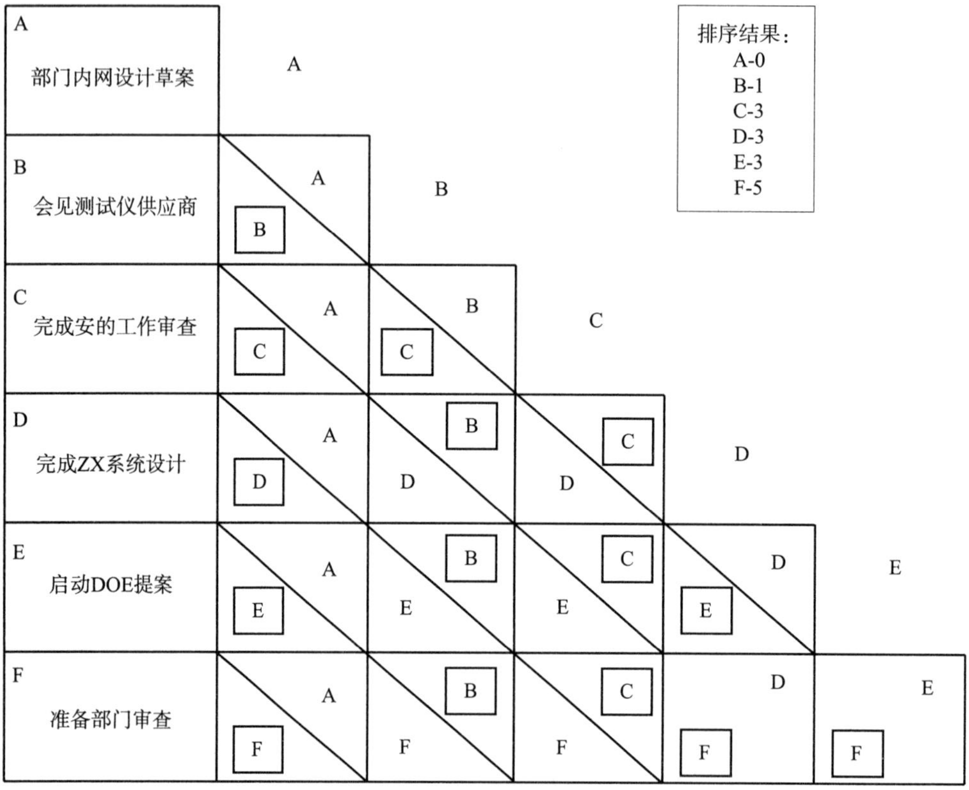

图 27－1　工程经理目标列表分析工具

目标

低 部门内网设计草案
低 会见测试仪供应商
中 完成安的工作审查
中 完成ZX系统设计
中 启动DOE提案
高 准备部门审查

图 27－2　目标重要性的样本分类优先级

今天的优先行动

—收集过去一年部门绩效测量数据
—会同詹姆斯和凯拉规划明年的议程和预算
—完成用于会议的草案PPT

图 27－3　日常行动事项的示例

优先级管理问题

在本章的其余部分，我们将讨论专业人士在使用时间时遇到或应该考虑的几个常见领域。

拖延

我认为，管理时间和优先事项出现拖延和发生其他困难，通常是其他问题的症状。也许我们正在避免真正不想做的事情，也许是害怕失败或批评。我害怕被一项工作压垮，所以把它推迟了。这对于识别潜在的情绪，接受它并采取措施解决它是有帮助的。不管是什么原因，治疗拖延症的方法都非常简单：如果你开始做曾回避的任务并坚持五分钟，这通常足以克服拖延症的惯性。

过着帕累托的生活

作为专业人士，我们应该寻求过“帕累托生活”。我们在第 14 章中介绍了帕累托原理，该原理认为工作中相对较少的事项会产生最大的成功回报。努力将大约 80％的注意力花在对你的工作有最大回报的 20％问题上。本质上，这就是整章的主题。

依赖他人

吉米·卡特（Jimmy Carter）担任美国总统时，以长时间工作而闻名，包括花大量时间通读报告和简报。许多分析家认为，这种对细节的关注转移了他对更重要的领导事务的注意力，有些任务最好委派给其他人，使你能够将注意力集中在值得重点关注的事情上。

坚决说“不”

我们中许多人承担了过多的职责，很难确定要放弃哪些活动。我们有必要培养对价值较低的活动说“不”的能力。说“不”使我们能够更完整地说“是”，并致力于做在优先级列表中排名靠前的事项。可以理解的是，你会想要明智地决定对谁、何时以及如何说“不”，我们将在第 32 章讨论这个话题。

专注，不可占用

电话中断或意外的办公室访客使人难以集中注意力。大多数专业人员需要避免浪费时间并安排不可占用的时间（真正的紧急情况除外）。不可占用可能意味着简单地关上办公室的门并关闭电话上的铃声，而我经常发现完全离开办公室，会更好地集中注意力。

掌握环境

如果你可以构建更高效的工作环境，则可以显著提高效率。这个过程包括清除杂物，将有用的资源材料放在容易拿到的地方。

为意外留出时间

没有人可以完全确定地自己安排时间。无论我们怎样安排一天，都必须留出一段时间来应对不可避免发生的意外。

专注于习惯

像在第 17 章中一样，特别注意习惯过程是有帮助的。任何浪费时间的习惯都会产生倍增效应。因此，进行优先排序或精简可以节省大量时间。

挑战你的假设并发挥创造力

在第 16 章中，我描述了一个与功能失调的团队一起进行的激发创造力的练习，其中涉及大幅缩短已经非常激进的项目进度。用看似不可能的大幅压缩时间去挑战一个根深蒂固的假设需要创造性的想法。这些解决方案显著提高了生产力和时间利用率，并阐明了真正重要的活动和不重要的日常活动。

时间黑客

在网络上搜索“时间黑客”，会有许多高效和节省时间的技巧，例如，克雷格·贾罗（Craig Jarrow）的时间管理忍者[1]。按照第 19 章的生产力建议，确保做别人无法做的工作，并考虑委派或外包其他任务。在给定的工作中，考虑适当的品质等级。你要追求完美，还是可以接受一份普通的工作？完美需要很多时间。

玩耍、休息和平衡

许多时间管理计划的一个缺陷是打算将越来越多的活动挤到一天中。在执行冗长的待办事项清单上的任务时，人们会感觉自己很像机器人。有些程序甚至会鼓励你只睡几个小时，这样就可以在一天中更加忙碌。

这种方法最终会对你的健康不利。解决办法是安排一天的时间来玩耍和休息。这些针对不同的人以不同的形式出现。要享受生活，只有当你是自己日程安排的主人，才能享受它，而不是受制于此。

没有人可以腾出更多的时间，我们只能更有效地利用已经拥有的时间。为了掌握拥有的时间，更好地匹配优先事项和行动是有益的。这种方法意味着必须定期反思，以考虑我们要去哪里以及如何到达那里。

作为专业人士，我们有很多要求，很容易不知所措，特别是如果我们在职场之外也有兴趣、责任和承诺的情况下。无论如何选择管理优先事项，我们都需要留出一段时间来放松，以享受生活。任何不能帮助我们更好地享受生活的时间或优先管理计划都不值得花时间。管理时间和优先事项的最佳方法是帮助我们变得更加人性化的方法——在工作中实现成就感，向他人展示自己，并享受生活。

参考文献

[1] JARROW C. Time management ninja [R/OL]. Time management ninja, https://timem-anagementninja.com.

推荐书目

ALLEN D. Getting things done: the art of stress-free productivity, revised edition [M]. New York: Penguin, 2015.

DOVER D. The minimalist mindset: the practical path to making your passions a priority and to retaking your freedom [M]. Intriguing Ideas Press, 2017.

GLEI J K. Manage your day-to-day: build your routine, find your focus, and sharpen your creative mind [M]. Las Vegas, NV: Amazon Publishing, 2013.

JAST J. Hack your habits: an unusual guide to escape motivational traps, bypass willpower problems and accelerate your success, second edition [M]. SC: Create Space, 2017.

MACKENZIE A, P NICKERSON. The time trap, fourth edition [M]. New York: AMACOM, 2009.

第 28 章　利用这些资产!

当有经验的人遇到有钱的人，有经验的人就会得到钱，而有钱的人会得到一些经验。

——伦纳德·兰黛（Leonard Lauder)

要点

- 认识到良好利用和开发组织资产的重要性。
- 组织的资产包括有形资产以及知识、人员和关系。
- 资产分配青睐于那些善于管理资产、与当权者的战略和议程保持一致的人。

你可能听过这样的委婉说法，“要么使用，要么失去。”因为它适用于锻炼产生健康和健身的美德。对于本章中的讨论，这句话也适用于我们在工作中可以使用的许多资源。

为了取得成功，经理必须培养有效控制组织资源的敏锐度。这些资源包括范围广泛的资产，例如房地产、设备、资金、知识、独创性和人际关系。如果你能够负责并充分利用公司可用资源，那么你作为经理的效率将会提高。作为转型中的工程师，你的目标是获得利用和开发资源的技能。

此处使用“利用”一词并不像滥用资产谋取私利那样具有负面含义。相反，当其资产盈利时，公司会受益，而如果资产使用不当，公司就会陷入困境。

有效使用资产还具有重要的相关好处，即促进你的职业生涯发展。建立和巩固自己的地位是战略和战术行动的努力。这些举动通常是政治性的，但这不是愤世嫉俗、自私的举动。通过让公司获益，你也会让自己受益。

作为一名工程师，你可以使用设备、建筑空间，也许还有一些资金来源，但食物链上的某个层次更高的人可能会为你做出这些选择。作为经理，你将能够做出此类决定，但你可能会与其他同级经理竞争资源。在大多数组织中，可能没有足够的资源可供使用，因此存在竞争。因为你工作的质量和有效性取决于这些资源的应用，所以熟练地竞争资源符合最大利益，也符合为你工作的人的最大利益。话虽如此，不要陷入认为“必须拥有大量有形资产才能做好工作”的陷阱，资源稀缺会迫使我们专注和创新。

在工作过程中，我们使用和构建对后续工作有价值的资产。如果我们认为这些资产具有价值，可以用于获得更多利益和回报，就可以在生产力和业务发展方面取得巨大进步。

三个概念可以帮助指导我们处理资产的方法：

• 管理。当我们被赋予对资源的责任时，应该能够胜任地使用它们。管理是一种责任感和责任感的意识。决策者会将资源分配给他们认为是好管家的人。

• 机会主义。资产的使用带来了为组织赢得利益的机会。在某些情况下，机会是显而易见的；在其他情况下，机会是可用的，但却是隐藏的。创造性地利用资产将大幅度提高其价值。

• 协同作用。利用资产的一种特别有效的方法是，积极寻找以协同或互补方式增强或使用其他工作的应用程序。

在本章中，我们将讨论在组织中应用、使用和评估资源的方式。我们还将专注于可以更好地利用资源为组织和自己实现伟大目标的方法。

资源的功能

在图 28－1 中，我们改动了第 12 章中的一个图形，以显示一个组织的系统简图。图中有一些变化，我们将注意力集中在资源的使用上。该业务系统包括附加资产，例如关系，作为将应用于转移功能的组织资源。如果没有这些资源，组织的转移功能就无法发挥作用，或者功能受到阻碍。随着资源的有效应用，传递函数得到优化。

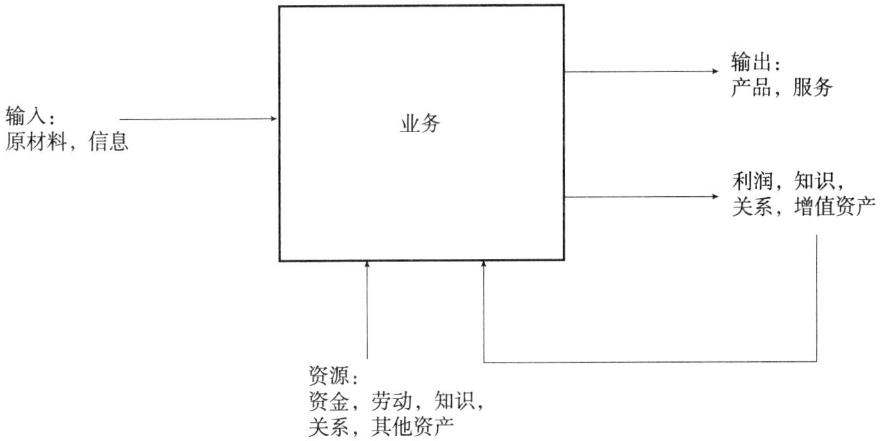

图 28－1　业务的输入/输出表示

在系统的输出中，还添加了利润、知识、关系和增值资产。在工作中，我们经常提高资产的价值，或者创造积攒的新资产。这些资产包括新知识、新的或加强的关系、增强的物质资源或知识产权。后者可以被认为是新知识的一个特定子集，但由于该术语的法律含义，被单独识别，是可以受法律保护的知识。

最后，此图还包含一条反馈路径。当我们创建或增强资产时，会把它们保留在业务中，并可用于未来的业务。重要的是，我们要在概念上看到这种反馈路径，并在实践中采取措施加以利用。

为了开发资源，我们必须获得对它们的使用权。但由于资源是有限的，因此必须说服组织中的当权者选择我们来管理。又到了玩政治游戏的时候了。

以玩政治游戏的手法利用资源

如第 10 章所述，组织是政治的产物，这一观点适用于资源的使用。如果想利用组织的资源，你需要玩政治游戏。让我们回顾一下之前提出的一些观点。

人们可以出于愤世嫉俗和自私的原因或为了团队的利益和重要原因而玩政治游戏。那些为你工作的人将依赖于资源的可用性来做好他们的工作。贵公司的成功还取决于使用这些资源的有效性。如果你关心这些，则必须让自己参与政治游戏，以吸引项目和运营成功所需的资源。

玩政治游戏并不意味着你会为了获得一个帝国而厚颜无耻地推倒其他所有人。平静和敏感是适当的，例如在经济衰退期间，许多公司会全面削减运营预算。组织处于逆境时，尽自己的一分力量使组织在财务上顺利。顺风顺水时，趁机大方地散布好运。

与议程保持一致

作为组织中的政治参与者，主要是与当权者建立关系并与他们的议程保持一致。如果你能展示这种联系，你的想法和对资源的请求将得到更好的接受。要与议程保持一致，你必须首先了解议程。

熟悉你的团队、项目和工作如何为组织的利润做出贡献是很重要的。保持更新的演示文稿和报告材料是一个好主意，以展示你的付出所增加的价值并使决策者了解你在做什么。在所有其他因素相同的情况下，他们会将资源分配给会遵循组织议程并为组织议程做出贡献的个人。

开始

如果你是一位初出茅庐的经理，与老牌经理争夺稀缺资源似乎是一项艰巨的任务。在这种情况下，请考虑如何将你的职位转化为优势：你提供采用新方法的机会。

许多组织为新经理的上位提供具体帮助，例如为新项目或培训计划提供种子资金，还可能提供指导计划。利用这些机会，但如果它们在组织中没有被公之于众，你可能需要去寻找。其他技术将帮助你开始获得资产。

由于你是新晋升的经理，能力未经验证，因此与已上位的经理在项目或计划上合作对你有利。人多力量大，尤其是当其他人具有既定影响力时。你可以与已上位的合作伙伴制定共享资产的计划。这是一个导师对你非常有价值的地方。

另一种淡化你缺乏经验的担忧的方法是，提出一种分阶段使用资源的方法。也许你可以在项目中构建一个试用期或门控阶段，使用你高效的初始业绩作为后期阶段使用资源的理由。

在组织中，可能对高层管理人员来说重大问题是值得关注的。例如你的建筑和工程公司的部门主管已经表明他希望在大型商业建筑中拓展市场。作为一名初出茅庐的经理，你可以提供的一个策略是，带领一个小团队进行为期两天的集中工作，以快速发展专业知识来应对这个市场。换句话说，不要等着被告知去做老板最喜欢的项目——主动去做。你表现出的主动性可能会弥补你对缺乏经验的担忧。如果你能将问题描述为需要新方法的问题，那么缺乏经验可以成为一种优势。

做一个熟练的玩家

当你成为一名经理时，重要的是继续在已有的基础上玩好政治游戏。为了玩好游戏，要不断地意识到并规划利用资产的机会，且让组织认为你是为了组织的利益这样做的。

继续遵循决策者的议程，并据此确定你的需求。时刻准备好展示活动对议程和组织利润的直接回报。永远不要错过向组织高层或有价值的外部人员展示你活动的附加价值的机会。

一旦你获得了一段时间的资产，请努力确保后续承诺的持续性。负责人通常相对容易让你继续使用资产或在资产已经到位后继续提供资金。在此过程中，你将使用基本资产作为未来工作和收益的杠杆。

知识管理

知识管理学科越来越受欢迎。组织已经意识到，在组织中创造知识和智慧是昂贵的，如果得不到使用是可悲的。我们经常遇到组织的知识和智慧得不到重复利用，做每件事都需要重起炉灶的错误情况。有效的知识管理可以成为一种竞争优势。

鼓励你在组织中采取措施，将组织的知识视为一种资产，并采取措施来获取和利用它。不幸的是，许多力量阻碍了知识的获取、留存和共享。

这是知识管理力量的一个简短示例。我在第 12 章中提到的互联网企业是专业项目经理的在线社区，主题之一是专业人士之间知识共享的价值。在我们的某个项目中，组织了一个有价值的在线论坛，讨论在整个组织中应用软件工具进行项目管理。

几个月后，我们在项目管理会议上搭建了一个展台。一天早上，我在展位旁遇到一个苦恼的人，他只想知道我们是否销售软件。我们不销售软件，但我对他的匆忙感到好奇。他在一家大型跨国公司工作，刚刚被分配到快速购买项目管理软件工具的任务，他只有一天的时间做出购买决定。他遇到的销售人员无疑会向他推销昂贵的解决方案。根据之前的论坛，我怀疑他将要投入价值超过 100000 美元的工具，但可能对他的组织没有用处。认为精致的工具可以弥补缺乏良好项目管理流程的想法是错误的。我朋友的公司没有采取措施来构建它的流程，所以这个精致的工具根本没有用。在我们的在线论坛中，几位发言者表示，一种价格便宜得多的工具非常适合公司构建流程。

当我把论坛上的知识转达过来时，我的朋友很感兴趣，我把他指向了我们网站上的论坛。我分享的信息可能为他节省了一天因错误信息而奔波的时间，也不用花昂贵的价格购买精美的工具，而且该工具没有任何用处。因为没有必要的基础流程，他的公司可能会在一年内报废该工具。那一次相遇证明了经验教训和知识共享的力量。

预算

在考虑资产时，将预算管理好非常关键。预算使你能够获得资金，而资金是组织中的基本资产或资源。你的项目和运营需要资金才能启动并取得成功。

你需要做一些功课来确定组织必须遵守的预算规则，包括已发布的规则和任何非正式规则。要特别注意预算的提前期——有时预算可能会在财政期开始前六个月或更长时间设定。

预算规则中需要理解的一个重要领域是在财政期末对未使用资金的处置。规则是否允许你将未使用的资金转入下一个财政周期并保持对其的控制，或者将这些资金回收到普通资金池？在某些情况下，部门必须在财政期结束前的最后一个月大量支出，因为预算规则将迫使他们损失未使用的资金。

请注意，有时预算规则存在鲜为人知的例外情况。在我职业生涯的早期，曾在一家国企工作。当时，购买计算机的申请必须提交给州采购代理，然后由他们发出投标书。从最初的申请到收到计算机的时间可能需要几个月。

另一方面，如果可以证明存在“紧急情况”，则可以避开这个购买渠道，并且可以在几个小时内不需投标即可购买计算机。“紧急”仅意味着项目或计划将因采购渠道的大量延迟而遭受损失。不用说，那些知道存在这个“例外”的人都这么做。在预算过程中留意类似的例外情况。

精通账户程序的含义：当你可以证明后续工作是可能或差不多的时候，开放某些账号通常符合你的利益。一般情况下，组织或发起人为现有账户批准额外资金比授权全新账户更容易。

保持诚信

本章中，我们详细讨论了玩弄政治游戏和利用规则中的例外情况。请不要将这些解释为允许违反法律或公司政策。我知道有几个人越界并因不道德或非法行为而遇到了麻烦。

不道德的行为将使你得到只对个人利益感兴趣的名声，并可能使你受到纪律处分。非法行为肯定更糟糕——你可能会被立即解雇，并被罚款或监禁。如果你做了不道德或非法行为，肯定会毁掉未来的事业和职业成功的机会。

吸引优秀人才

与任何其他资源一样，你可以通过证明这样做将实现组织的目标来定位自己，让组织将人员分配给你。也许更重要的是，你有能力吸引给你分配任务的那些资深玩家。你不希望你的团队什么人都有——你需要令人愉快且富有成效的人。

也许吸引优秀人才为你工作的最好方法，就是成为一个优秀的老板。竭尽全力支持、保护和奖励员工。强调你的工作是如此重要，需要最优秀的人来处理它们。如果你不能得到一个明星员工的全部承诺，看看你是否能得到至少一个兼职的承诺。另一方面，一个普通的员工在受到挑战和支持时，往往有可能表现出非凡的工作能力。

关系

也许对你来说最重要的资源是组织中的内外关系。从组织的角度来看，人际关系将使你获得业务并使你的职业生涯更容易取得成功。你的职业生涯更轻松或更困难，取决于你与同事和公司外部关键人物的关系强度。关于关系对你的价值，可以举出很多例子。但我还要提到关系中一个具有挑战性的方面，即烧毁桥梁的诱惑。

简而言之，不要这样做！最好与人们，甚至是那些麻烦的人保持友好和专业的关系，因为你永远不知道什么时候会再次遇到他们。相信你可以摆脱某人的破坏性话语经常会回来困扰你的局面。即使是看似无用的关系，有时也会在以后变得异常有价值。最好不要烧桥。

你自己和下属的成功将取决于资产的可用性和有效使用。资源将在你能吸引和善用它们的范围内分配给你。你通过证明资源的使用符合决策者的议程来吸引资源。通过确保它们有助于提升组织的利润，你可以很好地使用它们。

有三个原则凸显出工程经理对资源应用的有效方法：首先，那些表现出对资产有效管理的人将获得这些资产产生的收益；其次，为了增加责任和权力，经理需要创造并利用各种机会，因为资源可能是稀缺的，它们的分配是有竞争性的；最后，利用资源的最佳方式之一是与其他资产或新业务产生协同效应。通过以上方式，你可以利用它们来继续增加组织的资产。

推荐书目

HARRISON S S，P H SULLIVAN. Edison in the boardroom revisited：how leading companies realize value from their intellectual assets [M]. New York：Wiley，2008.

LENDRUM T. Building high performance business relationships：rescue，improve，and transform your most valuable assets [M]. Milton，QLD：John Wiley & Sons Australia，2011.

O'DELL C，C HUBERT. The new edge in knowledge：how knowledge management is changing the way we do business [M]. Hoboken，NJ：Wiley，2011.

STEWART T A. Intellectual capital：the new wealth of organizations [M]. New York：Crown，2010.

第 29 章　你有才能！

我没有什么特别的天赋，我只是充满好奇。

——阿尔伯特·爱因斯坦（Albert Einstein）

要点

- 作为一名工程经理，你必须培养下属的才能。
- 人才培养既包括通过指导和培训进行的短期培养，也包括通过指导进行的长期培养。
- 经理为自己的团队成员服务，让他们为目前的职责和职业发展做好准备。

在中世纪的欧洲，一种被称为行会的组织现象开始凸显。行会是工匠或商人的协会，有点像现代的工会和专业协会。行会的一个重要特征是在组织中培养人才，从学徒到工匠，再到熟练工，再到大师。虽然行会的概念在某些职业和地区仍然存在，但它的人才培养功能适用于每个组织。简而言之，一个不培育、不培养人才的组织很快就会枯萎。

除其他职责外，工程经理还应促进下属的技能得到进步和成熟。这个角色可以在人才发展的总体计划下考虑。从本章的标题可以认识到，作为个人，你不仅要有才能，你领导的员工也要有才能。

发展你自己和团队的才能意味着什么？考虑一下能够锻炼你工程技能、判断力和思维模式的方法是怎么来的？是什么让你保持活力并朝着更精致、更广阔的方向发展？对许多人来说，正规教育、自学、来自具有更高技能的可信赖个人的指导和个人成长等都是有效的手段。目标是成为手头任务的更熟练的从业者。但是在一个组织中，手头的任务是什么？

如果你正在管理一组工程师，那么手头的任务肯定集中在团队和组织的相关工程任务上。由于工程是一项团队运动，因此这项任务也必然包括重要的协作部分。另一种说法是“与他人相处融洽”。最后，这项任务涉及这些方面的持续增长，并随之承担带来更大影响的新责任。在所有这些任务中，人力资源部门可能会有特定的计划供你遵循，并为你的团队发展提供支持。继续工作时，请务必咨询他们。

人类天生就是为了不断学习和发展的存在。你的角色是协助自然发生的事情。为了深入探讨这个主题，让我们考虑两种形式的指导：工程职业和工程思维。

职业发展

假设你的下属是工程师，确定你在人才发展职能中的角色的一种方法是，查看工程师的典型职业轨迹。如果你的下属不是工程师，则应适当调整以下概念。

图 1-1 中，我们根据两个通用技能领域的需求，描述了典型工程职业生涯前 10 年的示例：技术技能和管理技能/领导力。回想一下，最初几年的工作强调技术技能，但随着职业生涯的发展，技术技能的需求逐渐减少，而需要更多的管理和领导技能。通过阅读本书，可以帮助自己适应这一趋势以解决职业发展问题。由于你还负责下属人员的发展，因此既要解决他们近期的技能需求，也要让他们为即将到来的技能转变做好准备。

像工程师一样思考，等等

考虑到工程职业发展，人才培养的一种方法是关注工程的要素。人才的发展可以被认为是这些技能的深化和扩展。

工程方法是“在可用资源范围内，对知之甚少或不确定的情况得出最佳变化的策略”[1]。作为工程师，我们在技术、物理定律和工程系统的背景下学习了这种方法。在一个组织中，工程师还必须扮演合作者的角色，无论是与其他工程师还是非工程师。在这种情况下，工程方法的这种定义是通用的，足以涵盖广泛的应用。这个过程正是经理或领导者作为角色的一部分必须从根本上做的事情。表 29-1 对工程师在专业实践中的思考方式或思维习惯进行了分类[2]。毫无疑问，这六个类别及其描述与你自己的经验产生了共鸣。与工程方法一样，这些描述也足够通用，可以应用于任何数量的组织情况。

表 29-1　工程习惯的思维描述[2]

类别	技能
系统思维	看到整个系统及其部件以及它们如何连接，辨识作用模式，识别相互依赖关系并进行综合
发现问题	澄清需求，研究现有解决方案，调查来龙去脉，验证
可视化	从抽象到具体，操纵材料、物理空间和实际设计解决方案的心理排练
改进	通过实验、设计、素描、猜测、推测、思想实验、原型制作，不懈地努力让事情变得更好
创新性解决问题	应用来自其他传统的技术，与他人一起产生理念和解决方案，慷慨而严谨地批评，将工程视为“团队运动”
适应性调整	测试、分析、反思、重新思考、改变(身体上和精神上)

在这样的背景下，人才发展可以看作是这种方法和这些思维方式的进一步发展和扩展。有了这个框架，人才发展与现有的技能基础共同起作用。这种方法很有价值，尤其是在向管理和领导角色转变时。许多工程师认为这些角色与他们的身份格格不入，而事实上它们与工程实践是一致的并且是不可或缺的。从大局来看，人才发展帮助你的下属在组织环境中成为更有技能的从业者。

服务型领导

你可能听说过或遇到过服务型领导运动愈演愈烈。这个术语是一个框架，用于将领导者的角色视为为其主管提供成功所需的资源之一，使其所负责的工作取得成功。服务型领导者与传统领导者在层次结构顶部的命令和控制视图形成鲜明对比。服务型领导者角色是服务，而不是控制。与下属的关系包括促进能够发挥他们最佳状态的条件。除了完成手头的工作外，该模式的主要目标是培养同样以服务为导向的领导者的基础力量。

这种服务型领导的框架为人才发展提供了良好的基础。同时，服务型领导者关注实现目标，关注人们的长期发展和成熟，关注培养他们的领导力。以这种方式陈述过程表明，人才发展将具有短期和长期需求的混合特点。现在考虑这些特点。

培训和辅导

人才发展的短期需求主要面向任务，尤其是眼前或即将到来的任务。如果工程师在你手下工作，他们很可能需要相关技术的继续教育。他们可能还需要发展协作技能，例如如何成为一名高效的团队成员或团队领导。

在许多情况下，无论是研讨会、会议、在线课程还是视频等形式，正式培训都是适用的。这些对技能发展非常有帮助，但通常还不够。另一种类型的发展也是合适的，它被称为辅导。

教练通常是一种结构化的、有时间限制的关系，旨在改进特定任务或绩效领域。通常有一个面向实现短期目标的议程。教练本质上是可以帮助个人成为处理手头问题的更熟练的从业者，无论它涉及工程设计、演示文稿还是任何基于技能的需求。教练的目标是提高某些行为的成绩。运动员或运动队教练的形象，对于理解教练在职场所起的作用给出了一个很好的示例。

导师制

与教练的短期和特定方向相反，导师制关注的是普遍和广泛的长期发展。导师制关系可以持续很长时间，甚至可能持续数年，而且它侧重于个人和职业的全面发展。这种安排通常是非正式的，包括半定期和临时会面。议程通常由学员设定。最重要的是，导师充当榜样，帮助指导学员成长为未来在职业发展中的角色。在组织环境中，此类指导通常针对领导力和跨学科合作主题。这种关系有助于学员了解重要的价值观、信仰和心态，这些都是更负责任的角色所需要的。导师还会提示学员对自己的发展和成熟负责。导师领进门并提供一些引导，本质上是培养学员。最健康的导师制关系不是单方面的——学员也可以为导师回馈一些东西。

在辅导员和导师制关系中，你作为服务型领导者的角色是确保下属具备成功、参与其工作以及与他人良好合作所需的条件。你不一定需要成为辅导员或导师，但要看到提供的这些功能。除了下一节讨论的角色外，对于你的直接下属，最好由其他人指导他们。在这些问题上，请记住，你负责的每个人都有短期和长期的发展需求。

接班人计划

在获得晋升时，有时会向个人介绍一个常识：作为新经理，你的首要任务是培养继任者。

这样的建议起初可能看起来很奇怪。当经理刚刚开始上任一个职位时，为什么要计划退出？但经过进一步思考，从多个角度来看，该策略是很有意义的。理解这些观点的一个好方法是，考虑在你的团队没有稳固的替补实力的情况下可能发生的事情。

领导层的任何变动都会导致大大小小的混乱。当发生意外事件（例如突然的紧急情况）时，经理可能根本无法工作或做出贡献。其他人将不得不迅速填补空白，混乱可能会产生许多问题：错过最后期限、工作质量下降，使每个人都承受着巨大的压力。考虑到进入主管职位的学习曲线，团队运行可能需要一段时间才能恢复正常。培养继任者是一个很好的应对意外的保险政策。

我们假设不幸不会降临，在某些时候，你会升迁或调动，或者选择换工作。虽然这种过渡通常不是突然的，但持续时间通常以几天或几周为单位。如果没有足够的时间将信息和智慧充分传递给继任者，那么也无法匹配即将到来的职位。作为服务型领导者，你希望某人成为你继任者的最佳人选，而快速的学徒制不太可能满足需求。

即使考虑到自然发生的过渡，你的组织也会从管理职位的稳定领导力中受益。团队可以对即将到来的过渡感到自信和安全，因为他们知道他们将保留所需的管理人才，以便在新的指导下茁壮成长。在你已经处于新职位并尝试专注于需要学习的所有内容时，最好花时间培养继任者。你还可以为知道尽了一份力，留下了一个坚实的团队而感到自豪，该团队会感谢你的领导并祝你一切顺利，前提是当你担任新角色时，未曾错过任何一次机会。

在大多数组织中，你不会明确选择继任者；然而，组织中的相关人员（包括人力资源部门），可能会对你对团队替补席上的管理和领导人才的看法感兴趣。在他们的指导下，值得你花时间适当地培养团队中的一个或多个人。要明白你的继任者不一定来自你现在的团队，因此请注意组织中可能适合你职位的其他人。

在上一节中，我们提到这是你应该准备好指导一个或多个下属的一个领域。鉴于工程师的自然职业发展，指导团队中的每个人如何过渡到管理和领导层是一种有效且明智的策略。

精益建设的概念旨在减少或消除浪费。经常提出的一个精益原则是：人才得不到充分利用是浪费。与此同时，我们永远无法充分发挥潜力。关注持续的人才发展并努力发挥我们的潜力，确保我们认识到人才作为一种资产的重要性。作为一名经理，努力培养你的下属使其成长很重要，同时，努力培养自己的成长也很重要。这两个发展渠道（为你自己和你的下属）是相互交织和协同的。

培养你的继任者可以帮助你成长，让你达到越来越高的高度。

参考文献

[1] KOEN B V. Definition of the engineering method [M]. Washington, DC: American Society for Engineering Education, 1985.

[2] LUCAS B, J HANSON. Thinking like an engineer: using engineering habits of mind and signature pedagogies to redesign engineering education [J]. International Journal of Engineering Pedagogy, 2016, 6 (2): 4 - 13.

[3] HOSCHETTE J A. The engineer's career guide [M]. Hoboken, NJ: Wiley, 2010.

推荐书目

BLANCHARD K, C DÍAZ - ORTIZ. One minute mentoring: how to find and work with a mentor - and why you'll benefit from being one [M]. New York: William Morrow, 2017.

COYLE D. The talent code: talent isn't born, it's grown. here's how [M]. New York: BantamBooks, 2009.

ROBERTSON R. The coaching solution: how to drive talent development, organizational change, and business results [M]. Salisbury, MD: Secant Publishing, 2015.

SHARKEY L, M BARRETT. The future - proof workplace: six strategies to accelerate talent development, reshape your culture, and succeed with purpose [M]. Hoboken, NJ: Wiley, 2017.

第 30 章　动员团队成员

我慢慢地相信这样一个原则，即如果不能激励人们去做事，那么只会让他们失去动力。经理的主要工作不是授权，而是消除障碍。

——斯科特·亚当斯（Scott Adams）

要点

- 虽然许多组织都将人视为他们最重要的资源，但只有在那些真正按照这种信念行事的组织中，员工才能真正投入到工作中。
- 当任务和更深层次的宗旨之间建立联系时，动力就会增强。
- 经理可以通过帮助消除消极因素来促进敬业度和积极性，这样员工就可以充分获得工作的内在动力。

这个陈述是这样的：

“在 XYZ 公司，人才是我们最重要的资源。”

许多组织都有类似的座右铭，这句话确实是真的。然而，如果发现这个想法的压倒性力量，这些组织中的大多数人肯定会感到震惊。这是一个如此强大的概念，如果它得到真正相信和实践，将彻底改变业务状态。

不幸的是，在许多组织中，这只是一个听起来不错但缺乏实质内容的陈述。它没有被足够重视和贯彻，因为贯彻下去需要领导者和经理在态度和行动上发生巨大的变化。这些组织非常希望员工受到激励，但不愿意为这种激励付出必要的代价。出于好意，他们转而寻求快速的激励措施。

人确实是一个组织最重要的资源，因为人的创造力和解决问题的能力实际上是无限的，比任何其他资源都重要。一个组织的任何其他资源都不可能通过简单的行动或思想在生产方向上产生巨大的数量级变化。

人可能会非常高效或者低效，甚至对效能起反作用。通常情况下，大部分员工处于平均水平。他们在某种程度上或总体上是富有成效的，但他们从未意识到自己作为个人或团体的巨大潜力。

作为直接上司，会严重依赖为你工作的人的效能。他们是你最重要的资源。同理，你作为直接上司是组织中对他们来说最重要的一个人。他们的积极性和效能在很大程度上取决于你对他们和他们工作的关心程度和真诚程度。

一个组织要想从提高员工积极性中获益，就必须从根本上赏识员工。在整个组织的政策和行动中，对其价值的认识必须是深刻而一致的。要激励团队成员，必须让团队成员相信事业是值得的，也必须知道领导对其的绝对重视和支持。

前进的道路并不困难也不复杂。人们真的很想全身心投入工作，并因为他们所做的一切而得到充分的赞赏。在这样的环境中工作确实很有趣，但不仅仅是这个词的愉快内涵。当工作真正令人满意和富有成效时，也是很有趣的。

在本章中，我们将讨论经理调动团队成员的方式。激励团队成员，认识他们的价值，欣赏他们，相信他们。你作为经理是否成功取决于他们和他们的动力。

什么能激发动力？

我们重温第 4 章中的一些主题。在丹·平克（Dan Pink）[1]的优秀著作《驱动力：激励的惊人真相》(*Drive*： *The Surprising Truth About What Motivates Us*）中，报告了一项名为蜡烛问题的有趣研究结果。问题是如何只使用一盒图钉和火柴就将蜡烛固定在墙上，且蜡烛不会滴落。两个小组被分派了这个问题。第一组被告知，研究人员需要多长时间才能获得确定基准的解决方案；第二组被告知，如果他们获得解决方案的速度达到前 25%，将获得金钱。奇怪的是，承诺获得金钱奖励的那组完成解决方案的时间始终比认为正在创建基准的那组多 3 分钟。

这项研究不是关于蜡烛，而是关于创造力和动力。正如平克关于这个实验所报道的，金钱并不能激发创造力。事实上，现金奖励似乎在某种程度上是一种消极因素。正是工作的内在因素提供了最可靠的动力，特别是对于当代的专业工作而言。回想五个内在动力：意义、选择、能力、进步和创新能力。或许建立基准的建议在速度更快的群体中唤起了一种意义感，因为它涉及知识的创造和尊重感。

在第 4 章中，我们还报告了主管表现出的兴趣也是一个强大的动力。虽然组织的整体文化和态度很重要，但员工的直接上司对于员工是否自认为工作很重要也是至关重要的。这样的结论是有道理的。在许多组织，尤其是大型组织中，大多数员工很少与公司的执行管理层接触，但他们每天都会遇到上司。

动力和意义

许多有孩子的读者都听过这句挑衅的说法，“你不能逼迫我！”通常是孩子在父母最需要支持的时候表达出来的。一个组织中的员工很可能会持同样的态度，而且许多人都以一种微妙而沉默的方式来表达。

然而，尽管有这些例子，我们还是意识到人们有时会非常富有成效并且可以完成惊人的壮举。当真正有动力时，一群人几乎可以实现任何目标。那么，经理如何打开这个与出色员工绩效相关的开关呢？

事实是，经理无法启动开关，这完全取决于员工。

开明的领导者理解并相信大多数人通常都渴望让工作富有成效。为了蓬勃发展，人们需要一个有利于成功的环境以及有意义的追求。

经理可以做很多事情来创造这样的环境。为了讨论这种环境，我们将研究一些能深刻激励人们的因素。以下讲述一个具有非凡动力和关于成功的故事。

红色、白色和蓝色出动

我住在得克萨斯 A&M 大学所在的社区。在 2001 年 9 月恐怖袭击之后的几天里，许多人试图以某种有意义的方式对这些事件做出反应。该大学的一名学生提出了在下一场主场足球比赛中进行爱国展示的想法，那是 9 天后的比赛。

他认为，让球迷在比赛中以一种独特的方式穿上美国国旗的颜色，会令人振奋。如果上层的球迷穿红色的，中层的球迷穿白色的，下层的球迷穿蓝色的，那就太好了。他还认为他可以出售红色、白色和蓝色的 T 恤来纪念这一时刻，并将收益捐赠给被袭击的受害者。在他最初的想法中，他希望卖出几千件 T 恤，这是一个雄心勃勃且可以实现的目标。

该事件被称为红、白、蓝出动。当他与其他人分享这个愿景时，这个概念像野火一样蔓延开来。人们急切地想帮忙，其他人也想买 T 恤。许多个人和学生组织参与其中。通常不会向大学生提供信贷的公司，现在提供的 T 恤只是基于承诺后面会进行的补偿[2]。当地的衬衫供应告罄，几个小时路程外的供应商自愿派出装满数千件 T 恤的送货卡车，学生们通宵达旦地在每件 T 恤上写下“代表美国”。

最初是一个雄心勃勃的项目，后来变成了一项艰巨的任务。足球比赛到来时，球衣已售出七万多件，其中包括比赛开始前四个小时在体育场内售出的三万件。由于 T 恤的热销，为救济基金筹集了大约 200000 美元。体育场内的景象着实令人叹为观止，超过八万的球迷变成了几乎统一的爱国色彩的海洋[3]。

故事并没有到此结束。校友团体资助该项目的五名领导人飞往纽约，亲自将 T 恤销售的收益交付给警察和消防员代表。校友团体还为该项目的五位领导者每人捐赠了 1000 美元的奖学金[4]。

领导爱国展示和 T 恤销售活动的学生并没有什么特别之处。他们没有魅力，也没有给帮助过他们的学生提供现金奖励，甚至没有提供好成绩。那些参与的人甚至不属于一个相干的组织，他们当然没有经历过这样的项目。

最重要的是，与该项目相关的每个人都想参与一项有意义的事业。

虽然许多组织都在努力激发员工的积极性，但这个本质上是偶然的项目展示出，当个人和团体找到令人难以置信的动力时可能发生的事情。为什么这样的努力会引起人们的共鸣，从而表现出非凡的动力？是什么让人们真正放弃一切，展示出他们原本永远不会展示的承诺和信任？现在让我们看看一些能深深激励人们的因素。

工作的动力

如果对许多人进行抽样，了解他们为什么工作，许多人会回答："因为我需要钱。"的确是这样，但对于大多数专业人士来说，工作的原因要深远得多。回顾马斯洛的需求层次，一旦一个人对生存、住所、舒适和陪伴的需求得到合理满足，他的注意力就会转移到我们选择的工作中经常追求的更崇高的事业上。

事实上，从事有益工作的动力深入人心，当挖掘更深层次的原因时会发现，人们能够以难以置信的热情去努力工作。许多这些深刻而强大的激励因素涉及马斯洛需求层次列表中的重要因素。这些感悟触及人类的内心和灵魂。

以下的非详尽清单，列出了一些可以激励人们致力于工作的热情因素：

- 创造——我们从创造新的和有用的东西中获得相当大的乐趣。
- 秩序——当我们将混乱转化为秩序时，会体验到掌控环境的获得感。
- 服务——我们中的许多人发现，为他人带来快乐和满足感具有重要意义。当我们满足需要或履行职责时，会感觉良好。许多公共服务行业的从业者将服务的原因作为他们工作愿望的主要动力，但这种动力可以在任何职业中找到。
- 做一些对个人有益或有意义的事情——作为人类，我们在无穷无尽的愉快追求中找到价值、回报和成就感。
- 被认可——当同事、上级和其他人对我们的工作感兴趣或称赞我们的工作时，这是令人愉快的。
- 纠正错误——当一些人看到不公正的情况时，他们感到有道德义务纠正错误。
- 有所作为——对人类来说，基本的恐惧是害怕被边缘化。我们可以通过做一些有所作为的事情来克服这种恐惧。
- 发表声明——在许多情况下，我们希望让其他人知道我们是谁以及我们代表什么。当我们向他人展示能力或价值观时，会有一种自豪感。

这些都是人们的积极动力，这些因素将促使人们致力于一项事业。虽然承诺的动力来自内部，但经理可以帮助创造一个环境，鼓励在工作中释放这种动力。这样做，可以激发创造出更高的生产率。

团体的动力

为个人创造激励和致力于目标的条件具有足够的挑战性。对于一群人来说，为了一个共同的激励目标而共同努力更为复杂。经理如何确保团队的工作目标与组织及其客户的目标一致？

目标一致的最佳工具之一是为组织、部门或项目制定充满活力的使命和价值观陈述。对于个别项目，需要满足特定的目标陈述，但要与任务保持一致。

图 30－1 展示出任务和价值观与团队成员动力的一致性。在这个图中，当动机是积极的和有效的，任务和价值观会引导惯性。本质上，它们是边界。当存在一致性时，动力会促使团队实现预期目标。

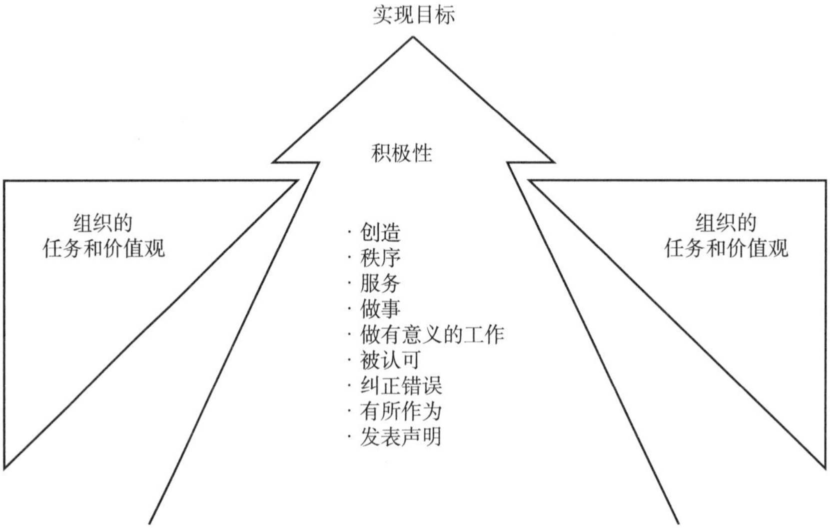

图 30－1　员工动力与组织目标的一致性

实现协调一致的过程在某种程度上是一个迭代过程。对于经理来说，倾听和观察团队成员的兴趣，注意他们感兴趣的动力激励因素的类型是很重要的。同样重要的是，团体成员要找到一种方法来构建组织或客户的需求，使其与自己的激励因素相匹配。经理也可以协助做这项工作。

在许多情况下，将目标设定为一个激励问题似乎是一项具有挑战性的任务，但在这方面发挥创造力是值得的。工程师非常习惯于用功能或技术术语来描述项目的目标，就像规范一样。然而，要善于激励团队成员，工程经理必须培养构建激励因素的技能，这些因素能够吸引团队成员的情感和灵魂。

假设我是一家石油勘探公司的项目经理，被分配到墨西哥湾勘探一个油田的项目。我当然需要用技术术语为我的团队定义项目——要钻井的数量、钻井深度和项目所需的设备。但是为了激发团队成员的积极性，我应该寻找他们感兴趣的更深层次的激励因素。例如：

- 这个新区域的能源将在十年内为五万户家庭供暖。
- 从我们生产的石油中开发的塑料将有助于研发造福残疾人的假肢等。
- 该油田的生产将通过减少对外国石油的依赖来增强国家安全。

诸如此类的见解可以帮助团队成员了解他们的工作如何惠及整个社区，以及其他人如何依赖他们的工作。以这种方式构建的工作可以更容易地激励个人深入致力于一项使命。

当你考虑工作和团队的工作时，创造性地思考可能是诱使他们每天热切工作的潜在原因。这些更深层次的原因提供了情感能量，使人们能够对有价值的目标遵守承诺和保持高效。

与团队激励主题密切相关的是团队建设。在组织中的许多情况下，以前很少互动的个人群体聚集在一起从事项目工作。这些人在投入时间和精力后，才能为一个有凝聚力的团队发挥作用。共享的经验，尤其是那些涉及战胜挑战和逆境的经验，会引导团队成员相互信任和增强信心。这是团队发展中形成和规范阶段的一部分。

与官僚主义做斗争

专业人士通常具有很高的积极性。专业人士的教育和工作要求他们表现出自我主动性、纪律性和实现目标。他们通常期望其他人也一样，因此这些人讨厌组织中不必要的规则也就不足为奇了。官僚主义会惹恼他们。

对组织中的专业人士来说，最大的消极因素之一是令人窒息的官僚主义。为组织中的团队扫清道路和加速前进应该是首要任务之一，例如避开愚蠢的规则和程序，以及简化审批和文书工作。很少有事情比工作进展慢更让专业人士感到沮丧，比如会计或采购人员不批准购买合理的设备。

在官僚主义扼杀了专业人士积极工作之处，就要进行一场反对官僚作风的运动。也许你可以为员工做的最好的事情之一就是为他们解决系统中的低效问题。有时在棒球比赛中，经理会与裁判员因判罚而发生激烈争执，从而被逐出比赛。在许多情况下，经理的情绪爆发会引发团队的反弹。当他们的领袖愿意为他们而战时，他们就会被激发。一些经理甚至会承认是故意被驱逐，只是为了在他们的团队点燃一把火。

除此之外，与官僚做斗争还需鼓励企业家精神。许多公司声称支持员工的创新和创业思维，但实际上该组织会压制任何此类举措。工程经理通常被赋予高度的责任，并负责监督关键环节或重要项目的完成。这些努力的结果可以对公司产生数百万美元的净利润。然而，有时这些人在未获得一系列批准的情况下，不允许做出合理购买的决策。

企业家精神对组织中的许多人构成威胁，因为企业家精神因其性质而改变甚至破坏了现有方式。对于一个支持创业的组织来说，它的核心必须是真正的创业——体现在每天实践的使命和价值观中。公司的领导者必须具有足够的安全感，才能接受创业带来的剧变。这样的领导者明白，一个人要么拥抱企业家精神及其不确定性带来的胜利果实，要么面临业务输给具有企业家精神的竞争对手的风险。虽然创业似乎有风险，但实际上不创业的风险要大得多。当员工工作为企业家进行创新得到支持时，他们就会开花结果并变得高效。

就业保障

对工作的不安全感可能是工作中一个主要的消极因素。几十年前，许多员工相信他们可以在整个职业生涯中给同一个雇主服务。现在人们普遍都明白，一份工作并不能保证到退休。然而，被解雇、裁员或被迫退休几乎总是会带来打击。担心被解雇的员工士气低落是可以理解的。那些在裁员后留下来的人也很难保持动力。保持高效的个人就业对组织有利，组织必须努力实现这一目标。如今，员工期望永久就业是不现实的。然而，努力实现这一目标的公司通常会获得大量员工的积极性和忠诚度作为回报。

健康有趣的环境

没有人喜欢在一个充满恶意或压抑，充满内讧、消极和令人窒息的组织中工作。人们喜欢在积极的环境中工作，工作会受到赞赏，可以取得伟大的成就。

作为经理，你的工作是尽你所能，尽量减少工作场所的负面因素。如果存在破坏性冲突，要主动去解决。

另一个问题是对团队所做工作的干预或微观管理。这种干扰被解释为对专业人士的意见和判断缺乏信任。有效指导程序员的工作和微观管理之间有一条细微的界限。避免触碰这条线通常是一种随时间而来的技能。

杰出的组织也提倡工作中的乐趣，因为乐趣最能激发人类的潜能。在这些组织中，乐趣自然来自彼此融洽的相处以及管理层的支持。在工作中获得乐趣的人自然而然地让乐趣成为工作的一部分。当有把握克服与同事友情的障碍时，工作中最大的乐趣是工作做得好而带来的满足感。当团队完成了一个有意义的目标时，经理值得为之庆祝并举止得体地向更大的组织宣传它。

创造性和有价值的游戏

太多的组织让员工超负荷工作。所有工作者，尤其是专业工作者，都需要自由支配的时间。通常在这样的时间里，工作者可以有机会为工作设想创新。作为一名经理，重要的是要为这种创造性和有价值的“游戏”时间提供便利。3M 等公司已将创造性的娱乐时间作为其企业使命的一部分，甚至为此类活动做预算。一些非常有价值的发明和产品来自这个创造性的游戏。

这句被过度使用的座右铭是千真万确的——人的才能和独创性是一个组织最重要的资源。但是，除非这种信念渗透到组织的政策和行动中，否则人们可能仍然没有动力，因此效能不足。如果这只是一个朗朗上口的口号，员工会认为它是空话，并将把它当作嘲笑的对象。它成为一个不幸的消极因素。

作为经理，我们不能激励为我们工作的人，只有他们才能激励自己。经理可以做很多事情来避免或尽量减少削弱员工的积极性。此外，经理还可以做很多事情来提升他人的积极性，并将其视为头等大事。当人们真正有动力时，会突破许多障碍来实现自己的目标。我们可以通过一个支持性的环境来激发他们的积极性，并通过帮助定义工作目标，使工作中的人全心全意参与其中。

在很大程度上，这些策略让组织和工作变得人性化。对于一个组织来说，仅仅拥有一个重视员工的座右铭是不够的——公司的整个战略都必须践行这种信念。

当我们认识到，人们在发挥他们的才能时，渴望有意义并有所作为——在世界上留下有价值的印记，才能让工作更加人性化。人类天生就有动力。作为一名经理，你有伟大的天赋和巨大的责任来培养这种自然的动力，并由此获得回报。

参考文献

［1］ PINK D. Drive：the surprising truth about what motivates us［M］. New York：River - head Books，2011.

［2］ GARCIA R. Maroon is out，fans to sport USA colors［R/OL］. The Battalion，(2001 - 09 - 14). http：//www. thebatt. com.

［3］ GARCIA R. RWB out a success［R/OL］. The Battalion，(2001 - 09 - 21）. http：// www. thebatt. com.

［4］ GARCIA R. Ags rewarded for RWB out［R/OL］. The Battalion，（2001 - 11 - 01）. http：// www. thebatt. com.

推荐书目

BUCKINGHAM M，C COFFMAN. First，break all the rules：what the world's greatest managers do differently［M］. NewYork：Gallup Press，2016.

CATLETTE B，R HADDEN. Contented cows still give better milk：the plain truth about employee engagement and your bottom line［M］. Hoboken，NJ：Wiley，2012.

CHESTERE. On fire at work：how great companies ignite passionin their people without burning them out［M］. Shippensburg：Sound Wisdom，2015.

KATZENBACH J R，Z KAHN. Leading outside the lines：how to mobilize the informal organization，energize your team，and get better results［M］. SanFrancisco：Jossey - Bass，2010.

YERKES L. Fun works：creating places where people love to work［M］. San Francisco：Berrett - Koehler，2007.

第 31 章　扮演角色

所以从那以后，他看着自己所有的选择说道，一个好人会做什么，然后就去做了。

——奥森·斯科特·卡德（Orson Scott Card），《流放中的恩德》

要　点

- 品牌传播特征和品质。管理职位具有相关且可识别的品牌。
- 因为这样的职位要承担更大的责任，人们期望经理在外表、言语和行为上表现出更多的纪律和关怀。
- 了解你的个人品牌并使其独特，且与你工程管理职位的预期品牌一致是值得的。

大多数转型的挑战性方面是对身份和归属感的混淆或冲突。我们倾向于和群体打成一片，并符合这些群体的某些特征，这也许是一个普遍的人类真理。我们还根据观察到的品质将其他人分为某些类型。在从工程师到经理的转变过程中，对于这些群体中哪个是我的“家”或我的“部落”，我很自然地会感到不和谐。

有时我可能觉得我不属于任何一个类别。

升职让我直接进入了管理团队。不久前，我可能还和同级工程师共进午餐，而我们对“管理人员”刚刚所做的事情翻了个白眼（或更糟）；现在我是“管理人员”。我现在要管理那些不久前还是同级别的人。当我们都试图驾驭新的动态时，舞步可能不会很优雅。

正如上面奥森·斯科特·卡德（Orson Scott Card）的《流放中的恩德》(*Ender in Exile*) 的摘录所暗示的那样，在大多数新角色中，我们都有一段时间在“扮猪吃老虎”。尽管彼得（Peter）的性格出于不真诚的动机而追求善良，但我们仍然可以从他的策略中学到一些东西。这只是为了模仿那些体现我们渴望的角色的人。很快这个角色就变成了第二天性。彼得这个角色的教训是不要做一个伪君子；相反，在你真正地成为一名优秀的经理和领导者的过程中，最初可能不得不假装。

拥抱这个“表演”时期还有一个更重要的考虑因素：在你刚刚起步的角色中，同事会期望并需要你表现得像一个好的经理/领导者。这个小组将包括你过去的同事，现在你是他们的上司。当然，他们会抱怨你的变化，但他们仍然需要领导。更重要的是，正如我们在第 29 章中介绍的那样，他们需要你的帮助，你需要使他们成长为未来的领导者。与任何新角色一样，一开始你是新手，但如果你接受该角色并遵循良好的模式，学习曲线将会大大缩短。

简而言之，你想扮演这个角色。

你：品牌

我们将围绕品牌概念展开本主题的探索。想想形形色色的公司及其产品和服务，想想这些代表的特征和品质。公司投入大量精力开发和传播品牌，因为这是他们及其产品与众不同的地方。提起迪士尼这个名字你会想到什么？也许是诸如乐趣、家庭和幻想之类的词语。

与市场上的产品和服务接触时，我们希望产品和与之相关的沟通内容能够形成一致的信息。我们住在丽思卡尔顿酒店，如果房间里有薄毛巾，我们会觉得有些不对劲。如果酒店的广告吹嘘它比青年旅馆便宜，我们会感到困惑。

从根本上说，品牌是关于身份的。品牌向世界传达你是谁以及你代表什么。就像产品和服务一样，我们每个人都会根据外表、言语和行为传达特定的形象。我们希望医生拥有一定的“品牌”。至于各种音乐流派，我们希望每个流派的艺术家都拥有与其各自流派相对应的品牌。管弦乐队中的古典音乐家穿着正装，乡村音乐艺术家经常穿着牛仔裤和戴着牛仔帽。

我们每个人都有自己的个人品牌，它代表着我们每个人在他人心目中的地位或看法。从某种意义上说，它是一个易于分类的标题摘要。这是人类互动的一个自然特征，因为我们的大脑天生就具备高效率处理信息的能力。标题摘要方法使我们能够快速理解关系，在不同的关系中会发生什么，以及在各种交流中可能会发生什么。它还使我们能够根据背景轻松甄别我们喜欢或需要与之联系的人。

一个人的品牌可以定义为当你身处社会中时，人们对你的评价是你所希望的。也许我希望被视为知识渊博、平易近人、与他人相处融洽的人。我也可能希望被视为一个在各种情况下穿着时尚、举止得体的人。在工作中，我也可能会尝试以善于管理资源和照顾与我相关的人而闻名。

我们每个人都有一个个人品牌的说法就是一个中性的陈述。相关的深层次的含义是，意识到这一事实至关重要，然后确保人们感知的品牌确实是我们希望传达的品牌。当人们感觉到他们所观察到的与所期望的不一致时，会做出消极的反应。同样，当我感觉到人们不理解我时，可能会感到困惑。

之前与经理和高管的接触中，你的期望是什么，你观察到了什么？你可能已经察觉到一些令人愉快和乐于助人的行为和外表，而另一些则不是。你能辨别出与入门级员工或在仓库中填写订单的人不同的话语、着装和举止习惯吗？如果能做到，你就抓住了本章的重点。

我们在工作场所遇到的人期望经理具备某些素质。当你从工程职位过渡到管理职位时，员工和客户同样希望你展示与经理相关的品牌类别。如果你不展示这个品牌，人们会感到困惑，并且不太可能将你视为经理。

这些都不是愤世嫉俗或虚伪的。它只是与人性和对经理角色的期望保持一致和合拍。

讨论管理品牌并不意味着以一种单一的步调一致的方式说话、行事或穿衣。适合管理品牌来识别部落的一般主题有无限的变化。你将能够开发和规划一种独特的风格，但仍与品牌保持一致，这样你作为经理才能是被认可的。

你的新同级组

假设你是从一群工程师中晋升的，你的同级组或部落现在已经发生了一些变化。你将被视为属于两个同级组：你领导的工程组和管理组。你会希望你的品牌两者兼具，好消息是完成这个综合并不难。

为了建成这个综合品牌，请考虑工程经理职位描述的两个定义要素：责任和广度。作为经理，你将承担更大的责任。这并不是说工程团队的成员不负责任，而只是说这样一个团队的经理要承担更多的责任。广度一词的意思是，虽然个别工程师的关注点可能很窄，但工程经理会考虑大局，并且经常与跨专业角色的客户和个人打交道。工程经理可以被认为是工程师和更大的组织之间的联络人。从本质上讲，工程经理是子系统与其生态系统之间必不可少的定义接口。

扮演角色

人们通常期望并将更高等级的礼仪和纪律与责任更大的人联系起来。为什么会有这样的期待？为了在组织中取得良好的成果，责任人需要展示以健康的方式管理情绪的能力，能够解决问题和为他人服务，并且总体上是愉快和专业的。我们期望所有员工都具备这样的特征，但对组织层级较低的员工，在行为上的要求并不太高。

就广度而言，我们通常期望经理对相关主题相对博学和精通，并能与来自不同背景和持不同观点的人进行良好的互动。这样的经理必须能够帮助理解不同的观点，并及时引导事情达成共识和做出正确的决定。

这样一个典型的工程经理会如何行动、说话和表现？在某种程度上，这个问题表明答案有一种变色龙般的特征。这并不奇怪，因为所有人都期望我们的行为和穿着会根据场合和环境而有所不同。根据我们是参加葬礼还是卡拉 OK 之夜，通常会穿着非常不同的衣服。没有一套明确适用的答案，答案与上下文完全相关。从事广泛工程领域工作的企业经理具有与社交媒体公司截然不同的品质。在公司中，你如何描述工程师的品牌？贵组织中其他工程经理的品牌如何？以及上层经理所展示的品牌如何？如果你现在是该业务的工程经理，那么你的品牌起点应该与其他工程经理的起点相似。然后，你可以根据个人的独特偏好进行构建和调整。

环境和个性都很重要。公司可能会拥有自己推广的企业品牌，希望其员工以与该品牌相协调的方式出现和行事。同时，人们也渴望与真人互动，不喜欢机器人对角色的依附。简而言之，需要在组织品牌和工程经理期望的品牌背景下建立你独特身份的平衡。

个人/角色关系

在对待你的品牌时，有必要说明你的个人身份与职场身份之间的关系。在我的职业生涯中，有时会遇到这样的情况，此时我会作为个人做出选择，同时认识到我的角色暗示了另一种选择。几乎在每一个这样的例子中，这种不和谐产生的后果都是相对微不足道的。但是，只要涉及道德、安全或破坏性商业后果等严重问题，我都会立场坚定。

认识到我在工作岗位上的身份不一定是我个人的身份，这一直很有帮助，尽管必然有相当多的重叠。换句话说，我能够舒适地待在某个角色的专业事务上，然后在一天结束时“把它挂在壁橱里”。这种观点在团队工作和达成集体决策时非常有益。在我的职场角色中，我很可能会支持一个作为个人会拒绝的集体决定。我这样做是因为我承认这是一个为集体利益而做出的集体决定。虽然认识到坚持原则的重要性，但当一个人仅仅因为无法驾驭这种个人/角色关系而坚持立场时，这可能会令人沮丧。

穿着“制服”

我们将特定的服装组合（即制服）与某些职业联系起来。军人、警察、消防员和应急响应人员都穿着识别身份和隶属关系的制服。在许多情况下，这些制服是实用的，它们也表达了对这些专业人员所服务的重要角色的尊重。其他职业有相关的着装要求，例如医生经常穿着手术服或白大褂。个别组织可能需要某些着装组合，苹果商店的员工以其可识别的蓝色衬衫而闻名。

除了明确的着装方式之外，还有一些与角色相关的“制服”。我们希望高管们穿着比入门级或一线员工更正式、质量更好的服装。财富 500 强公司的 CEO 可能佩戴劳力士手表，而工厂领班可能佩戴天美时。

本书不可能提供任何有关服装选择的具体指导，以支持你的工程管理角色。风格不断变化，在一个地方被认为合适和可取的东西，可能在其他地方被认为是没有品位的。一个靠谱的原则是穿合身的衣服：不要太紧也不要太松，购买优质面料也很少出错。一般来说，当有疑问时，选择更考究的外观，但不要太考究。可以理解的是，这个指导最初可能看起来太过模糊，但随着接触和经验的积累，它会变得更容易。

修饰的主题也很重要。在一些公司的入门级职位上，蓬乱的外表可能会过得去，但这样的形象会削弱一个人在管理角色中的影响力。

与品牌的其他方面一样，服装和整体外观传达了角色和定位。担任管理职位的人被赋予了相当大的责任。我们可以争论通过外表来判断一个人是否正确，但这毫无意义。人们确实会形成一种快速且通常是潜意识的印象。他们更有可能尊重和关注那些外表能传达纪律、自信、环境意识和成就的人。人们可以很容易地说，这些品质定义了任何企业的标志。我们很自然地将业务的领导权委托给接受这些有价值主题的个人。

注意你的举止

人们可以将举止或礼仪描述为特定情况或背景下理想的社会行为。人们对我们的评价部分取决于我们说话、写作和行动的方式。表现出良好的举止实际上是对他人表示尊重和适当关心的一种方式。这些品质在业务环境中很重要（如果不是至关重要的话），因为经理更有可能与客户以及整个组织的同级和上级互动。全球企业中的个人必须与跨文化的人进行良好的互动。同样，那些被赋予更大责任的人被期望在所有相关情况下表现出更高的社会意识。在与重要客户共进晚餐时大口吃东西这样看似无害的事情，可能会对业务产生破坏性影响。

意识是第一步，也是最重要的一步，它会促使在适当礼仪方面的知识和技能的发展。开展礼仪培训有必要，尤其是跨文化礼仪培训。演员们常常不遗余力地研究塑造的角色，以充分融入角色。在职场遇到的情况中，我们希望人们发挥自己的作用，但我们不喜欢机器人或漫画的表演。一个既忠于角色又能给角色带来额外东西的演员，往往会提供最令人愉快的表演并获得相应的赞誉。

从这个角度来看，与工程经理角色相关的品牌远非限制性的。发展与个人角色一致的独特个人品牌会赢得尊重，因为它传达了能力。当一个人赢得这样的尊重时，就可以在对组织有益的方向上影响他人。品牌建设的主题——扮演角色——实际上是关于为他人服务以及他们需要经理表现出责任和关怀。关注一个人的品牌不是严格的遵从性，而是表现出值得使用工程管理角色所带来的健康力量。

推荐书目

CARSON M. Introduction to personal branding：10 steps to ward a new professional you [M]. Seattle：Delightful Communications，2016.

MCNALLY D，K D SPEAK. Be your own brand：achieve more of what you want by being more of who you are，second edition [M]. SanFrancisco：Berrett-Koehler，2011.

PURKISS J，D ROYSTON-LEE. Brand you：turn your unique talents into a winning formula [M]. Harlow，UK：Pearson，2014.

SEGLIN J L. The simple art of business etiquette：how to rise to the top by playing nice [M]. Berkeley，CA：TychoPress，2016.

第 32 章　善始于家

最重要的是，对自己真实。

——威廉姆·莎士比亚（William Shakespeare）

要点

- 专业人士可能会在工作场所遇到巨大压力，同时还要平衡工作、其他承诺和兴趣。
- 压力不一定有害，而且在许多方面，它可以帮助我们拓展极限并掌握更好的技能。
- 有效的压力管理涉及压力和恢复之间的定期波动，以及管理对非威胁事件的生理压力反应。

在本书的许多地方，我们已经确定了作为工程师向经理过渡时需要解决的重要问题。其中一些问题已被建议作为你关注的重中之重。考虑或掌握这么多不同的问题似乎让人不知所措。

如果是这种情况，这里还有一个优先事项：照顾好自己，善始于家。

工作场所和社会中的许多力量都试图让你承担责任，并在你没有承担责任时批判性地评判你。作为技术专业人士，我们所做的很多事情都很复杂，有一些不熟悉的元素，并且会产生一些与之相关的关键后果。我们中的许多人都过度劳累，被迫做更多事情。办公室里可能会发生严重的冲突甚至有害的冲突。工作可以成为一项耗费精力的活动，组织中有些人会很高兴看到你如此精疲力竭。

专业人士在职场之外也负有重大责任。许多人有孩子，有些人是单亲父母。有些人的父母年迈，需要照顾。其他人可能正处于重大生活事件的混乱中，例如婚礼、离婚或重病。

所有这些因素都会导致高度的压力。过度的压力会让我们在身体和情感上都感觉很糟糕，并且会降低工作技能和效率。这种不健康的压力会耗尽生活的精神和快乐，阻碍我们在任何地方履行责任或获得利益。强烈的、无法缓解的压力会导致危机。

你和所爱之人的个人和情绪健康要求你能够在工作和其他生活之间取得健康的平衡。

虽然可能有少数人可以在充满压力的环境下持续长时间工作，但大多数人需要远离业务的时间。我们需要时间来履行对家中亲人的责任，并锻炼身体、洗涤心灵和灵魂。许多人还想做些其他事情，例如自己喜欢的事情或从事社区服务。

当我们能够找到生活的意义并且可以自由地娱乐时，我们会做得最好。虽然“做”很有价值，但“存在”也很有价值。

同样值得审视的是，我们的工作是否对我们有意义，或者仅仅是获得薪水的一种手段。机械地完成或无法以某种方式吸引灵魂的工作可能会非常耗费精力。当我们全身心地投入到工作中时，会体验到一股能量的涌动。研究还表明，在工作中找到目标的人能够长时间工作而不会产生不良影响，其他没有这种目标感的人则可能会在单调的工作日中筋疲力尽。

作为专业人士，工作很重要，也是我们的重要组成部分。然而，需要避免被它如此支配，以至于毁了自己，或者不断地错过无价的、珍贵的经历。工作并不那么重要，我们不应该错过听到孩子的笑声，错过与亲人分享美丽的日落，错过父母去世时的陪伴。

当我们将价值观和目标融入工作中，并将我们的生计需求与其他人类需求相结合时，工作就会蓬勃发展。本章是关于认识到平衡和意义的重要性的内容，作为专业人士应该寻求平衡和意义，并采取措施实现。

克服压力

经理在工程或技术组织中的职位压力很大。执行管理层通常会在紧迫的期限内实现不可能的目标，同时实现利润目标。工程经理可能面对项目太多、员工太少的局面，因此团队成员经常难以保持方向和效率的惯性。

这种工作的压力实际上是既定的。在本书开篇的故事中提到工作之后，我感到压力很大，有一段时间想完全退出。我幻想着买一个农场，自己种菜，和这个政治化和疯狂的科技世界告别。然而，越是考虑这种生活方式，我就越意识到这样的举动会浪费我的才能(更不用说这种生活的经济困难了)。随着时间的推移，我学会了驾驭压力并再次享受职业生涯。当然，压力并没有消除，甚至没有减轻。事实上，我最紧张的时候是在后来。

这是有效管理压力的一个关键组成部分：认识到压力将永远伴随着我们。如何应对和掌控压力很大程度上决定了我们能否避免压力的破坏性影响。

我遇到过的关于压力的绝对最佳建议来自詹姆斯 · E. 洛伊尔（James E. Loehr）所写的《成功的压力》一书中[1]。洛伊尔先生的两个重要概念使我能够在压力管理方面取得显著进步。

首先，虽然压力的名声不好，但它实际上对我们有益。压力过大时有害，然而适当的压力有助于我们提高和成长。稍微想一下，你就会意识到的确如此。

所有人都对自己的表现极限感到满意。除非我们的自我激励做到极致，否则通常需要一些外部激励因素来促使我们改进或改变。这样的激励会带来压力——它打破了我们舒适的极限，让我们的能力超出了认为可能的范围，直到发现我们已经建立了新的和改进的能力。

正如罗马诗人贺拉斯所说：“逆境具有激发人才的作用，而这些人才在太平盛世会处于休眠状态。”

对于许多人（如果不是大多数人）来说，这一观察表明与压力存在新的关系。或许如果我们不能接受压力，至少可以看到当我们对它做出良好反应时带来的好处。在运动中很容易看到这种效果。在刚刚重新恢复锻炼后，在健走、游泳和举重训练上的第一次尝试令人沮丧。经过几次郊游，我的力量、耐力和技术都得到了提高。只有当我对身体施加压力时，我的表现极限才会扩大。

让我们以洛伊尔先生的第二个关键点继续这个例子：通过学习有张有弛来熟练地管理压力。张弛有度意味着我们有压力期和恢复期，包括放松和娱乐。

运动生理学家已经了解到，肌肉组织是在运动和休息的循环中形成和加强的。运动会撕裂肌肉纤维，然后在两次运动之间的休息期间会长出新的、更强壮的纤维。人不能无休止地以高输出剧烈运动，我们的身体必须花时间来恢复、休息和重建组织。

当我们在工作中锻炼思想和情绪时，可以进行类似的观察。我们无法不间断地长时间努力工作，也无法无限期地处理高度紧张的情况及其伴随的强烈情绪。

当我们让自己张弛有度时，身体和思想就能够强大地吸收压力。更重要的是，我们已经能够处理更苛刻的情况，但前提是继续遵循积极的压力并有适当的休息时间。

图 32－1 和图 32－2 即是压力处理方法的可视化表示。这些数字表明，当一个人张弛有度时，压力管理得到了改善。每张图代表了一个典型个体随着时间的推移所经历和承受的压力。健康的劳逸结合的有益效果如图 32－1 所示。该图描述了压力后一系列规律的、适度的恢复期，以及不太频繁的深度恢复期。这种劳逸结合使抗压能力能够通过压力越来越大的事件的进展来提高。

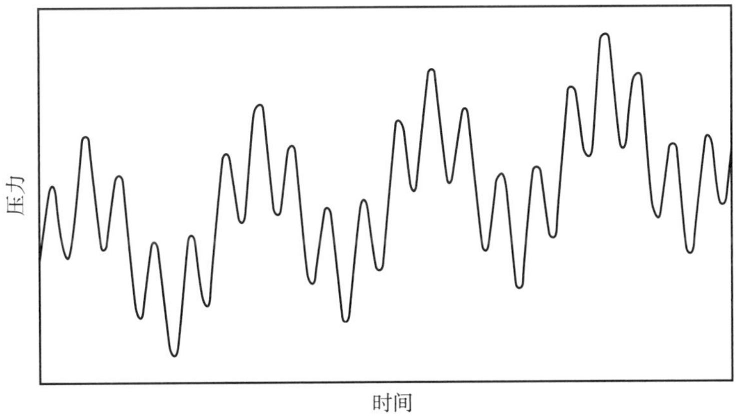

图 32－1　健康的劳逸结合为压力提供了弹性

另一方面，图 32－2 显示了一种扩展的、不间断的应力模式，劳逸结合不足。由于没有休息时间进行恢复，累积压力变得过于苛刻，因此承受压力的能力降低了。在这种情况下，效率下降，神经变得紧张。如果不加以纠正，这种压力可能会让人倦怠，最终导致危机。

在没有劳逸结合的艰难时期之后，我曾经感到倦怠。我负责为一家初创公司设计和编

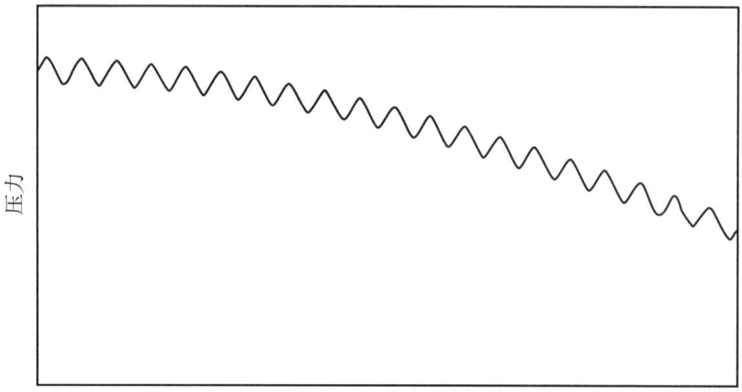

图 32-2　劳逸结合不足会降低处理压力的能力

写商业计划。大约三个星期，我一直专注于商业计划。这项任务需要对许多金融场景进行大量研究和模拟。为了进行这种紧张的脑力劳动和集中注意力，我在办公室里关着门长时间地在电脑前工作。我与其他人的互动很少，只要醒着，我都在思考计划和场景。

当任务完成时，我身体不适，大脑都散架了，甚至取消了和我妻子的假期。我真的不得不请两个星期的假，几乎什么都不做。生活严重失衡，我为此付出了代价。在这个过程中，我得到了一个深刻的教训。

也许有些人可以在高强度的身体或精神压力下工作数周，但绝大多数人需要定期从工作中解脱出来。以我的经验，不一定需要采取非凡的步骤才能在工作中张弛有度。也许最简单的劳逸结合的方法是参与各种活动，短暂休息时四处走走（远离办公桌）是一项重要的定期恢复活动。

当大脑无休止地运转时，我们就会失去平衡。当劳逸结合时，运作效率会更高，生活也会更愉快。当学习和练习张弛有度时，我们的恢复期就会变得充满活力，使我们能够以新的活力重返工作岗位或应对充满挑战的局面。通常，当我们放松时，会发现我们能够产生新的、创造性的和有益的解决方案。休息、放松和娱乐对工作效率至关重要。

除非我们采取积极措施来消除压力，否则压力不大可能会明显减少。因此，劳逸结合是我们有意识、有目的、有规律地进行的过程。对于许多专业人士来说，抽出时间放松或娱乐似乎具有挑战性。如果你想赢得这个挑战，可能需要从小步骤开始。五分钟的深呼吸和伸展运动可以让你平静下来。当我闭上眼睛想象自己身处最喜欢的山区度假胜地时，感到神清气爽。一阵令人捧腹大笑总能充实灵魂，当然，重要的是要拥有更长的娱乐时间。促进恢复的活动实际上是无限的——做任何对你有用的事情。

掌握生理学

在很大程度上，我们认为有压力的事件和条件不会对身体造成伤害；相反，它们通常可能经常会感到地位丧失或对可能发生或可能不会发生的状况的恐惧。认识到我们的思想和身体不会将真实和直接的身体威胁与本质上可能或情绪化的威胁区分开来，这通常是有帮助的。

我们为了生存而进化，这意味着当面临迫在眉睫的身体威胁，例如来自攻击性动物的威胁时，会立即做出战斗或逃跑反应。这种反应会释放肾上腺素，使头脑集中注意力，让身体发挥战斗的作用。但是，如果过于频繁地调用这些生理反应，就会使我们疲惫不堪，并导致自我挫败的行为，比如暴饮暴食。假设没有迫在眉睫的身体威胁，可以这样认为，真正带来麻烦的是我们如何看待我们认为的“压力”事件。有压力的不是事件，而是我们对事件的看法。如果是这样的话，这种认识可以极大地帮助我们掌握以前可能出现的痛苦情况。文后参考书目有一些很好的资源可以帮助重新构建这些情绪压力源，从而提供更多的幸福感。

只是说“不”“也许”

如果我们感到压力和过度劳累，很可能是忽略了照顾自己。如果我们随后决定在繁忙的日程中腾出一段时间进行休息，就必须放弃一些其他东西。为了有休息时间，必须减少承担一些责任或失信于人。我们必须学会说“不”。

对于许多人来说，对请求或要求说“不”的后果是有问题的，原因有很多。此处，我们只讨论对工作中的责任说“不”的感知和实际后果。

毫无疑问，拒绝接受任务或放弃工作机会会对你的工作或职业生涯产生不良的后果。如果感到压力很大，你可能会想自动而有力地拒绝所有新请求。建议谨慎选择拒绝哪些任务以及拒绝谁。从政治和职业的角度来看，有些任务很重要，即使它们会引起不适。

除了明确地说“不”，有一系列的回应是可取的，这些回应使你能够对自己的时间有一定的控制感，这样就可以避免过度的承诺。当你遇到一个真的不想要的新任务时，以下是一些可以尝试的回应，作为说“不”的替代方法：

——“也许。”有时一个强调的“不”可能会被认为是不体贴的，可能会激怒请求者。认识到建议的有效性可以分散潜在的不受欢迎的后果。“也许”也会让你有时间考虑这个请求。有时，经过进一步思考，可以找到完成任务的方法。

——“有人应该。”这种回应的价值是同意请求的有效性或需要，而无需自己承诺。或许你可以提出寻找合适的人或替代方法来完成任务。

——“什么是优先事项？”有时候，当我的工作已经排满了，主管又给了我一项新任务时，我会要求他重新审视优先事项：“帮助我看看新任务在职责列表中的位置。”在大多数情况下，重新排序的优先级列表可以通过消除另一个列表项来执行新任务。通常，老板并不知道我同时执行了这么多任务。

有时，说“不”是恰当的，以外交方式这样做总是可取的。为你的回复提供合理的解释通常会向同事表明你重视他们的建议或要求。

照顾好身体

作为专业人士，我们中的许多人几乎完全依靠大脑领导工作生活。我们很容易忽视身体健康。我们都居住在身体里，所以我们都是某种程度上的运动员。

毫无疑问，你懂得如何获得和保持健康的身体，因此我们就不对这一点进行详述了。当我们吃得好、锻炼身体、得到充足的休息并避免破坏性行为时，身体和思想就会更好地发挥作用。当身体运作良好时，我们就有更多的精力投入到工作和生活的其他方面。

照顾工作以外的生活

在工作之余，我们都有其他兴趣和责任。大多数人都在养家糊口，照顾年迈的父母，或者为社区做贡献，有些人正在接受继续教育以提高自己，还有些人则喜欢与朋友一起从事爱好或活动。

所有这些事情都与我们的工作相互影响。近年来，公司开始明白，专业人士不可能在办公室发生的事情和家里发生的事情之间划清界限。许多组织为员工处理外部责任和利益提供了一定程度的灵活性。当员工在一定程度上控制自己的日程安排和环境以解决工作之外的问题时，他们通常会感觉更好。

作为一名工程经理，重要的是要认识到自己以及为你工作的人的这些需求。当你允许团队成员具有灵活性时，他们更有可能变得忠诚、积极和富有成效。

关爱团队成员

许多人与同事相处的时间多于与配偶、重要的其他人或孩子相处的时间。我们与邻居分享了许多重要的情感体验。在许多方面，工作中的同事对我们来说就像家人一样。

此外，许多人在办公室获得了一种社区感，体验了生活中其他地方可能缺乏的联系感。作为经理，你必须关注并重视这种联系，这一点很重要。

认识到员工生活中的关键事件并承认潜在的强烈情绪可能与这些事件有关是值得的。一定要庆祝成就和喜事，记住霍桑的研究——员工对主管表现出的兴趣反应强烈。

同时，你的工作团队也不是一个真正的“家庭”。组织关系的本质是对成就、绩效和足够盈利能力的需求。归根结底，雇佣是一份合同。许多人通过裁员和重组痛苦地意识到，工作“家庭”很容易分崩离析或破碎。作为经理，你还可以就同事的薪水或雇佣决策做出决定。虽然在办公室培养与他人关系的心境很重要，但请记住，这些关系最重要的是工作。

关心同事的另一种方式是树立健康的工作方式。下属倾向于模仿老板的许多工作习惯。如果经理是一个工作狂并且每天工作 12 小时，团队成员可能会认为他期望有同样的职业道德。如果经理随时发送和接收电子邮件和短信，下属可能会觉得这也是对他们的期望。考虑这些行为可能对团队及其工作之外的生活产生什么影响。

关爱心灵

人类有一种迷人而美妙的需求，需要与更高的努力联系起来。也许这些努力可以用一个词来概括，爱具有不同的含义。

我们是有“心”的生物。我们需要体验对我们成就的认可，但也需要体验对我们没有期望的爱。我们渴望陪伴和亲密，表达并接受爱。这些领域有时会给我们带来最大的快乐、挫折和伤害，以及最强烈的空虚或满足感。

我们也是有“灵魂”的生物。我们寻求以各种形式为我们带来意义的活动。我们渴望创造、贡献、有所作为，并在走过的地方留下印记。这些行为滋养了我们的灵魂和他人的灵魂，它们赋予生命活力并赋予生命意义。我们最好可以从事以某种方式滋养灵魂的工作。在忙碌的世界中，我们常常被责任所困，以至于忽视了灵魂。把这看作是一个温和的提醒，无论是在办公室里还是在办公室外，都要采取措施来滋养灵魂。

在工作之余，容易找到许多不同的有益活动。在工作中，寻找精神食粮似乎有点困难。

考虑到几乎任何不涉及非法或不道德活动的工作都具有价值和尊严，人们几乎总能在其中找到更高的目标。有一个故事讲述了三个泥瓦匠在一座宏伟的大教堂的建筑工地上，每个人依次被要求描述各自的工作。第一个头也不抬地粗声粗气地说他只是在砌砖，第二个回答说他正在建造一堵墙，第三个人带着明显的自豪和热情回答说他正在建造一座大教堂。

也许这只是一个观点问题。

有些人可能会有真正想要改变工作甚至职业的冲动，去追随内心。我钦佩那些在生活中做出重大改变以响应这种召唤的人。评估一下我们追随内心的梦想或使命是否很有价值。因为当我们在世界上找到自己的位置时，会有一种深深的平静感。

同时，寻找难以捉摸的完美工作往往是徒劳的。一个人不必非要找到治愈癌症的方法或拯救世界免于饥饿才算从事有价值的工作。更具体的职业或技术职业，仍然可以滋养一个人的灵魂和他人的灵魂。对许多人来说，方向的重大改变是不必要的，我们可以在所做的任何事情中寻求更高的目标。

在很大程度上，对工作的态度要么滋养了灵魂，要么让灵魂枯竭。追梦的方式有很多种，俗话说，种在哪里都开花。

视觉和优先事项

本书的几个地方，都提到了确定工作重点并采取行动的必要性。在本章中，我们还认识到，在办公室和远离办公室的生活是相互交织和相互依存的。如果是这种情况，我们还必须将更大的优先事项与办公室的事项结合起来。

有一次，我读到一篇对罗马哲学家塞内卡（Seneca）和他的文章《论生命的短暂》的奇异评论。标题说出了关于这篇文章你需要知道的一切。评论员认为，可以通过反思塞内卡的文章来了解我们需要了解的所有业务知识。简而言之，对死亡的认识使我们优先考虑生活，并继续做最重要的事情。

我们都会时不时想起生命的短暂。每个人都会遭遇不幸，也许是亲人的死亡或重病，或者是社区悲剧的创伤。我们都知道自己终有一死，但有时这种认识比其他人更深。这种认识有助于明确优先事项。

有人说，临终的人很少遗憾自己没有更努力地工作。相反，如果他们表示遗憾，那是因为一段从未修复的破裂关系，是因为没有与孩子共度时光，或者是因为没有“闻到玫瑰香”。

这并不是说在工作中所做的一切都是没有价值的，因为我们从劳动中获得了巨大的价值；相反，它对我们生活中各种综合优先事项的安排给出了建议。这也提醒我们不要忽视我们更大的“工作”。

那么，我们更大的“工作”是什么？答案的细节因人而异，我们都必须寻求自己的答案。但以下是作者和拉比·哈罗德·S. 库什纳（Rabbi Harold S. Kushner）提供的一个极好的观察：

> 大多数人不怕死，他们害怕没有活过……让大多数人害怕的不是死亡的前景……让他们害怕的是对平庸的恐惧，出生、活着、死去，这些都无足轻重……他们迫切想要的就是活得足够长，把事情做好，觉得他们在生命中做了一些有价值的事情，不管生命有多长[2]。

正是这种对我们生活的看法，使我们能够为我们的小“工作”解决和设定优先事项，以及这些优先事项如何与大“工作”相关联。通常，我们甚至会发现，排序更优先的事项能让我们更有目的地工作。

冷静的信心

当我们接受自己、对压力做出可行的反应、找到生活的意义和目标时，就会有一种冷静的信心，这种冷静的信心并不是一种难以捉摸的幸福启蒙状态——数百万人每天都这样生活。

我们的同事对这种平静自信的气氛做出了积极的反应。另一方面，他们可能会冷落甚至阻挠那些只表现出悲观情绪的人。无论如何，一个人的态度往往会成为一种自我实现的预言。

当我们营造出冷静自信的气氛时，我们会帮助他人放松，并邀请合作。当人们认为你可以控制你的环境和生活时，他们不太可能给你带来麻烦。

作为工程经理，工作压力有时很大，似乎让人不知所措。在转型中掌握的一个重要部分是管理与工作相关的压力。在很大程度上，有效的压力管理是关闭压力和张弛有度的能力。如果我们不能消除压力，它就会控制我们；如果能把它关掉，我们就会重新掌控一切。

当我们带着意义和目的感生活和工作时，自然会充满活力，可以抵抗逆境和过度压力带来的情感创伤。追求和寻找意义是一个有价值的意愿，但很多时候它出现在最令人惊讶的地方。开放的思想和心灵使我们能够看到，太忙和压力过大时会错过的东西。这是劳逸结合的最佳理由之一。

尽管工作很重要，但它的重要性往往不如人际关系和塑造生活的重要场合。当我们给自己在工作之外的生活空间并为同事做同样的事情时，我们的工作前景会变得不可估量，我们通常在工作中变得更有活力和高效。

如果我们想“照顾好生意”，那么必须照顾好自己和周围的人。在这方面，确实是善始于家。

参考文献

[1] LOEHR J E. Stress for success [M]. New York: RandomHouse, 1997.

[2] KUSHNER H S. Living a life that matters: resolving the conflict between conscience and success [M]. New York: Alfred A. Knopf, 2001.

推荐书目

BERNSTEIN A. The myth of stress: where stress really comes from and how to live a happier and healthier life [M]. New York: Simon and Schuster, 2010.

GOEWEY D J. The end of stress: four steps to rewire your brain [M]. New York: Atria, 2014.

GREENBERG M. The stress - proof brain: master your emotional response to stress using mindfulness and neuroplasticity [M]. Oakland, CA: NewHarbinger, 2016.

MCGONIGAL K. The upside of stress: why stress is good for you, and how to get good at it [M]. New York: Penguin Random House, 2015.

SHANNON J. Don't feed the monkey mind: how to stop the cycle of anxiety, fear, and worry [M]. Oakland, CA: New Harbinger, 2017.

原则 6：更上一层楼

人们不断地追求改进，并要求同事也是如此。工程经理被期望在管理技能上不断进步。虽然完全依赖最新的管理手段或对员工进行更多控制似乎很诱人，但管理创新往往是通过回归基本面来实现的。

在第 33～35 章中，我们将探讨经理如何通过以下方式将工作提升到一个新的水平：

- 寻找成功的制约因素，遵循审慎的创新方法；
- 促成团队成员的超常成就和伟大；
- 经常回归管理的基本面。

第33章　追求“更快、更好、更便宜”是必然

改变和变得更好是两回事。

——德国谚语

要点

- 组织及其客户通常寻求以“更快、更好、更便宜”为特征的重大突破。
- 如果了解风险并多动脑筋，则可以实现重大突破。如果仅仅为了做做样子去突破，往往会出问题。
- 系统方法和约束管理通常提供显著改进而几乎没有额外风险，但需要打开狭隘思维。

在球队赢得比赛冠军后，观看赛后采访很有意思。当然，队员们会庆祝和祝贺，但毫无疑问，球员和教练会立即承诺在下个赛季再次获得冠军。在前一个挑战被征服后，似乎有一种自然而然的本能来迎接下一个挑战。

类似的主题在商业世界中也很明显。无论你的产品多么出色，无论你的上一个项目提前几个月完成并且低于预算，组织都不会让你满足于现状。为了避免自满，客户和执行管理层不断地喊叫：“让它更快、更好、更便宜。”

令人眼花缭乱的变革步伐决定着技术职场的业务，虽然性能的渐进式改进是受欢迎的，但通常期望的是巨大的进步。每个人都想要突破。

当我们与技术和人类系统的极限相冲突时，这种改进尝试会产生压力。正如我们在第32章中看到的，改进通常需要我们对系统施加压力，但如果系统似乎已经逼近了极限怎么办？如果我们对系统施加如此严重的压力导致失败怎么办？

作为转型中的工程师，你将被要求在技术系统和组织流程方面进行改进。组织可能会迫使你采取激进和不明智的推进举措，此类努力可能具有高度风险和压力，经常以失败告终。

有一些方法可以让你保持理智并谨慎地在创新中取得成功。现在让我们跳好“更快、更好、更便宜”的舞蹈。

解决困境

在第18章中，我们讨论了项目的三个要素，即范围、进度和资源。这三个要素的改

进直接映射到更快（Faster）、更好（Better）和更便宜（Cheaper）的三重目标。为了简洁并具有可读性，偶尔会用首字母缩写词 FBC 来指代这些三重目标。

你可能还记得，当我们讨论三重项目元素时，提到它们是高度相互作用的。从直觉上看，如果我们努力改进这三个元素中的一个，很可能会使其他元素之一产生不受欢迎的变化。这就是试图找到一个合适的价值点的本质。

项目范围的扩大几乎总是导致更长的进度或需要额外的资源或两者兼而有之。我们明白更快的服务意味着更高的成本，例如隔夜快递服务的成本高于普通邮件。我们还明白，当一项任务的执行速度大大加快或资源大幅减少时，质量通常会受到影响。

虽然渐进式改进也许是可能的，但通常需要的是在不损害其他要素的情况下取得突破，从而实现真正的改进。如何才能克服实际或概念上的障碍，真正在进度、质量或资源方面做出改进呢？

简而言之，我们必须知道我们在做什么，并多动脑筋。许多组织的领导层期望管理流程的创新可以通过法令来实现——法令越引人注目，创新就越令人印象深刻。虽然这个药方有时会奏效，但它往往会导致不幸。

虽然 FBC 的流行使用通常可以追溯到美国国家航空航天局（NASA），正如稍后解释的那样，但它是通用的。无论术语是什么，在这些类别中取得重大突破，组织中往往存在着压力。

改变必须是为了更好

1997 年，NASA 的“探路者号”宇宙飞船降落在火星上，并传输了令人惊叹的火星景观照片，包括该飞船的“旅居者”漫游车（一种轮式遥控车）成功地在火星表面进行机动的画面。该任务及其清晰的图像吸引了公众的兴趣，达到了自载人登月以来从未有过的程度。虽然这项技术成就令人印象深刻，但更引人注目的是，NASA 实施了一种比过去更精简、更积极的任务方法[1]。

借助这种新的精益和积极策略，NASA 希望证明可以以合理的成本完成太空探索[2]。与 1976 年的上一次火星任务相比，探路者的研制时间缩短了一半，而且考虑到通货膨胀，成本不到前者的 10%[3]。

探路者任务取得了巨大的成功，它证明了 FBC 概念是可行的，即使对于像在火星上着陆这样具有挑战性的项目也是如此。这次任务的成功似乎表明，任何具有挑战性的工作都可以在 FBC 的旗帜下被征服。类似的精益和激进的管理理念也应用于 1999 年另外两个火星探测任务。但是，尽管应用了新的激进的 FBC 目标，但目标与之前的所有任务是一样的：不能失败。

“火星气候轨道器”和“火星极地着陆器”均如期抵达火星。然而，两者的无线电传输都出乎意料地永久停止了工作。两艘宇宙飞船都可能坠毁了。在第一次任务中，失败可能是由于无意中混合了公制和英制测量值，导致不正确和灾难性的飞行路径[4]。在另一次任务中，人们认为是设计不佳、接线错误和测试不充分，导致航天器上的下降发动机提前关闭。事后看来，在这两个任务中，过度节俭和激进的管理计划促成或导致了失败[5]。

这些任务的 FBC 管理方式似乎失败了，给 NASA 带来了极大的尴尬，许多人开始质疑这种管理方式是否明智[6]。虽然“探路者”计划取得了圆满的成功，但其他两次失败表明了 FBC 方式的风险一面。

重大突破的好处是巨大的，但对管理系统的压力也很大。更精简和更激进的方法可能会增加工作的风险，甚至导致失败。

这不是对 FBC 的断然批评，相反，它承认 FBC 带来的与先前业务的重大差异通常会带来重大风险。当我们审视 FBC 时，它是一个合理的策略，利益相关者对避免（其他方法导致的）更大的失败可能性感到满意。因为这两次火星任务都是无人驾驶的，所以失败是令人失望的，但不是灾难性的。一项分析[7]表明，对于无人任务，FBC 方法远优于非 FBC 策略。该分析比较了 16 个遵循 FBC 策略的 NASA 任务和一个遵循常规管理的任务。16 个 FBC 项目中只有 10 个成功，但它们的总成本低于一个成功的常规任务；仅根据原始数据，FBC 任务产生的知识是其 10 倍。从这个角度来看，FBC 是压倒性的明智选择，但前提是失败是可以接受的。

谨慎地挑战极限

在许多组织中，FBC 方法是出于政治或戏剧原因而启动和维护的。当证明团队对 FBC 的熟练程度似乎比要交付的产品或服务更重要时，这应该是一个麻烦的指标。在致力于对预期成就非常乐观的工作时，必须非常小心。

如果失败的代价太高而无法接受 FBC 或类似的东西怎么办？有没有办法在不采取激进措施的情况下做出重大改进？

在管理过程中肯定存在数量级改进的案例。虽然这些相对不常见，但它们始终建立在坚实的基础和过程之上，而不是一厢情愿。争取渐进但仍然大幅的进步更为合理。在追求创新时，永远不应该脱离思考或理性判断。

在所有这些努力中，为了改变而改变是不明智的。产品或服务的用户不可能接受故障或缺陷；他们通常期望获得无法妥协的利益。在更快、更好和更便宜的三个目标中，总有第四个未说明的成功关键维度：产品或服务必须“足够好”。如果提供的产品不起作用，那么无论它声称有多快、多好或多便宜，都是无用的。

有许多有价值的方法可以改进管理流程。在本章的其余部分，我们将重点介绍一种非常广泛和系统性的解决问题的方法。在第 34 章中，我们将讨论第二种方法，旨在增强团队成员的能力。

专业化的福与祸

几个世纪前，熟练的工匠提供产品和服务。这些人执行或监督产品的完整交付过程。产品或服务相对简单，工匠很容易了解整个生产过程，并看到过程中任何变化的效果。

随着工业时代和科学管理原则的发展，生产变得越来越复杂，工作被分成不同的部分，分配给不同的人。一个人无法完成整个制作过程，只有少数人能理解。组织的组成部分及其人员变得专业化。

随着专业化的发展，个人专注于他们的特定任务，并开始忽视组织或产品的整体性质。这种转变的一个副作用是组织的组成部分变得只顾自己的一亩三分地，并且对其他组成部分的需求不感兴趣。这种趋势有时会在组织内各部门之间发生无谓的竞争。

在组织中的各单位尝试改进的地方，他们的重点将放在改进自己的职能上。不幸的是，这种短视的改进虽然无可挑剔，但通常对组织的整体职能几乎没有帮助。

找到瓶颈

前几年，我的家人经常从得克萨斯州的家中开车去我的出生地新奥尔良探望亲戚，开车沿着 10 号州际公路穿过路易斯安那州。大约六个小时后，我们总是会在前往路易斯安那州巴吞鲁日市的路上遇到交通堵塞。是什么导致了交通不畅？I-10 号公路上所有向东行驶的车辆都必须汇入一条车道！

这个瓶颈不是建设的结果，巴吞鲁日的高速公路立交桥就是为这种狭窄的交通模式设计和建造的。几十年来一直如此，我们通常会因为这个瓶颈而损失 30 分钟或更长时间。面包车里有三个小孩，这加剧了堵车的痛苦，他们已经厌倦了长途旅行。不幸的是，没有合适的替代路线来避免拥堵。

奇怪的是，在高速公路的每个方向上增加第四条车道的一个项目，在距离这条公路约 5 英里的地方完成了。虽然对于那个位置来说，增加这条车道是一个很好的改进，但升级并没有改善我们的整体行驶时间。用于增加车道项目的资金本来可以更好地用于在只有一条车道的情况下增加另一条车道。

技术和组织系统通常存在瓶颈。只有在瓶颈有所改进时才能实现整体改进——其他地方的改进可能会或可能不会改善系统的整体功能。更糟糕的是，在某些系统中，我们的改进尝试可能会导致无意的、不受欢迎的结果。

要意识到瓶颈并在性能上取得突破，必须着眼于整个系统。然而，在我们专业化的世界中，每个业务部门都在改进自己的领域，而不考虑系统的其余部分。这样的改进可能很好，但是负责瓶颈的部门呢？也许它可以自己做出改进，但更可能的是，它需要其他部门的帮助或资源配置做出巨大的改变。

约束管理

《目标：持续改进的过程》[8]是一本既像教科书又像小说的著作，探讨了约束管理（CM）的概念。虽然该理论最初应用于生产环境，但后来扩展到管理过程，例如项目管理。

以下是约束管理方法的基础：人们在任何系统都可以观察到，系统的功能会受到某些约束或限制条件的限制。通常，会有一个特定的组件——瓶颈——限制系统的整体功能。除非提高瓶颈处的性能或放松约束，否则无法改进系统。在我们 10 号州际公路的示例中，对系统性能的限制是所有车辆必须汇入一条车道的瓶颈。

这种方法的一个关键要素是关注系统的目标，也就如同上述提到的书名。专家们忽视了系统产品的价值，我们必须回归对整体系统目标的理解，以期得到改进。只有这样，组织的资源和创造力才能用于解决各种问题，使系统整体功能得到显著或适度改善。

作为约束管理方法的一个例子，让我们考虑一个生产系统[9]，例如图 33－1 中描述的电子模块装配线。在该图中，有一条用于组装模块 A 的路径，另一条用于组装模块 B 的路径，然后这两个模块在总装站点进行组合。

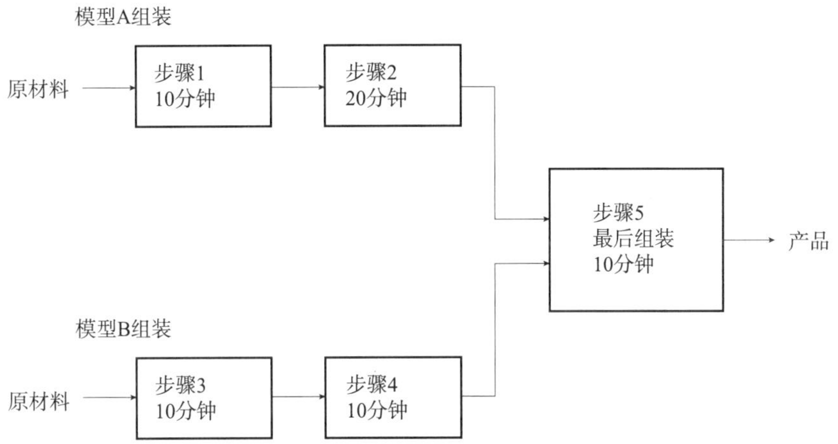

图 33－1　生产瓶颈示例

此示例的所有工作站点中，站点 2 的组装时间最长。该站点的生产速度不能超过每小时 3 个单元。站点 2 的最终产品只能以每小时 3 个单元的速度生产，即使其他站点能够以每小时 6 个单元的速度进行生产。

请注意，站点 1、3、4 或 5 中任何站点的吞吐量提高都不会提高整体生产率。例如，站点 5 的人员可以显著改善他们的操作，将总装时间缩短到 5 分钟。虽然他们的努力可能是英勇的并值得称赞的，但在提高产品的制造速度上并没有做任何事情。

在诸多部门相互竞争的组织中，站点 5 的人可能很容易将责任推给站点 2 的人。但是，站点 2 的人员不一定很慢或效率低下——我们只知道当前执行的此操作是瓶颈。如果不改变站点 2 的操作，该产品的产能不会提高，整个操作受站点 2 的约束。

这个例子还表明，电子系统生产中的风险主要由站点 2 的操作决定。其他站点的轻微延误对整体生产率的影响相对较小（如果有的话），但站点 2 的延误肯定会减慢整体生产速度。

虽然约束管理在生产中很容易理解，但这些概念也可以应用于项目管理等管理过程。现在让我们看图 33-2，它与第 18 章中使用的甘特图相同。

如果你还记得的话，关键路径是通过网络的最长路径，也是对整体进度影响最大的路径。如果关键路径效率低，那么整体进度也会推迟。本质上，关键路径是项目管理的瓶颈。关键路径任务也很重要，因为它们对于项目在满足其进度方面的整体成功风险最高。这些任务的麻烦可能会威胁到整个项目。对关键路径的进一步检查可能会发现改进进度的空间，或者可以找出方法使任务游刃有余以降低项目风险。

约束管理的一个重要元素是指导方针，即操作的所有其他关注点都服从于瓶颈的改善。在我们的 10 号州际公路示例中，在只有一条车道的公路上添加一条车道应该是最高优先级。在电子产品生产示例中，如果我们希望提高产能，首要任务应该是分析存在瓶颈的工作站点的操作。虽然常识使我们能够在瓶颈处看到改进操作的价值，但这一要素可能是在组织中实施约束管理最具挑战性的组成部分。在电子厂，总装操作的经理是否愿意放弃全部可支配预算，以便站点 2 的经理可以提高其操作的产能？领导者和员工可能需要在运营、价值观和政策上做出根本性的改变，才能真正使所有其他关注点处于从属地位，以改善约束[10]。

其他方法

正如我们在本章前面提到的，有许多有价值的管理方法可以显著改进业务流程，约束管理只是其中之一。经理应该谨慎地而非教条式地遵循任何方法论；相反，他们应该根据具体情况谨慎地采用适当的方法。明智的做法是不要直接提及特定的方法，因为有些方法由于应用不当而声名狼藉。值得庆幸的是，这些不同的方法在本质上通常是相似的，但在不同的主题上应用——它们在寻求改进时通常是整体性的或系统性的。以下是其他几种流行的流程改进方法：

• 流程再造。从头开始重新设计现有流程以优化其性能有时会有所帮助。流程再造涉及检查、设计，并在空白画布上实施一个业务功能，几乎不考虑当前的完成方式。与流程再造相关的一个常见形容词是“激进”这个词，因为它会在已经习惯于现有流程的组织中造成剧变。

• 系统工程。如果说流程再造涉及现有流程，那么系统工程通常涉及新流程或产品。这是许多工程师熟悉的主题，它包含对系统整体的考虑。这种方法是高度跨学科的，并在开发周期的早期关注客户需求。

• 质量管理。质量管理是提供令客户满意和有价值的产品或服务的导向。它的目标是卓越。以客户为中心是这种方法的关键要素，因此它通常涉及以对客户最有利的方式组织工作。质量管理包括持续或增量式改进以及突破性改进的原则。

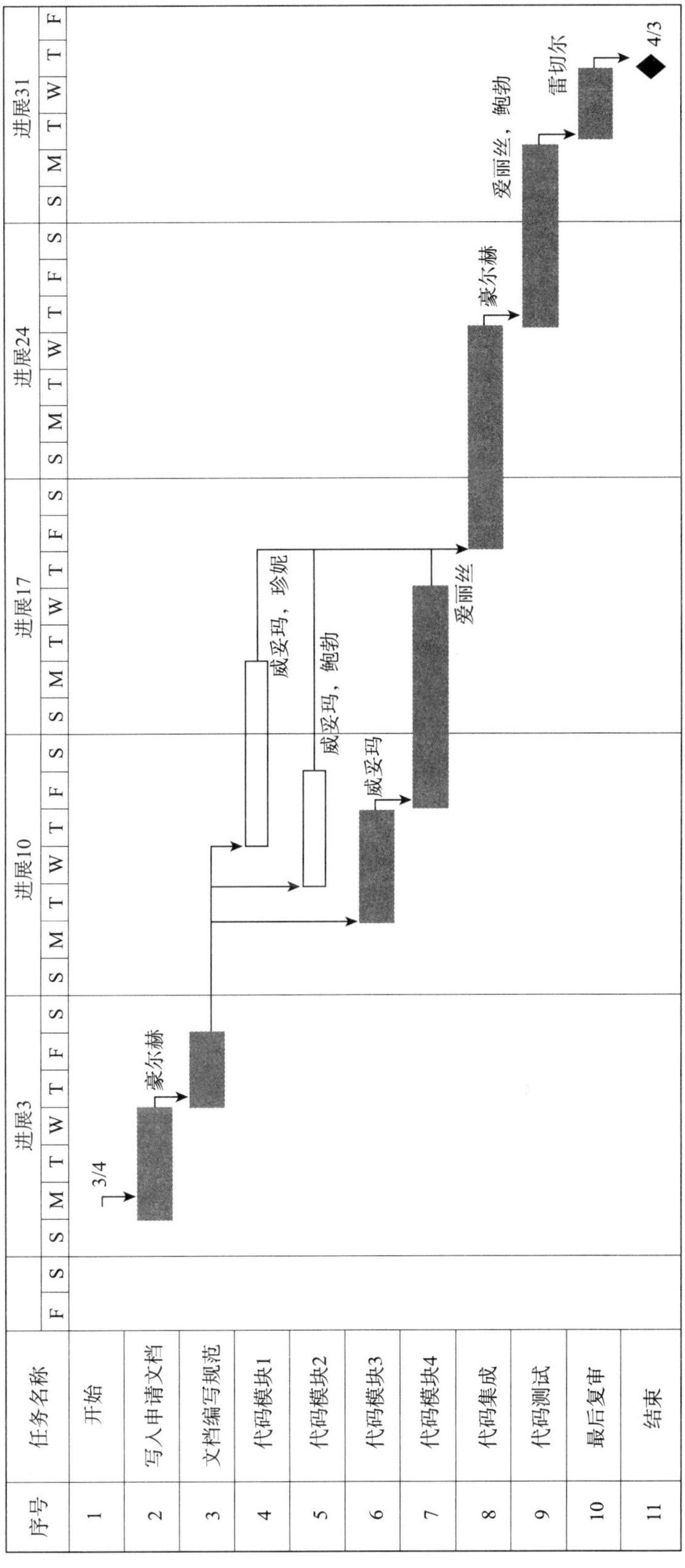

图 33-2　有关键路径的甘特图实例

• 过程建模。就像工程系统一样，可以对业务流程进行模拟或建模。流程建模可与任何其他改进方法一起用于分析、研究和情景规划，以实现优化。

• 敏捷。敏捷概念是指基于对产品的多次迭代的软件项目的管理方法，每次迭代都会产生工作代码。敏捷可以更好地适应此类项目中通常发生的范围变化。将敏捷原则应用于非软件项目是一种趋势。

• 精益。精益类别是指在制造、建筑、产品开发或其他应用中尽量减少或消除浪费的理念。

系统思维

经过反思，我们可以在这一章的系统思维中看到一个明确的主题。事实上，当我们将注意力从“树木”转移到大局“森林”时，通常可以更好地看到显著改善的机会，这种策略通常被称为系统思维。有许多很好的工具可以促进系统思维，尤其是在小组中。有关这些领域的有用资源，请参阅参考书目。

当我们检查最基本的假设或传统智慧并创造性地思考替代方案时，通常会出现最令人印象深刻的进步。心智模型一词是描述假设或观念的另一种方式，它是我们对一个概念含义或某事如何运作的心智建模。

在《第五学科外勤手册》(*The Fifth Discipline Fieldbook*)[10]中，彼得·圣吉(Peter M. Senge) 给出一个很好的例子，说明识别和检查心智模型是可以显著改变结果的。他介绍了一个常见的研讨会练习，该练习是参与者成对掰手腕。辅导员说，“获胜”包括将对手的手臂按到桌面上，并要求他们在 15 秒内尽可能多地“获胜”。大多数人都会进行抗争，每个参与者都试图将对手的手臂往下按，同时抵抗而不让自己的手臂被按到桌面上。然而，几对聪明的人会短暂地对视一眼，然后花 15 秒钟来回摆动他们的手臂，没有任何反抗的企图。这些参与者很快就认定，“获胜”的心智模型并不意味着两人中只有一个人可以获胜。

是否有机会检查你的心智模型以显著改善你的工作?

“更快、更好、更便宜”最成功的方法来自我们收获的累累果实——最容易实现且风险最小的改进。这些机会本身可以产生巨大的改进。收获这种唾手可得的果实需要我们了解系统并确定约束或瓶颈。要做到这一点，还需要组织领导层能够并支持组织的诸多部门在此议程上的合作。组织的各组成部分必须愿意看到并优化全局，必须引导他们这样做，并为此获得奖励。

同样，对使命、价值观和目标的有意义和有效的陈述将有所帮助，健康的沟通和团队合作也将有所帮助。但也许最需要的是组织承诺，将精力集中在那些对改进阻碍最大的问题上。

“更快、更好、更便宜”是一个值得审慎追求的目标，因为客户总是希望我们改进。在我们追求变得更好的过程中，必须确保为产品或服务提供最基本的期望。工程师，尤其是工业工程师，可以为“更快、更好、更便宜”的目标做出很多贡献，因为许多工程师在研究和优化系统方面受过教育并拥有丰富的经验。系统思维对于取得突破是必要的，因为系统的速度或性能取决于其最突出的瓶颈。

也许，识别瓶颈最具革命性的想法是，考量我们自己的假设和心智模型，并挑战我们认为是传统或公认的知识。以全新的视角或方式来看待问题，通常是获得我们寻求的结果的最快、最好和最便宜的方式。

参考文献

[1] KLUGER J. Uncovering the secrets of mars [N]. Time，1997-07-14 (150).

[2] MUIRHEAD B K，W L SIMON. High velocity leadership：the mars pathfinder approach to faster，better，cheaper [M]. New York：Harper Business，1999.

[3] JAROFF L. The last time we saw mars [N]. Time，1997-07-14 (150).

[4] SAWYER K. Mystery of climate orbiter solved [N]. Washington Post，1999-10-01 (A1).

[5] CARREAU M. Panel blames NASA chiefs in Mars Snafu [N]. Houston Chronicle，2000-03-28.

[6] CARREAU M. 2 Failures will be felt at NASA [N]. Houston Chronicle，1999-12-06.

[7] TEITEL A S. Should NASA reconsider the ‘faster，better，cheaper’ approach to exploring mars? [N/OL]. Vintage Space，2012-03-06. https：//vintagespace. word-press. com/2012/03/.

[8] GOLDRATT E M，J COX. The goal：a process of ongoing improvement，third edition [M]. New York：Routledge，2016.

[9] COX J F III，M S SPENCER. The constraints management handbook [R]. Boca Raton，FL：St. LuciePress，1998.

[10] SENGE PM. The fifth discipline fieldbook：strategies and tools for building a learning organization [M]. New York：Currency，1994.

推荐书目

ANDERSON V，L JOHNSON. Systems thinking basics：from concepts to causal loops [M]. Acton，MA：Leverage Networks，1997.

BLANCHARD B S，W J FABRYCKY. Systems engineering and analysis，fifth edition [M]. Upper Saddle River，NJ：Prentice Hall，2010.

MEADOWS D H. Thinking in systems：a primer [M]. White River Junction，VT：Chelsea Green，2008.

SENGE P M. The fifth discipline：the art and practice of the learning organization，revised Edition [M]. New York：Currency，2006.

第 34 章　高绩效团队：你能忍受这种乐趣吗？

没有热情就没有伟大的成就。

——拉尔夫·沃尔多·爱默生（Ralph Waldo Emerson）

要　点

- 高绩效团队通常由发现和发挥非凡才能的“普通”人组成，通常是由杰出的领导者唤起的。
- 为了促进团队的卓越发展，经理必须消除典型的组织障碍，这通常意味着减轻或缓和组织对团队的影响。
- 伟大的团队是由好奇心和相信一切皆有可能的观念推动的。

甲壳虫乐队是过去半个世纪最重要的音乐表演团队。然而，如果不是他们与通常被称为“第五甲壳虫”的乔治·马丁（George Martin）爵士合作，这个团队可能永远只不过是一个不起眼的夜总会表演乐队。

几家唱片公司拒绝了这支乐队。1962 年当百代（EMI）旗下的 Parlophone 唱片公司负责人马丁面试这支乐队时，他同样对他们的音乐才能不以为然：“他们给我演奏了他们所有的作品，我认为没有一首是好的”[1]。尽管如此，他还是与他们签订了合同，因为“他们很有个性，他们有很好的方式，他们深深地吸引了我”[2]。

马丁继续制作了该乐队的所有唱片，只有一张除外。甲壳虫和马丁之间的合作是纯粹的天才和大胆的创新。甲壳虫乐队之所以在音乐界是如此炙手可热，很大程度上是因为马丁培养并唤起了他们的伟大。

作为一名工程经理，你在很多方面都是甲壳虫乐队的乔治·马丁。你的团队通常由年轻且有才华（但不成熟）的人们组成。培养和唤起他们的伟大责任将落在你的肩上。如果这看起来是一项艰巨的任务，那么你很有洞察力。值得庆幸的是，我们可以从成功取得有价值成就的小组的经验中学到很多东西。

有些团队非常有天赋，其中许多已经名垂青史并受到公众的追捧。你的团队更有可能接近平均水平，而你的工作将是引导他们取得非凡成就——发现并发挥他们没有意识到的伟大。

加入一个高绩效团队是一种令人难以置信的冲动。这项工作充满活力和热情，每天都吸引着人们走进办公室。公司非常想抓住推动高绩效团队的快速有效的方法。虽然在一个真正伟大的团队的生活中会遇到很多意外，但我们所有人都可以轻松获得促成非凡成就的因素。

如果这种快速有效的方法很容易获得，为什么更多的公司不能利用它呢？要真正实现，团队必须对他们的工作有很大的控制权，而大多数组织都不愿意交出这么多的控制权。控制权转移并不意味着无政府状态，因为领导者的一项职能是确保团队的工作对组织及其客户具有方向性、相关性和有用性。作为工程经理，你将被要求从你领导的每个团队成员中发掘伟大之处。当然，有些人会比其他人做得更好。你怎样才能提高击球率？

在本章中，我们将讨论有助于将普通团队变成优秀团队的要素。如果你准备好享受乐趣，欢迎加入高绩效团队。

取得成就的团队

在我的职业生涯中，我有幸成为三个高绩效团队的一员。第一个是我的研究生课题组，效果是三个中最好的。我本科时表现不错，但在创业导师唐·罗素（Don Russell）和一群优秀学生的指导下，我发现了我做梦都从未想过的天赋。

“三个臭皮匠，赛过诸葛亮。[3]”领导力专家沃伦·本尼斯（Warren Bennis）和帕特里夏·沃德·比德曼（Patricia Ward Biederman）的开创性著作《组织天才》就是这样开篇的。他们研究并确定了许多“伟大团体”的共同主题，包括来自曼哈顿计划、施乐帕洛阿尔托研究中心和苹果麦金塔的团队。他们的引言阐明了关于伟大团队的根基（如果不是完全明显的话）的第一点。伟大的不是个人，而是合作激发出伟大。当我们与其他人很好地合作时，就会成为比自己更伟大的事物的一部分，比我们任何人都更伟大，也比我们贡献的总和更伟大。

本尼斯和比德曼的一项发现与我自己的经历产生了共鸣：“领导者可以为一个伟大的团队做的最好的事情，就是让其成员发现自己的伟大之处。[4]”在我的研究生院小组中，我发现了自己从未知道的技能、信心和毅力。这是一个关键点：伟大的团体不是这样开始的。工程经理更有可能与一群相对普通的人一起开始一个项目。经理应该只期望平庸的结果吗？许多看似“平庸”的团体可以在一个可以蓬勃发展的环境中完成伟大的事情，因为人想要并且需要锻炼自己[5]。当“平庸”团队发现如何有效地释放才能时，他们就可以成为伟大的团队。

跟随愿景

本尼斯和比德曼发现，一个有意义的梦想是所有伟大团体的核心。同样，这些团体的共同特征是有一位“务实的梦想家”领导者。仅有愿景是不够的，愿景是否有用至关重要。领导者和团队成员理解如何实现愿景是十分重要的。

正如我们之前提到的，在团队中工作的每个人必须有明确且有意义的使命和目标，这一点很重要。虽然用技术或功能术语来描述目标是必要且重要的，但仅靠这些并不能提供激励人们发挥极致并尽力而为的情感力量。愿景推动成就。

取消不必要的规则和微观管理

提高团队绩效的一个要素是赋予其成员很大的自主权和责任感。在高绩效团队中表现出色的人会自我导向愿景。实现愿景才是最重要的，任何阻碍成就的因素都将被克服。正是由于这个原因，组织规则大多与高绩效团队无关。在他们决心找到通往梦想的道路时，他们并不关心在此过程中无关紧要的事物。

正如我们将看到的，将一个高绩效团队安排在远离组织的地方通常会更好，部分原因是为了避免与组织规则发生冲突。

因为高绩效团队会打破常规，可能被认为对其所属的组织构成威胁。因此，虽然许多组织声称渴望伟大，但现实正是这些组织阻碍着人们实现它。倾向于取得成就的人会感到厌恶并放弃，或者他们会继续前进。如果一个组织的领导者真的想成就大事，就必须愿意和允许团队成员违反组织的规则。

然而，高绩效团队不一定要得到无视组织政策的特权。组织应该清楚哪些规章是神圣不可侵犯的。在许多情况下，这些限制是有充分理由的。

同样，有成就的个人对微观管理感到恼火。微观管理代表不信任这些人的专业能力和判断力。

有的放矢

高绩效团队的协作之所以富有成效，很大程度上是因为它建立在“游戏”之上。这个术语不是描述参与游戏，而是以新的、创新的甚至是恶作剧的方式使用知识和工具的过程。这种专家级的游戏在客观上是严肃的，但在其过程中却充满刺激和专业的乐趣。这是过程与目的的融合。

组织主题是有价值的目标，但它是通过发现过程来实现的。探索之路往往首先穿过未知领域。就好像只有通过抛弃甚至拆除现有系统和传统知识的限制才能实现伟大。“许多伟大的团队都被一种令人振奋的、完全不切实际的观点所推动。不知道他们不能做什么将一切都置于可能的领域”[6]。从本质上讲，这些团体的成员是好奇心驱使的修补匠。

伟大团队的许多成员都很年轻。年轻人的好奇心和看似不可战胜的性格无疑符合高绩效团队的个性。也许随着事业的进步，我们会被责任和忧虑压得喘不过气来，变得不太愿意承担突破极限的风险。在我们职业生涯的任何阶段，都可以克服感知到的限制并取得非凡成就。我在 30 多岁时参加了第二个高绩效团队，在 40 多岁时参加了第三个这样的团队。不仅如此，我的一些最具创新性的工作是在我 50 多岁末期和 60 岁出头的时候完成的。

回到甲壳虫，许多人都认为他们的佩珀中士的《孤独之心俱乐部乐队》(*Lonely Hearts Club Band*) 专辑是该乐队的代表作。这张专辑与当时的主流音乐完全不同。正如马丁所说，这张专辑的天才不是出于计划，而是因为乐队成员和他一直追随他们的好奇心[7]。

甲壳虫乐队的真实情况也适用于任何其他拥有天赋和好奇心成员的团队。发现之路可以通向伟大。

最重要的人

我们在本书中已经提到，直属经理是组织中对员工最重要的人。作为一名工程经理，你很有可能是一名或多名员工的直接上司。因此，了解并采取行动支持良好员工积极性和成就的做法非常重要。

谷歌在其“氧气计划”中，试图可靠地识别优秀经理的有效行为。他们通过处理大量数据来做到这一点，其中一些是定量的，例如员工流动率，以及其他更定性的数据元素。根据这些数据，谷歌确定一个好的经理需具有以下特质：

1）是个好教练；

2）为团队赋能，不微观管理；

3）对团队成员的成功和幸福表示兴趣和关心；

4）富有成效并以结果为导向；

5）善于沟通；

6）协助职业发展；

7）提供清晰的团队愿景和战略；

8）展示有助于他或她领导团队的关键技术技能[8]。

简而言之，这些品质代表了一种常识性的管理方法。他们承认并尊重员工的才能和利益。

臭鼬工厂：打造高绩效团队

战时的需求往往有办法克服管理效率低下的问题。1943 年，美国获悉德国计划生产基于新概念发动机的战斗机。当时，螺旋桨发动机是最先进的。喷气发动机的发展能为德国赢得巨大的空中优势。

需要一个紧急计划来超越敌人。陆军部以令人难以置信的时间表——6 个月——授权洛克希德研制原型喷气式战斗机的项目，而通常的研制时间可能是几年。管理这项工作的任务交给了一个以真实成就而闻名的年轻人克拉伦斯 · L. 凯利 · 约翰逊（Clarence L. Kelly Johnson）。

约翰逊将他的 23 名工程师团队安置在斯巴达式的环境中——在加利福尼亚州伯班克

的洛克希德工厂的一个帐篷里。该组织毗邻一家散发着腐烂气味的塑料工厂，在伊尔·艾布纳（L'il Abner）漫画中仍然散发着恶臭，该组织自称为“臭鼬工厂”。

约翰逊和他的团队完成了不可能的任务——项目在143天内完成！他们的F-80成为第一架飞行的喷气式战斗机。臭鼬工厂的成就如此显著，以至于该团体一直是洛克希德的永久组成部分，并负责公司的许多先进项目。他们取得了一系列显著成就，包括U-2和SR-71间谍飞机以及F-117A隐形战斗机。

臭鼬工厂的概念已被许多其他组织复制，它作为一种伟大的技术手段来完成我们在本章中确定的许多实践。与传统方法相比，在臭鼬工厂的环境中运作的开发团队通常以更快的速度、更低的成本和更高的质量产生结果。

臭鼬工厂体现了几个特征。选定项目团队，包括经过验证的功成名就者，并赋予他们积极而明确的目标。从团队中消除干扰，在项目期间将团队转移到新的地点。团队成员在需要的时间内只从事一个项目。最后，团队成员被赋予了实现项目目标的高度自主权和责任。

如前所述，许多组织很难在工作团队中真正允许这种高度的委派控制和自主权。在很大程度上，正是由于这个原因，许多团队从未获得伟大的机会。

培育伟大

根据我与高绩效团队合作的经验，我相信大多数专业人士，就像本尼斯和比德曼所说的那样，希望发挥自己的才能并完成伟大的事情。很多时候，组织的政治和武断规则扼杀了这些人以及他们的创造力和动力。在其他情况下，有些人从未取得成就，因为没有人期望他们取得成就。虽然只有少数团队真正出类拔萃，但如果允许并引导他们这样做，几乎每个团队都可以完成伟大的事情。

这并不意味着任何人都可以轻松地成就伟业。我认识一些工作中的人，对于任何推动他们突破极限的人，是完全抵制的。他们大多数是高效员工，但他们不属于高绩效环境。

有时，经理可能会遇到“团队破坏者”。该术语通常描述在团队环境中表现出高度自私和消极行为的人。以我的经验，其他成员自然会排斥团队破坏者，但通常由领导者给个人一个选择——要么参与团队建设行为，要么离开团队。

在我的职业生涯中，只遇到过一两个团队破坏者。另一方面，我曾与一些我称之为成绩不佳的人一起工作——这些人既不自私也不消极，但仍然明显阻碍了原本高绩效团队的进步。由于种种原因，他们的贡献水平远低于团队其他成员，这使其他团队成员变得沮丧。虽然单独解决每种情况并努力改进很重要，但根据我的经验，适当的解决方案是为成绩不佳的人找到一个优雅的退出点。如果成绩不佳的人逗留太久，他们可能会拖累其他人的绩效。

为每个项目培养出一个真正伟大的团队或臭鼬工厂可能是不可行或不切实际的。然而，在组织环境的限制下，创造性地将这些因素的某些方面结合进来是有可能的。在不中断的情况下，让团队成员从项目工作脱开一段特定时间是值得的。你还可以为团队成员找到一个可去的特别地方——甚至可能是很少使用的存储间。在附近的咖啡店定期开会也可以达到同样的目的。有明确的目标和尽可能多的自由去实现总是很重要的。

经理应该认识到，取得伟大成就者在完成一项艰巨的工作后通常需要休息一段时间。一个要求很高的项目需要其成员投入大量精力，并且他们通常需要在继续下一个挑战之前充电。这种休整时间对于成功者在下一个项目中表现出色至关重要。人们可能会期望一个久经考验的成功者会在每个项目中展示出非凡的实力。统计学中有一个违反直觉的概念，称为“向均值回归”的经验，指的是在一个壮观的绩效之后可能会出现更接近平均水平的绩效。如果一个人在一个项目中表现如超人，但在下一个项目中江郎才尽，请不要感到惊讶。为了促进持续的成就，让超级英雄休息一下。

在乔治·马丁第一次与甲壳虫相遇后，没有人能预料到，他们的合作取得不可思议和非凡的成就。你作为工程团队领导的最初日子可能大致相同——虽然你的团队能够完成伟大的事情，但除非你帮助团队成员发现他们的伟大之处，否则团队的绩效可能只是平均水平。

你和组织可以做很多事情来达成成就。它要求你创造一个管理环境，让员工可以在不受干扰和不必要干扰的情况下发挥他们的才能。作为工程经理，你的职责是为成就定下基调，制定明确的目标，并保护团队免受干扰和干预。你还必须确保团队的工作直接针对项目目标中体现的客户需求。团队中的卓越有一些偶然性和难以捉摸的东西。

伟大可以培育，但不能强迫，因为所涉及的个人必须选择全身心投入到工作中。团队成员必须在努力激发所需能量的过程中找到个人意义——正是这种意义提供了通向伟大的动力。最后，甲壳虫乐队成员对彼此以及名声对他们生活的要求感到厌倦。高绩效团队既非常有趣又非常消耗精力，很难无限期地保持活力。

几乎任何团队的绩效都可以通过本章讨论的概念来提高。一个高绩效的团队有一点魔力和运气，人不能随需而伟大。但是，如果有幸参加了一支伟大的团队，那将是在整个职业生涯中都可以细细品味的经历。

参 考 文 献

[1] PRITCHARD D，A LYSAGHT. The beatles：an oral history [M]. New York：Hyperion，1998.

[2] Ibid. pp. 97 - 98.

[3] BIEDERMAN P W，W G BENNIS. Organizing genius：the secrets of creative collaboration [M]. Cambridge，MA：PerseusPublishing，1998.

[4] Ibid，p. 27.

[5] Ibid，p. 29.

[6] Ibid，pp. 15 - 16.

[7] Pritchard and Lysaght，opcit.

[8] GARVIN D A. How google sold its engineers on management [J]. Harvard business review，2013，12 (12)：74-82.

推荐书目

BUCKINGHAM M，C COFFMAN. First，break all the rules：what the world's greatest managers do differently [M]. New York：Gallup Press，2016.

COLLINS J，M T HANSEN. Great by choice：uncertainty，chaos，and luck - why some thrive despite them all [M]. New York：HarperCollins，2011.

GOSTICK A，C ELTON. The best team wins：the new science of high performance [M]. New York：Simon & Schuster，2018.

YAEGER D. Great teams：16 things high performing organizations do differently [M]. Nashville，TN：ThomasNelson，2016.

第35章　照料花园：成长为经理

梯子的横档从来不是用来休息的，而只是为了在一只脚迈向更高处时，另一只脚可以有一个支撑。

——托马斯·亨利·赫胥黎（Thomas Henry Huxley）

要点

- 管理和领导能力的熟练程度主要来自本书中提出的六项基本原则。
- 虽然在管理中应用“银弹”的方法很诱人，但让我们的大脑保持活跃很重要。
- 工作和管理实践是人类的事业。成为更好的经理，成为更好的人。

我常常将蔬菜园艺作为一种爱好。与从花园里新鲜出产的胡萝卜、西红柿或玉米的味道相比，商店购买的农产品相形见绌。自己的劳动带来了收获，会使农产品的味道更好。

当我们建造现在的家时，我们渴望建一个花园，所以我们在车库后面最明显的地方开辟了一片地。春天来了，我们兴致勃勃地种下西红柿和其他蔬菜，数着收获的日子。当我们在春天照料花园时，对蔬菜生长缓慢感到困惑，6月，本应大而多的西红柿却又少又小。

我们终于意识到，忽略了蔬菜园艺的一个基本原则：将菜园建在一个全天都能接受充足阳光的地方。我们为菜园选择的地方每天只有约5个小时的光照，对植物生长来说太少了。

蔬菜园艺的大部分成功来自保证基本要素：充足的阳光、良好的土壤和充足的水。关照好这些，就可以期待收获。

成长为经理就像照料花园一样。通过忠实和耐心地遵循一些基本准则，就可能会获得丰收。作为一名经理，要继续取得成功和进步，请继续回归基本面。

正如我们在本书开头提到的那样，大多数工程师的大部分职业生涯都将用于管理，并且大多数人都对转型带来的挑战感到沮丧。发生这种情况，在很大程度上，我相信这是因为没有人向他们解释过与组织中的人一起工作时的实际情况。当经理能够理解这些实际情况并采取行动时，过渡就会成功并获得回报。

在本章中，我们将总结本书中的主要原则，在结尾处，描述如何通过经常回归基本面并在业务中保持人性化来成长为经理的一些观察。

六项原则

在本书中，我们确定了个人在过渡到管理领域时需要关注并获得技能的六项基本原则。这样做将大幅提高作为经理的成功率，从而提高对职位的满意度。这些原则是开放式的，没有人能完全掌握它们，作为经理的成长确实需要定期回顾这些原则。我们现在将简要总结这些原则，这是整本书的核心。

掌握关系

业务是关于人的，在很大程度上，与同事关系的健康和有效性是作为经理的决定性因素，这个原则是这里列出的六项原则中最重要的一项。经理通过以下举措掌握关系。

- 始终坚信涉及人的问题是最需要解决的问题；
- 认识和适应他人的个性和特质；
- 了解真正的动力以及如何利用动力；
- 明智地释放控制权；
- 重视客户；
- 有效领导；
- 化解冲突；
- 在团队关系中展示技巧；
- 玩好政治游戏；
- 与同事和上级有效合作。

纵观全局

另一个重要的过渡原则是，在业务中进行全局思考并具有采取行动的能力。作为工程师，我们可能专注于一个狭窄的工作领域。作为一名经理，必须适应和整合不同的利益和关注，所有这些都是为了实现企业财务健康的目标。为了纵观全局，经理必须做到：

- 认识到组织靠资金运行，因此工作必须以盈利为目标；
- 将组织视为一个系统；
- 学会有效地制订计划；
- 培养在解决问题和实现目标时整合不同支持者的需求和约束的技能；
- 寻找追逐的机会。

把事情做好

一个经理在很大程度上是通过完成有价值的工作来评判的，尤其是完成得很好的项目。掌握项目管理技能很重要，而这些技能在很大程度上取决于有效的沟通和明确的目标。良好流程的实施，包括授权、会议管理和决策制定，都可以促进进步。把事情做好也意味着学会管理风险和规避麻烦，以及在麻烦出现时摆脱困境。当然，好的管理不仅仅是把事情做好，而是把正确的事情做好。

为了把正确的事情做好，经理必须：

- 实施能够产生理想结果的有效流程；
- 培养和运用熟练的项目管理能力；
- 掌握委派任务；
- 确保会议富有成效和回报；
- 采用合适且稳健的决策方法；
- 通过适当的风险管理实践去有计划地应对问题。

有效沟通

经理在沟通上花费大量时间。除了认识到人的重要性之外，有效的沟通也是向管理过渡的一项关键技能。经理必须成为组织中有效的信息交换场所。学习和练习良好的人际沟通技巧很有帮助，但最值得注意的是，信息必须简单明了。为了有效地沟通，经理必须做到以下几点：

- 寻求理解、认同和采取行动；
- 要认识到，沟通是工作的重要组成部分，因此要助力于组织中的良好沟通；
- 传达信息时，要清晰、简洁、适当和引人入胜。

明智地使用资产

一个组织的全部目的可以概括为，使用资产以增值和创收的方式对信息或材料执行有用的功能。当资产使用得当时，企业就会蓬勃发展，并且所有相关人员都会获得回报。经理可以通过以下几点明智地使用资产：

- 以反映业务核心观念的方式解决权衡问题；
- 利用金融和物质资产为企业创造利润；
- 通过管理好优先级来管理好时间；
- 培养团队成员的才能；
- 培养员工的积极性；
- 确保他们的言辞、行动和形象与角色相匹配；
- 关心团队成员并关注其动力。

更上一层楼

组织和人不会停滞不前。完成每个工作阶段和每一次成功都表明是时候开始下一个项目并改进以前所做的工作了。经理们总是被期望将工作提升到一个新的水平，并且可以通过以下几点来实现：

- 采取明智和富有成效的创新方法；

- 带领团队超越并追求卓越；
- 不断回归管理的基本面。

既然我们已经总结了书中的六项原则，我想谈谈组织管理实践中的一些主要挑战。当我们应对这些和其他挑战时，我们应该回到六项基本原则，以获得洞察力和指导。

保持头脑活跃

管理中最大的挑战之一是抵制对人、关系和组织有成见的冲动。这个问题并不是工程师独有的，它困扰着几乎所有人。我们非常渴望对员工和组织如何运作有一个确定性的理解，这样就可以可靠地预测“原因 A”将产生“预期的结果 B”。历史告诉我们，人及其所属的组织远比我们希望的要复杂和不可预测。

然而，一切并没有丢失，因为我们确实知道促进组织成功的某些因素，在本书中已经讨论了其中的许多因素。关键是管理，与任何其他专业学科一样，要求我们保持头脑活跃。当我们寻找快速解决方案或确定性答案时，经常会产生意想不到的或看起来很荒谬的结果。

现在有大量流行的管理思想和概念通过书籍、咨询、博客、播客和其他方式传播。这是一个很大的发展，因为它使管理知识和智慧传播给更多的人。另一方面，许多概念可能会以食谱的形式出现，并导致商业中的流行行为。盲目应用最新的管理时尚，会导致人们做一些毫无意义的事情。几年前，我与一家大型科技公司进行了一个简短的咨询项目，我走马观花式地参观它的一个制造工厂。这次参观包括去停车场，我的业主指着一辆拖拉机拖车说：“它布满了零件，当我们需要一些用于生产时，只需要走出去，取走我们需要的东西。”

拖拉机拖车（及其中的货物）归供应商所有，我的客户针对其供应商的材料启动了即时制（JIT）库存控制计划。即时制方法需要供应商交付与生产需求的紧密协调，以最大限度地减少手头库存。现有的库存是一种非生产性资产，因此即时制的目的是降低成本。如果做得好，即时制可以节省大量成本。我的客户只希望零件在需要时出现在门口，并在使用时付款。供应商显然认为将其交付与客户的生产需求协调起来太麻烦了，因此，也许每隔几个月，供应商就会交付一辆装满零件的新拖车。在此过程中，供应商由于将一卡车库存放在停车场中，流走了大量资金。我的业主评论说，供应商无疑会将库存成本转嫁给我的客户。

这种即时库存控制的方法多么可笑！供应商错过了即时制的全部要点，错过了降低成本的黄金机会。当我们的大脑脱离管理时，有趣的事情就会发生。

银弹的诱惑

管理时尚貌似“银弹”。最初，这个表达是指小说中的英雄独行侠使用的正义工具。

现在，该术语意味着一种神奇的可解决任何问题的方法。尽管许多人强调没有灵丹妙药，但他们仍然表现出好像有灵丹妙药一样。管理时尚助长了这种观念，承诺对几乎任何组织疾病都有妙手回春之神效。

为什么人们继续寄希望于银弹？简单的答案是我们渴望简单的东西。需要注意的信息和资源超出了我们的承载能力。我们被迫去理解模棱两可的背景，据此做出决策并采取行动。我们想要银弹是很自然的。

为了解决这个难题，我们回到在第 30 章讨论的管理的基本真理。我们也重复最近的一个建议：在混乱的世界中，一个组织最重要的资源是其员工的创造力和动力。即使在一个疯狂的世界中，人类也可以在被激励的情况下完成非凡的壮举并克服艰巨的障碍。我们需要看到人们保持大脑活跃。

"没有银弹，但存在拥有针对不同情况子弹库的独行侠。"[1]

管理时尚背后的原则通常是极好且有益的，但当我们试图盲目地将其作为处方应用时，它们可能会无效。或者，人类可以适应不断变化的环境并因地制宜。

业务人性化：旧有新意

经理面临的另一个主要挑战是把控制权交给下属的问题——本质上，这个问题是信任问题。在许多情况下，管理者希望为组织流程创造可靠性和可预测性。

他们还想消除下属犯错的机会。然而，在这些组织工作的尝试中，经理有时会过度限制员工的行动。通过消除错误，他们也消除了创造性思维和解决问题的机会。

正如我们在第 4 章中所讨论的，从 20 世纪 20 年代开始的霍桑研究，代表的是看似很久以前的管理科学的一个分水岭。这些研究对人与工作的关系形成了一些基本的见解。但是它们是否仍然具有相关性？在我们今天"开明的"管理世界中，它们仍然能赋予我们洞察力吗？

我们今天所知道的制造和管理世界与 20 世纪头几十年的世界截然不同。科学管理是标准，提倡一种工作观点，将其视为一组可以剖析和优化的任务，并且每个部分都可以独立于其他部分进行研究。科学管理提供了一种现成的方法，能够用可预测的方式，理解和组织生产功能。但更重要的是，它把工人仅仅视为生产线上的组成部分。他们无思考能力——甚至不人道的——只是在血汗工厂辛勤工作的机器的一部分。

霍桑的研究试图表明，可以通过增加工位的照明来提高工人的生产力。这种意图的基础是，相信工人动力的明确因果关系。

这正是霍桑研究的意外结果如此具有开创性的原因。霍桑的研究人员偶然发现了一个令人惊讶的突破——工人的表现仅仅因为他们被观察而提高了。但我认为，出现了另一个基本和更深远的真理。

参与生产（或任何活动）的人类不再能简单地从动物或机械的角度来理解。人，即使是卑微的劳动者，也是复杂的，潜藏着不可预测的，并且最终能够具有比许多经理想要相信的更具创造性的思想。这是一个既不拘泥又令人生畏的概念。

毫无疑问，今天的工作场所比 1925 年要开明得多。但在许多方面，科学管理及对机器的依赖并没有消失。它们仍然根深蒂固，且程度非常令人不安。

仍然有血汗工厂，只是现在有空调。工人不会流汗——他们只是受到了不人道的对待。我并不是说他们受到身体上的虐待，而是很多时候，他们在情感上受到近一个世纪以来教条式规则和政策的打击。甚至许多“开明”的公司也有意或无意地压制着组织成员的创造力和个性。在许多情况下，组织工作的尝试会将人性赶出工作场所。

在第 17 章中，我讲述了一位电话支持代表的故事，她的雇主坚持对所有支持电话进行一分多钟的强制时长，无论问题的复杂程度如何。即使情况需要采取创造性的方法，也没有偏离的余地，代理商的电话被随机监控，以确保遵守规则。在地狱般的一周里，打了一个地狱般的电话后，由于心理崩溃，她回家了，再也没有回去过。

尽管霍桑的研究让精灵从瓶子里跑出来了，但许多人仍然像 1920 年一样实施管理。他们相信，人只是机器的一部分，工人的一举一动都是可以预测、分解、合成和包装的，仍然以此来组织工作场所。毫无疑问，这种观念主导着低技术特许经营业务的世界，但它对高科技世界并不陌生，即使它的外观更微妙。

在我们试图以某种方式理解当今疯狂的商业世界时，我们渴望可预测性和控制力。当我们为这些而努力时，经常在不经意中强加流程、结构和规则，扼杀组织中员工的个性、创造力和人性。

尽管在过去的 100 多年里，人们学了很多管理方面的知识，但组织仍然在为如何做好管理以及如何在其领导者中提升良好的管理技能而苦苦挣扎。在某些方面，情况似乎没有太大变化。迪尔伯特（Dilbert）连环漫画继续取得成功，很大程度上是因为人们普遍认识到，功能失调的管理仍然大行其道。

然而，我们意识到，人们在一起工作得非常好。在本书中，我们已经看到了许多关于这种协同作用、创造力和合作的例子。但只有当他们被尊重为有思想和感情的个体时，只有当他们被允许和鼓励成为完整的人时，人们才有可能在工作中完成伟大的事情。

霍桑的研究在今天和近百年前一样新鲜和有意义。尽管它们很简单，但本书中介绍的管理原则非常丰富，需要经常重新认识，以学习新颖的和更深入的见解。

终身学习的概念在许多职业中都很常见，当然也适用于工程学。它意味着承认我们的教育不会在大学毕业时就结束。同样的概念也适用于管理和领导的实践，尽管方式略有不同。管理和领导能力的熟练程度主要来自不断回归基本面。一切又回到了最初。

成为更好的人，成为更好的经理

工作的故事和管理的故事是人性故事的一部分。几千年来，人类行为的基本要素和有关故事一直保持不变。有多少小型软件公司通过回忆大卫（David）和大卫的古老故事来描述他们与微软竞争的努力？在办公室政治的舞台上，我们可能会觉得浮士德与魔鬼进行了机会主义的交易。大多数公司的语音邮件系统让人想起艾博特（Abbott）和科斯特洛（Costello）“谁在一垒?”中令人眼花缭乱和热闹的现场滑稽表演。

名字和场景都变了，但故事几乎还是一样的。它们是鼓起勇气的故事，是克服缺点的故事，是寻找真理的故事，是使我们人人平等的幽默故事。

如果故事保持不变，那一定是我们与很久以前踏上地球的人类一样，面临着同样的基本挑战。这些挑战与我们的工作是分不开的；事实上，许多挑战在我们的工作中发挥了作用。因为管理是要带领人们去改变和经历改变，作为经理，你将经历更多的挑战。

要想成为一名经理，需要提高自己，肯定有许多技巧和技能可以学习和借鉴。但要真正成长为一名经理，请接受以下挑战：

成为更好的经理，成为更好的人。

我无权具体建议他人如何使自己变得更好。试图让自己变得更好，我遭遇的麻烦就足够多了。在这里提出这个问题只是为了提醒一下，因为这是摆在我们所有人面前的问题。成为一个更好的经理，就像成为一个更好的人一样，也许最好的答案是回归基本面。

祝你在成长为经理和领导者的旅途中一切顺利。希望你能通过职业获得很多回报，也希望你在成为一个更好的经理的过程中，感觉自己变成了一个更好的人。

本书内容的补充材料可从 http：//www.engr2mgr.com 获得。诚邀你访问该网站，获取工作表、模板和其他资源。

参考文献

[1] HIGHSMITH J A Ⅲ. Adaptive software development：a collaborative approach to managing complex systems [M]. New York：Dorset House Publishing，2000.

关于作者

B. 迈克尔·奥科因博士是国际公认的工程和技术专业人员创新合作的思想领袖，为关键任务的个人、团队和组织提供积极的转变方式。除了《从工程师到经理：掌握转变》，他还撰写了《右脑项目管理》。

奥科因博士是位于得克萨斯州大学城的电气专家公司（Electrical Expert，Inc.）和前沿管理有限责任公司（Leading Edge Management，LLC.）的总裁。他提供战略、组织变革和发展方面的咨询，并为工程师提供开创性的领导力发展计划。他的独特背景横跨工业和学术界，涉及工程和管理/领导学科。他还提供电气工程方面的咨询和诉讼支持，包括专家证人咨询。他拥有工学博士学位（包括所有商业学科）、电气工程硕士学位和组织领导力硕士学位。他所从事的项目曾获得美国专业工程师协会颁发的杰出工程成就奖和R&D杂志的R&D 100奖。奥科因博士曾担任约翰逊航天中心事故调查委员会的独立顾问。他获得了电气与电子工程师学会颁发的第三个千年奖章，是一名注册专业工程师和项目管理专业人士。他提供项目管理、工程管理和领导力方面的短期课程。